Eva Jantzen / Merith Niehuss (Hg.)

Das Klassenbuch

Geschichte einer
Frauengeneration

Rowohlt

8.–10. Tausend Mai 1999

Ungekürzte Ausgabe
Veröffentlicht im Rowohlt Taschenbuch Verlag GmbH,
Reinbek bei Hamburg, November 1997
Die Originalausgabe erschien 1994 im Böhlau Verlag
unter dem Titel «Das Klassenbuch. Chronik einer
Frauengeneration 1932–1976»
Copyright © 1994 by
Böhlau Verlag GmbH & Cie, Weimar, Köln, Wien
Umschlaggestaltung Susanne Heeder
Satz Excelsior und Optima (Linotronic 500)
Gesamtherstellung Clausen & Bosse, Leck
Printed in Germany
ISBN 3 499 33138 1

Inhalt

Die Namen der an diesem brieflichen Gespräch Beteiligten in der Reihenfolge ihres Auftretens:

Hilde Muthesius	19, 92, 137, 170, 194, 250, 267
Ursula Kleiner	24, 140, 203, 299, 349
Erika Hausmann	29, 80, 88, 131, 199, 279, 339, 346
Käthe Noack, genannt Käthchen	33, 102, 126, 181, 343
Pauline Scheibler, genannt Paul	37, 218, 271
Lotte Schuster	40, 113
Eva Isenthal	44, 82, 107, 175, 212, 239, 287, 359, 396
Anna-Maria Mann, genannt Änne	51, 146, 207, 229, 257, 314, 331, 365
Katharina Schnieder	54, 155
Jutta Burger	63, 119, 134, 186, 263
Hertha Naumann, genannt Herzchen	67, 334
Hertha Schönemann	73, 121, 162, 294
Anneliese Sachser	96, 128, 236, 309, 355
Ilse Strocker	189, 318, 374
Klara Witzel, genannt Klärchen	252, 307, 390

Vorwort

«Wer kennt wen?» Diese Unterschrift liest man manchmal in Regionalzeitungen unter Gruppenfotos alter Schulklassen. Auf diese Weise finden sich dann zwei bis drei Namen, an denen man sich weitertasten kann. Das Ergebnis ist schließlich ein Klassentag, ein Weg zurück in die eigene Vergangenheit.

Die hier vorgelegte Publikation führte schließlich 1967 auch ein Klassentreffen herbei, aber nicht aufgrund einer Suchaktion, sondern infolge eines niemals unterbrochenen Kontakts. Und das macht das Besondere dieses Textes aus: Die Schulabgängerinnen des Jahres 1932, Abiturientinnen der Königin-Luise-Schule in Erfurt, eines Mädchen-Lyceums realgymnasialer Richtung, hatten beschlossen, einander niemals aus den Augen zu verlieren. Sie eröffneten ein Klassentagebuch, das reihum weitergereicht wurde, durch Jahrzehnte bis heute, das den Zweiten Weltkrieg überdauerte und auch die Teilung Deutschlands, die oft mitten durch die Familien ging.

Eva Jantzen, eine der ehemaligen Abiturientinnen, hat die handgeschriebenen Berichte zur Publikation eingerichtet und biographische Notizen hinzugefügt. Aus Gründen des Datenschutzes wurden die Nachnamen und zwei Vornamen verändert. In einer Einführung berichtet sie vom damaligen Schulalltag, in einem Nachwort von der heutigen Situation.

Merith Niehuss ordnet in einem frauengeschichtlichen Beitrag die Klassenbucheintragungen in den historischen Kontext ein, in dem sie geschrieben wurden, und weist den Leser auf Typisches in diesen Frauenschicksalen hin.

Hamburg und München, im Februar 1994

Eva Jantzen
Merith Niehuss

Das Klassenbuch

Eine Einführung

Vor einigen Wochen erhielt ich ein Postpaket, in dem ich beim Öffnen nur ein einziges Buch vorfand, aber so dick und schwer, daß es ohne eine Auflage nicht zu benützen war und man eigentlich ein Lesepult dafür gebraucht hätte. – Ich begriff sofort, was das war: unser Klassenbuch! Wie rührend, daß das noch existierte! Zehn Jahre hatte ich es nicht gesehen. Es faszinierte mich so, daß ich alles stehen- und liegenließ, um gleich darin zu blättern.

Vor einigen Jahren hatten wir uns zum erstenmal getroffen – die Abiturientinnen des Jahres 1932 – die, die noch am Leben waren und gesund. Es kamen zehn; fünfzehn waren wir gewesen. Einige von ihnen hatten sich – durch äußere Umstände begünstigt – regelmäßig gesehen und hatten ihre Schulfreundschaft durchs Leben erhalten. Für mich galt dies nicht. Ich hatte viel im Ausland gelebt, und die Beziehungen waren eigentlich abgerissen. Sie wurden nur erhalten durch dies erstaunliche Buch, das seit dem Abitur hin und her reiste: nach Mexiko, nach Kanada, nach Griechenland, dann immer wieder von Ost- nach Westdeutschland gebracht wurde und in den Osten zurückkehrte. Es war ausgebombt und wurde wiedergefunden. Es war bei einer Flucht im Gepäck, schien verloren und tauchte nach Jahren wieder auf. Aus diesem Buch kannte jeder von jedem einzelnen zumindest die wichtigsten äußeren Ereignisse, und wir waren nicht unvertraut miteinander.

Wir hatten mit unserem Treffen warten müssen, bis wir sechzig Jahre alt waren, damit auch die teilnehmen könnten, die noch in Thüringen lebten, wo wir ja alle herstammten. Und vor ihrem sechzigsten Geburtstag durften diese nicht ausreisen.

Als man sich nach so langen Jahren wiedersah, fühlte man sich zunächst etwas hilflos. Wer ist das? Manche waren schon grau, einige etwas zu dick, andre ein bißchen zu mager. Aber beim ersten Lächeln war es klar, wen man vor sich hatte. Ich schlage das dicke Buch auf der vorletzten Seite auf; da hat jemand ein Foto von jenem Treffen eingeklebt. Hätte ich dies Bild zuvor sehen können – ich hätte jeden sofort erkannt. Da ist Änne mit einem ein wenig vorgereckten Kopf, so als müsse sie alles genau sehen; Ilse, hocherhobenen Hauptes und gewissermaßen siegessicher; Anneliese, etwas bedrückt und demütig zu Boden blickend. Wie gut ich diese Haltungen kenne! Es ist rührend, wie konstant der Mensch letzthin ist.

Das Buch vor mir auf dem Tisch, versuche ich mich zu erinnern. Das Abitur! Es war im Februar. Es fand im großen Zeichensaal statt, und wir wurden einzeln hineingerufen vor den hohen Rat. Die übrigen hielten sich in einem Klassenraum auf – weit genug entfernt, daß wir einen Plattenspieler in Gang halten und miteinander tanzen konnten, um uns abzulenken, unsere Ängste niederzuhalten. Denn praktisch konnte man ja außer dem Wahlfach in jedem Fach drankommen, in dem man zufällig zwischen zwei Noten stand; ein «Abwählen» gab es damals noch nicht! Ich erinnere mich, daß Käthchen in Chemie drankam und glückselig zurückkehrte: Sie hatte Flüssigkeiten ineinandergegossen, hatte prophezeit, daß das Ganze dann rot werden würde oder grün, und das war eingetroffen, und der Oberschulrat hatte «Ah» gesagt. – Ursula sollte sich groteskerweise im Zeichnen bewähren. Man stellte ein Gemälde vor ihr auf mit einem Hahnenkampf vor einer Hauswand, das sollte sie sich genau einprägen. Dann nahm man's weg, und sie mußte es aus dem Gedächtnis zu Papier bringen. Mich forderte man auf, einen Vortrag über Wackenroder zu halten, und der geriet so lang, daß der Schulrat den Redefluß abschneiden mußte.

Das Abitur war das Ende einer langen gemeinsamen Schulzeit, und wir trennten uns ungern. Dreizehn gemeinsame Jahre sind eine lange Zeit. Wanderfahrten, Studienreisen, Landheim-Aufenthalte – was hatten wir nicht alles miteinander erlebt! Es war eine für damalige Begriffe sehr moderne Schule gewesen, die wir besucht hatten. Die Klasse besaß einen eigenen Plattenspieler mit Sprachplatten; wir hielten eine englische Tageszeitung. «What the news of Gandhi?» hieß es jeden Morgen. Reihum mußte jeweils eine von uns die Lateinstunde leiten, während der Lehrer zuhörte. Bis auf drei Lehrerinnen gab es nur Lehrer in diesem Kollegium – das war für heranwachsende Mädchen genau das Richtige. Die Lehrer mußten sich vor uns bewähren und wir vor ihnen. Es befeuerte uns aber auch, diesen Herren der Schöpfung Streiche zu spielen, die genau ihre Schwächen trafen. Wir waren auf diesem Gebiet ungeheuer erfinderisch, und das diesbezügliche Pläneschmieden gab den Schultagen noch eine Würze, ohne die sie vielleicht sehr viel fader verlaufen wären. Das Schönste aber war das Theaterspiel! Die Schule hatte hinter ihrem Sportplatz eine eigene Freilichtbühne. «Die Laune des Verliebten», «Ein Sommernachtstraum», eine selbstgemachte Bühnenfassung von «Pole Poppenspäler» – wie viele Nachmittage haben wir mit Proben verbracht und haben das niemals als Arbeit empfunden! Kurz – wir waren alle ausgesprochen gerne zur Schule gegangen, und wenn wir auch einsahen, daß sich alles mit der Zeit selbst überlebt – zunächst verließen wir sie mit Bedauern.

Wir waren eine wirkliche Gemeinschaft gewesen, in der es zwar kleinere Freundestrüppchen gab, aber zugleich alle miteinander sehr einträchtig waren. Heute würde man nach den Klassenunterschieden fragen. Es gab sie vermutlich; es gab sie sogar ganz gewiß, aber das trat nirgendwo in Erscheinung. Wir waren eine Kriegsgeneration, in einer Zeit des Mangels aufgewachsen, und keine von uns besaß große Reichtümer. Man hatte ein schlichtes Schulkleid, das die Hausschneiderin genäht hatte, und Schmuck zu tragen war nicht üblich. Ich erinnere mich, daß während der Tanzstundenzeit einmal eine Mitschülerin vom Lehrer nach Hause geschickt wurde, um ihr tief ausgeschnittenes Seidenkleid gegen etwas Schlichteres auszutauschen.

Von den meisten Mitschülerinnen kannte ich nicht einmal den Beruf des Vaters. Wer nett war und wer etwas konnte, wer einem irgendwo imponierte, der war von den anderen geliebt und anerkannt. Natürlich wußten wir, daß Änne Pfarrerstochter war – sie wohnte im Pfarrhaus. Hildes Vater war Direktor des Realgymnasiums – sie hatten eine Dienstwohnung; ebenso Ursels Eltern in der Oberpostdirektion. Aber wo es nicht so offensichtlich war, war es auch nicht interessant.

Einige von uns hatten Freiplätze – der Schulbesuch war damals ja nicht umsonst, ebensowenig wie die Lehrbücher. Man bemerkte, daß einige die Bücher gestellt bekamen. Aber wo mehr als zwei Kinder in der Familie waren, zahlte das dritte ohnehin kein Schulgeld; ebensowenig diejenigen, deren Vater gefallen oder sonstwie ein Opfer des Krieges war. Ein Freiplatz hatte daher nichts Ehrenrühriges, sondern war eher das Gegenteil.

Ich sagte: Wir hatten alle keine Reichtümer. Nein – auch mit unserem Taschengeld hätten wir kaum in Wettstreit treten können. Es war damals nicht üblich, Kindern viel Geld in die Hand zu geben. Ich erinnere mich, daß ich in den Oberklassen eine Mark in der Woche bekam, die am Sonntagmorgen ausgezahlt wurde. Da wir nahe der Schule in einer Nebenstraße einen Bäckerladen hatten, zu dem wir in der Pause unerlaubterweise hinstrebten, war unsere Rechnungseinheit «das Fünferstückchen». Dazu gehörten süße Hörnchen, Schnecken oder ungefüllte Krapfen. Wenn man sich jeden Tag eins davon leistete, mußte man die übrigen 70 Pfennige für Sonderausgaben aufsparen.

Unsere Lehrer achteten sehr, vielleicht allzusehr auf Gleichheit und Kameradschaftlichkeit. Ich erinnere mich, daß mir meine Mutter einmal ein großes Paket Apfelsinen ins Landheim schickte, weil sie wußte, daß ich am liebsten Obst aß, daß dies aber in der dortigen Ernährung absolut fehlte. Der Lehrer verlangte, daß ich die Apfelsinen abzählte und genauestens unter alle verteilte, was mich hart ankam.

Nun – das hatten wir hinter uns – Schulzeit, Landheim, Abitur. Der Schlußstrich wurde durch den Abschiedsball gezogen. Ich wurde zum Tanz aufgefordert von einem Lehrer, der bis dahin unnahbar gewesen war, von geradezu grotesker Korrektheit, völlig humorlos und trocken, ausschließlich seinem Stoff hingegeben, einem Stoff, der mich nicht besonders interessiert hatte. «Sie haben Mut», sagte er zu mir, «dies hellgelbe Abendkleid zu solcher Blondheit. Nie hätte ich gedacht, daß man das machen kann. Aber es sieht großartig aus.»

Von einem Tag zum andern war ich – waren wir alle – vom Schulmädchen zur Dame aufgerückt. Welch ein Schritt!

Vierzehn Tage nach dem Abitursball traf sich unsere Klasse zum erstenmal. Erika, die eifrige Organisatorin mit dem kühlen Kopf, hatte alles organisiert. Jeden ersten Dienstag im Monat sollten wir uns nun für den Rest unseres Lebens abends um acht Uhr im «Theatergarten» einfinden. Zu diesem ersten Treffen brachte sie ein Klassentagebuch mit, das sie stiftete. Es war für diejenigen gedacht, die unsere Stadt verlassen würden. Unter ihnen sollte es regelmäßig die Runde machen, um dann immer wieder zum «Kern» in den «Theatergarten» zurückzukehren. Auf der ersten Seite hatte sie alle Adressen eingetragen. Auf der zweiten standen Verhaltensregeln: Keiner behalte dies Buch länger als acht Tage und sende es dann an den nächsten weiter. Jede Änderung der Adresse und der persönlichen Verhältnisse ist sofort mitzuteilen.

Das ist nun schon fünfzig Jahre her. Das Buch ist in dieser Zeit auf ein Vielfaches angeschwollen, immer wieder nachgeheftet und neu gebunden worden. Da man es zum Einschreiben nicht mehr genügend aufbiegen kann, wurden seit geraumer Zeit geschriebene Seiten eingeklebt. Ich lege den Folianten auf den Tisch, hochgestützt durch zwei Lexika, und beginne zu lesen.

Hamburg, im Mai 1984   Eva Jantzen

Rofart, 7.6.32.

Wir der traurige Rückstand
der Klasse, haben beschlossen, einen
Rundbrief kreisen zu lassen.
<u>Streng zu beachten ist</u>:

1.) Keiner behalte den Rundbrief länger als
   8 Tage!
2.) Wer Bilder von sich hat, klebe sie ein!
3.) Keiner rege sich über die Ausdrucksweise
   und Fehler des anderen auf!
4.) Außerordentliche Ereignisse (Verlobung, Kindtauf,
   Scheidung, bestandene oder durchgefallene
   Examina etc. pp.) sind sofort dem zustän-
   digen Klassentag** anzuzeigen.
5.) Jede fühle sich moralisch verpflichtet,
   alle Punkte genau einzuhalten.

** Klassentag ist an jeden 1. Dienstag des Monats
abends 8ʰ c.t. bei Stolze-Bachrodt.

Stiftung des Buches durch Erika Hausmann

Ich schlage die erste Eintragung auf:

Sie stammt von *Hilde* und ist aus dem Sommer des Jahres 32. Ich denke zurück; ja, ich sehe Hilde vor mir! Ein schlankes brünettes Mädchen, das noch mit siebzehn Hängezöpfe trug. Sie war nicht hübsch, aber gescheit, liebenswürdig und voller Witz; und mit einem spöttischen Mund begabt, der sich erstaunlich kräuseln konnte. Sie war die Tochter vom Direktor des Realgymnasiums — die mittlere in einem Dreimädelhaus, und ihrem Vater zuliebe fühlte sie sich verpflichtet, nicht unangenehm aufzufallen. Man konnte von ihr sagen, daß sie fleißig sei und von stets gutem Betragen. Das glaubte sie ihrem Vater schuldig zu sein. Ihre Zuflucht war der spöttische Mund; der zeigte häufig genug das an, was sie nicht aussprach. Sie wollte in ihrem Leben etwas Nützliches tun, etwas den Menschen Hilfreiches. Obwohl alle der Meinung waren, sie solle doch bei ihrer Begabung Medizin studieren, scheute sie, wie sie immer sagte, vor der Verantwortung zurück und meldete sich zur Ausbildung als Krankenschwester.

Hilde heiratete relativ spät und nach längerem Zögern einen Tanzstundenfreund, der Architekt geworden war, und sie zogen ins Rheinland.

Ihr lieben in alle Welt verstreuten Leute!

Manchmal wünsche ich, auch schon ein bißchen aus Erfurt herausgestreut zu sein, doch
meistens bin ich hier zu Hause recht zufrieden. Eine Woche lang könnte ich wohl
täglich ein anderes Gericht einigermaßen
anständig gekocht auf den Tisch bringen.
Vormittags gehe ich von ½9 bis ½12 zum
Schneidern. Da lernt man auch die verschiedensten «Typen» (Fremdwort!!) kennen.
Eine spricht nur von Filmstars, eine nur vom
Haushalt, Inge und Käte sind, als glückliche
Bräute, meistens in seeligem Gedenken
schweigend in ihre Arbeit vertieft.

Nach Tisch gebe ich Privatstunden einem
niedlichen kleinen Sextaner, der bis Pfingsten gefehlt hat. Mensa, mensae, mensae
oder laudo, laudas, laudat, so geht es im-
merzu. Meistens macht es Spaß, so'n bißchen
Schulerinnerung ist ganz schön.

Von unseren Paukern habe ich noch nicht
viele gesehen. Beim V. D. A.-Umzug natürlich Frl. Hübner. Und als ich mich im Theater in «Hier irrt Goethe» verlustierte, kam

Krauß freundlich lächelnd mit seiner Paula auf mich zu: «Na, wie gefällt's?» Für ihn war es natürlich herrlich, alles voller Goethezitate, aber die Sache war auch wirklich tadellos gemacht, das diesjährige «Gegoethele» so recht zünftig verhohnepiepelt.

Bäbs, und denk nur, ihren «Amor» habe ich gesehen in Knickerbockers und Pulloverchen als er während der Landheimtagung durch den Park um Haus Eichengrund in Georgenthal wandelte. Wir hatten mit Bekannten eine Autofahrt dorthin gemacht und trafen da eine Menge Pauker, Becker, Fintelfrau, Bachmann, Mengenstein und Herrn Zeichenlehrer Kaufmann, der an der Stelle unserer lieben Seele Kötzchen, «Iphigenie», die pensioniert ist, Unterricht gibt. Der Garten ist im Sommer wunderbar.

Nun will ich aber das Buch schnell zu Urschen bringen, sonst übertrete ich gleich als Erste die «strengen Satzungen», denn allmählich ist es schon wieder Dienstag geworden. Aber etwas Wichtiges muß ich Euch noch erzählen. Am Sonntag bekam ich Antwort vom Diakonieverein, daß ich als Krankenpflegeschülerin zum Herbst eintreten darf. Wohin ich komme, ist noch nicht raus.

Ich bin sehr glücklich darüber, denn das war ja seit langem mein sehnlichster Wunsch.

Nun lebt alle recht wohl, laßt es Euch so gut wie möglich gehen und seid so fidel wie wir immer in der Penne zusammen waren! (besonders wenn's Katern zu ärgern galt.)

Herzlichst Eure Hilde

auf mich zu: „Na, wie gefällt's?" Für ihn war
es natürlich freilich alles voller Goethezitate, aber
die Sache ist er auch wirklich tadellos gemacht,
das diesjährige „Gegenteil" so recht tüchtig ver-
schnupfpelt.

Läßt, und denk nur ihn, „Amor" hab ich
gesehen in Knickerbockers und Pullövchen, als
er während der Landwirtstagung durch den
Park ihm Haus herumging im Bürgenröckel
wandelt. Wir haben mit Bekannten eine Autofahrt dorthin gemacht u. trafen da eine
Menge Leute, Götter, Finkeldeu, Laßmann,
Wenzeslein und Herrn Zeichenlehr Kaufmann
der an der Villa unser lieben Tante Kötzchen,
die pensioniert ist, Unterricht gibt. Der Garten
ist jetzt im Sommer wunderbar

Nun will ich aber das Buch schnell zu
Rechen bringen, sonst verrate ich gleich als

* Ach Gott, wirklich unser „Kötzchen"! Nimm willkommen bei!
                                        die ungezähmte Hilde

Hilde Muthesius

Die nächste Eintragung stammt von *Ursel*. Dieses Mädchen war eine lange Latte. Jungens riefen ihr nach, sie könnte wohl aus der Dachrinne saufen. Und ihre kleinen Schwestern nannten sie «du altes Nachthemd»! Sie war die Tochter vom Leiter der Oberpostdirektion und stammte mütterlicherseits aus der Fontane-Familie. Die Dienstwohnung, in der sie lebten, hatte riesige Räume, einige mit Butzenscheiben, andere mit farbigem Glas, denn das Haus stammte aus der Gründerzeit. Uns jedenfalls imponierte das sehr, und Kindergeburtstage und später Maskenfeste konnte man herrlich dort feiern. – Ursel war mit einer besonderen Phantasie für Dummheiten begabt, und das machte sie zu einem guten, überall beliebten Kameraden. Sie war witzig, stets voll guter Laune; sie bezeichnete sich überall provokativ als ausgesprochenen Männerfeind, und sie war auf rührende Weise unsportlich. – Sie ging später auf die Foto-Schule in München, heiratete einen Arzt und hat an seiner Seite ihr Leben lang in der Praxis aufopfernd mitgewirkt. Auch ihre Entscheidung für Süddeutschland war endgültig; sie blieben in Bayern.

Ganz gerührt und ergriffen bescheinige ich die für Hilde erstaunlich pünktliche Weitergabe dieses wertvollen Dokuments. Von mir ist weiter nicht viel zu berichten, als daß ich auch schneidere und koche. Na, und wie, werdet Ihr denken. Meine Weisheiten schöpfe ich aus dem Examen der Leipziger Schule und es macht mir Freude. Wer hätte das der Großen zugetraut?

Kochen habe ich dreimal in der Woche und zwar als Gastschülerin in der Haushaltungsschule und in der höheren Fachschule. In der HS-Penne haben die Mädels erst dies Jahr angefangen. Sie sind, mit Ausnahmen natürlich, sehr nett und äußerst vergnügt. U. a. macht auch die Schilling mit, deren Geist aber in jeglicher Beziehung keinen blanken Heller wert ist. Ihre ehemaligen Kalbsaugen haben sich unter den erhöhten Anforderungen zu denen einer Kuh entwickelt, d. h. alles Dumme und Mißratene stammt von ihr. In der HF sind sie schon um drei Jahre weiter und es ist für mich immer ein sehr interessanter Sprung von den Anfängern zu den Vollendeten, denn die Mädels machen dies

Ursula Kleiner

Jahr ihr praktisches Abi, d.h., sie haben sonst alle Fächer wie wir, nur die fremden Sprachen sind durch Kochen, Schneidern usw. ersetzt.

Dort kochen wir fabelhaft schicke Sachen. Neulich haben wir wunderbares Eis (dreierlei Sorten) gemacht, da hättet Ihr dabei sein mögen, ich jedenfalls habe mich in Gedanken an Euch überfuttert. Schneidern ist zweimal in einem Kursus, an dem 14–90jährige teilnehmen können. Unsere Methusalemin ist allerdings nur 40. Sie kann dafür auch die Taillenweite nicht von der Hüftweite unterscheiden. Übrigens bei ihr auch kein verschiedenes Maß! Sonst sind die Stunden das reine Kaffeekränzchen; man tut zwar ganz schön viel, aber dazu wird geschwafelt. Wenn man seine Ohren überall haben könnte, gäbe es bestimmt ein Schmalig-Ersatz-Blättchen.

So, das wäre meine Tätigkeit am Vormittag. Nachmittags lebe ich mir selbst. Häufig gehts in die Stadt, um die neueste selbstgemachte Garderobe auszuführen und damit Aufläufe und schließlich Verkehrsunfälle zur Folge zu bringen.

Pauker treffe ich glücklicherweise kaum.

Noch würde mir auch von ihrem Anblick schlecht. Sonst freue ich mich sehr auf den Herbst. Das bei-Muttern-hocken muß auch mal ein Ende haben. Mit vieler Mühe bin ich in der Knipsschule aufgenommen worden und gondle nun Ende August nach München.

Bis mich dort der Brief wieder erreicht, lebt so wohl als auch, macht dem Geiste der verschiedenen O I A alle Ehre und seid sehr gegrüßt von

Eurer Ursel.

Da die nächste Eintragung von *Erika* ist, muß ich auch sie hier kurz vorstellen. Sie war heiter und herzlich, patent und praktisch und eine vorzügliche Organisatorin. Ihr Vater war aktiver Offizier gewesen und trieb zu dieser Zeit irgend etwas anderes, ich weiß nicht was. Sie wohnten in einem kleinen Reihenhaus mit hübschem Garten, in dem ein paar Schildkröten – das Hobby ihres Bruders – ein glückliches Leben führten. Zur Winterzeit pflegten sie in der guten Stube unterm Büffet vorzugucken. Zur Charakterisierung von Erika fällt mir eine sehr nette und für sie ganz typische Geschichte ein. Als wir in die Sexta kamen, wurde uns vom Klassenlehrer mitgeteilt, es müsse jeden Morgen eine von uns vor Schulbeginn ein Gebet sprechen. «Wer wird den Anfang machen?» Niemand muckste sich; dann meldete sich Erika. Am nächsten Morgen betrat der Lehrer die Klasse, alle standen auf, senkten die Köpfe, Erika sprach ihr Gebet. Am Morgen darauf sollte es jemand anders tun – alle sollten mal drankommen; und nun gab es jeden Tag lange Verhandlungen. «Ich weiß keins», «Ich hab meines vergessen», «Ich trau mich nicht» usw. Schließlich erklärte Erika resolut: «So geht's nicht. Das muß aufhören. Mir macht's nichts aus, ich werd es jeden Tag machen.» Und sie sprach das Eingangsgebet bis zum Schulabgang, ohne mit der Wimper zu zucken, neun Jahre lang, und zwar jeden Morgen dasselbe. Trotzdem kann ich mich nicht an den Wortlaut erinnern!

Erfurt, d. 21. VI. 32

Ach Kinder,

das Leben ist so schrecklich interessant – ich weiß gar nicht, wo ich anfangen soll zu erzählen. Ich bin mächtig stolz, als erste in das so viel umstrittene Berufsleben hineingetreten zu sein. Aber ordentlich! Am 1. April begann meine Lehre als Gärtnerin im Betrieb meines Onkels – es waren mir nur 14 Tage zum Verschnaufen geblieben. Den Antrittstag werde ich mein Leben lang nicht vergessen. Ich war in der Gärtnerei ein Wundertier unter all den Männern. Ich muß ja auch in meiner Kluft verwegen ausgesehen haben – die ollen Skibuchsen, dicke Wanderstiefel und eine blaue Arbeitsschürze – die war das einzig Neue an der Ausstattung. Nun, da ich ein Mädchen bin, wurde ich nicht geschont.

Die erste Arbeit war Mist-Trampeln, stundenlang. Stinkige Angelegenheit. Dann reihte sich Arbeit an Arbeit. Ich kann schon pflanzen, graben, hacken und gießen. Das klingt vielleicht lächerlich, aber Ihr ahnt ja nicht, wie dumm man sich zuerst anstellt, und wenn man sich noch so große Mühe gibt. Nun wird es am 1. Juli schon ein Vierteljahr, daß ich als Gärtnerstift mein Leben friste. Die Zeit rast, und eh man sichs versieht, ist schon wieder Freitag, und man hält seine Lohntüte mit vier Mark in der Hand. Nicht viel, aber besser als nichts, und ich bin immer ganz stolz – bis zum Abi hatte ich doch nur eine Mark Taschengeld in der Woche. Ihr auch? Aber wir arbeiten ja auch neun Stunden stramm pro Tag von 7 Uhr morgens bis halb 6 Uhr abends mit einer halben Stunde Pause zum Frühstück und einer ganzen Mittags. Da kommt man nicht mehr zu viel anderem, denn man ist müde. Im Winter wird's eine Stunde weniger sein. – Vorige Woche hatten wir was Schönes – da hat mich der Obergärtner nach Weimar mitgenommen, die Anlagen zu bepflanzen. Unser Lastwagen war voll mit Blumen und Geräten. Vorn saß der Chauffeur, der Obergärtner und ein Gehilfe, und auf dessen Knien ich als Lehrling. Eine schöne Fuhre! Und wir haben den ganzen Tag geschuftet und dann sogar auf Geschäftsunkosten Nudeln zu Mittag gegessen. Und dazu kriegte ich noch vier Mark extra. Da staunt Ihr, was? Alles dreht sich jetzt bei mir ums Fach. Ins Theater bin ich seit undenklichen Zeiten nicht mehr gekommen, ins Kino auch nicht. Auch Pauker sind mir noch nicht über den Weg gelaufen. Ganz gut so! Man hat sie ja ausgiebig genossen.

Lebt wohl, und schreibt auch Eure Erlebnisse. Ich bin ja so gespannt!

Herzlich Eure Erika, stud. mist.

Ich blättere um in dem dicken alten Buch – als nächste äußert sich das *Käthchen*. Wir hatten zwei Käthen in der Klasse, die wir in Katharina – ein ernstes und gesetztes Mädchen – und Käthchen, das niedliche und liebenswerte, unterschieden. Sie war ausgesprochen niedlich, hatte einen dunklen Lockenkopf und ein Bilderbuchmädchengesicht. Wenn ich an sie denke, sehe ich sie selbstvergessen in der Sonne sitzen, beide Hände auf den Knien und das Gesicht mit geschlossenen Augen der Sonne zugekehrt, und das während des Lateinunterrichts, der bei gutem Wetter im Freien stattfand. Oder ich sehe sie vor der Klasse stehen und chemische Versuche vorführen – das war ihre ganze Leidenschaft, und sie wirkte dabei wie ein Zauberkünstler, mit wunderbaren Kräften begabt. Auch ihr Zuhause war für uns geheimnisumwittert. Ihr Vater war im Ersten Weltkrieg Korvettenkapitän gewesen; sein Schiff wurde vor Tsingtau zerstört, und er hatte tagelang im Wasser gelegen. Er wurde schließlich gerettet, hatte aber ein Leiden, das ihn an den Rollstuhl fesselte. Seine drei Kinder – zwei Töchter und ein Sohn – sprachen mit Achtung vom Vater, und Rücksichtnahme war in dieser Familie selbstverständlich. Käthes Leben verlief ungewöhnlich, es endete tragisch, wie die Eintragungen zeigen werden.

Erfurt, d. 14. 7. 32.

All Ihr Lieben ffmmligau, endlich
komme ich dazu, euch etwas von
mir zu erzählen. Wenn ich sage, ich
hätte keine Zeit zum Schreiben bisher
gehabt, dann ist das keine leere Ausrede mehr, denn seit dem 1.7. bin
ich glücklich in de Römer-Apotheke gelandet. Die meisten werden es ja wissen,
daß mein ausgekügelter Mennsbogen
die Ursache meines Glückes ist. Dr. Weiß
hat nämlich geschäftlich viel mit der
Römer-Apotheke zu tun, und hat bei
Herrn Lohade ein gutes Wort für mich
eingelegt. Nach langem Hin und Her,
nachdem meine beiden Chefs meine
Handschrift gedeutet hatten und festgestellt, daß ich Gott sei Dank keine
ordinären Charakter hatte, kam die Frage

Käthe Noack

All Ihr lieben Ehemaligen,

endlich komme ich dazu, Euch etwas von mir zu erzählen. Wenn ich sage, ich hätte keine Zeit zu schreiben bis jetzt gehabt, dann ist das keine leere Ausrede mehr, denn seit dem 1. 7. bin ich glücklich in der Römer-Apotheke gelandet. Die meisten werden es ja wissen, daß mein ausgekugelter Ellenbogen die Ursache meines Glückes ist. Dr. Weiß hat nämlich geschäftlich viel mit der Römer-Apotheke zu tun und hat bei Herrn Kosak ein gutes Wort für mich eingelegt. Nachdem mein Chef meine Handschrift hatte deuten lassen und festgestellt hatte, daß ich Gott sei Dank keine ondulierten Haare, sondern echte Locken hatte, kam die Sache zum Klappen. Was bin ich froh! Ich hatte mir das doch so gewünscht. Der alte Chef ist meist auf Reisen. Sein Schwiegersohn Herr Kosak ist mein Vorgesetzter. Es gibt noch zwei Assistenten und zwei Helferinnen. An meinem denkwürdigen ersten Tag, dem 1. Juli standen nun all die Leutchen um mich herum, gaben mir gute Ratschläge und guckten kritisch zu, wie ich die Flaschen kunstgerecht mit Hütchen versah und dann zuband. Ich habe Angst geschwitzt und wurde vollkommen nervös. Schon in der Schule hat es mich immer verrückt gemacht, wenn ein Lehrer mir bei Klassenarbeiten über die Schulter sah. Allmählich habe ich mich reingefunden, es sind sehr viele Räume, und in jedem sind andere Sachen aufbewahrt. Am besten weiß ich im Giftschrank Bescheid, der interessiert mich am meisten. Wenn also mal eine von Euch lebensüberdrüssig ist, soll sie sich getrost an mich wenden. Rezepte kann ich auch schon ganz gut lesen und Kopfschmerzpulver herstellen. Von 8 – halb 2 steh ich nun täglich hinter der Theke, und von halb vier bis 7.

In der freien Zeit muß ich Blumen sammeln und pressen. Doch bin ich froh, daß die faule Zeit vorbei ist und man nun einen festen Wirkungskreis hat; man kommt sich dann wenigstens nicht so überflüssig vor. Doch ich will nun das schöne weiße Papier nicht länger verschmieren, der nächste Herr, bitte!

Laßt es Euch recht gut gehen und seid vielmals gegrüßt von Eurem Käthchen

Wenn jetzt *Pauline* zu Wort kommt, muß ich gestehen, daß ich nur wenig über sie zu sagen weiß. Ihr Vater war Ingenieur, ich glaube, Brückenbauer, und so war sie zu dem aparten Geburtsort Warschau gekommen, weil die Familie sich dort wegen eines umfangreichen Auftrags aufgehalten hatte. Die Mutter dagegen war Engländerin, und so hatten Pauline und ihre jüngere Schwester das Glück, nahezu zweisprachig aufzuwachsen. Es hatte auch noch einen Bruder gegeben, der sich traurigerweise als Sechzehnjähriger das Leben nahm. Er verursachte mit dem Gasherd eine üble Explosion, die auch dem Wohnhaus ziemlichen Schaden zufügte. Es war lange Zeit geheimes Gespräch unter den Schülerinnen.

Paul – wie sie sich selbst gern nannte – war eine Art Platzpatrone, ebenso lebhaft wie nervös; wahnsinnig rasch in den Bewegungen wie im Reden; sie sprach schneller, als man zuhören konnte. So bekam sie auch ihren Spitznamen «Bäbs». Denn da sie gern alles erst mal in Frage stellte, pflegte sie blitzschnell «perhaps» zu sagen. – Übrigens war sie ganz dunkelhaarig und hatte vom Typ her – noch unterstützt durch ihre Lebhaftigkeit – fast etwas Südländisches.

Geliebte Meute!

Also – haarklein wollt Ihr wissen, was man so treibt. Da muß ich Euch sagen: ich hab noch nie im Leben eine so herrliche Zeit erlebt wie jetzt. Ich bin für ein Jahr auf der Buchhändlerlehranstalt in Lips. Eine fabelhafte Penne! Eine glückliche Kreuzung von Schule und Uni. Manche Stunden sind Vortragsstunden, andere sind eine Art Arbeitsunterricht. Die gefallen mir besser. Arbeiten schreiben wir natürlich auch, aber nicht so viele wie früher in der Schule. Unser Unterrichtsstoff ist ungeheuer reichhaltig: 5 Stunden die Woche Literatur, eingeteilt in alte, mittlere und neue. 2 Stunden Weltliteratur, 2 Musik, 2 Kunstgeschichte. Buchhandelsbetriebslehre – riesig interessant! Behandelt das Urheber- und Verlagsrecht, den ganzen komplizierten Aufbau des Buchhandels, Preisberechnungen, Geschichte des Buchhandels, Handelsrecht, Steno, Schreibmaschine, Handelsenglisch, Buchführung, Korrespondenz. Dreimal in der Woche haben wir auch nachmittags Unterricht, d. h. früh

5 Stunden, nachmittags 4, da ist man erledigt am Ende eines solchen Tages. Aber zum Ausgehen bleibt immer noch Zeit, vor allem Oper und Konzerte – Da ist man ja in Lips nie in Verlegenheit. In unserem Klub sind nur Leute mit Abi, Mädchen und Jungs in anmutigem Durcheinander. Aber wir vertragen uns sehr gut. Die Herrlichkeiten haben zum großen Teil ganz annehmbare Manieren. Aber gleichzeitig sinds natürlich Lausejungs. Ihr solltet mal sehen, wenn bei uns eine Klassenschlacht tobt! Da wird man ordentlich wieder jung dabei. Mittags essen wir in der reizenden Medizinermensa ganz in unserer Nähe, und unser Tisch fällt oft auf, weil wir entsetzlichen Krach machen. Na – mehr braucht Ihr nicht zu wissen. Jedenfalls werd ich Tränenbäche vergießen, wenn das Jahr um ist! Einen Mann will ich hier aber nicht finden. Bloß nicht heiraten! Laßt das bloß bleiben! Diesen guten Rat gebe ich Euch allen.

Euer Paul

Das folgende «Kunstgedicht» stammt von Lotte. Sie besaß eine Zwillingsschwester – Grete –, und zunächst gingen beide in unsere Klasse. Grete verließ sie mit der mittleren Reife; Lotte machte das Abitur. Der Vater der beiden war ein kleiner Postbeamter. Er zeichnete sich aus durch das Hobby der Obstweinherstellung. Überall in der engen Wohnung standen gläserne Ballons herum, und jeder, der kam, kriegte etwas angeboten von diesem Trunk, der ebenso wohlschmeckend wie teuflisch gefährlich war.

Die Mutter konnte märchenhaft stricken und half uns liebevoll, wenn wir die Fersen der Skisocken in der Handarbeitsstunde mal wieder gründlich verpatzt hatten. – Beide Eltern starben an Krebs, als sie das 50. Lebensjahr überschritten hatten. Lotte wurde Erzieherin in einem Heim für Fürsorgezöglinge; sie war dann einige Jahre nach dem Krieg spurlos verschollen.

Lotte war ein sehr gescheites Mädchen und vor allem außerordentlich musikalisch. Jede einmal gehörte Melodie beim Musikdiktat konnte sie mühelos aufschreiben, und ich war durchaus darauf angewiesen, bei ihr abzugucken, wenn ich den hohen Anforderungen des Musiklehrers einigermaßen gerecht werden wollte. – Das Auffallendste an Lotte aber war ihr geistiger Hochmut –

40

ja, man kann es nicht anders nennen. Vieles, was wir anderen betrieben, pflegte sie als «spießig» für sich abzulehnen, und mit ihrer überlegenen Miene täuschte sie sogar die Lehrer, die sie daher bei kniffeligen Fragen nicht ansprachen, denn sie sah so aus, als wisse sie das alles ganz genau. In Wahrheit wußte sie es ebensowenig wie die übrigen. Woher ihr dieser Hochmut kam, hätte ich damals nicht zu sagen gewußt. Heute glaube ich, daß es das geistig-bescheidene Elternhaus und die etwas dümmliche Schwester waren, wogegen sie sich in bewußter Überlegenheit absetzte.

Ich war in Weimar:
Als Haushaltspraktikantin, schlicht um
    schlicht.
(Entschuldigt, das wird ein Gedicht.
Das ist doch nicht verboten
in den Statuten ganz vorn.)
Es ist eine Haushaltsschule mit
    Krankenhaus.
Aus diesem schwanden die Patienten,
da hat man die Schule erweitert,
und brauchte eine «Praktikantin», mich.
Aber man meinte Unteroffizier oder
    Polizist;
daran ist alles gescheitert!
Eine ganze Weile dauerte der Versuch.
Ich mußte viel tun, viel Posten stehn.
Ich nahm etwas ab, habe viel übersehn
(Es ging immer um Arbeit und Disziplin).
Fünf Wochen – dann hatten wir gegenseitig
    genug.
Ich hatte am Tag eine Stunde Ruh,
und kam mir bejammerswert vor
und begriff meinen Egoismus.
Das wäre immer schlimmer geworden! –
Zu Hause nahm ich wenigstens zu.

Und mache dasselbe wie die weiter vorn:
wirtschaften, unterrichten, tippen.
«Daß man mich braucht, befriedigt mich»?
– Nein!
Dazu bin ich zu egoistisch.

                                        Eure Lotte

Die nächste Schreiberin ist Eva. Auch sie spielte eine spürbare Rolle in der Klasse, vor allem durch ihr Mundwerk. Ihre kritischen Bemerkungen und ihre Schlagfertigkeit wurden von den Lehrern als «vorlaut» empfunden und entsprechend bewertet, so daß ihre schlechteste Zensur immer die im Betragen war. Sie war ein verwöhntes Einzelkind, Tochter eines Großkaufmanns, ein hübsches Mädchen mit dicken blonden Zöpfen, die sie erst kurz vor dem Abitur abschneiden ließ. Zum Theaterspielen wurde sie an mehreren Schulen unserer Stadt herumgereicht. Und da sie gerne und gut vorlas, füllte sie die Stunden, die dann und wann aus irgendeinem Grunde ausfallen mußten. Sie setzte sich sofort vorn auf die erste Bank und begann zu lesen. Irgend etwas, was ihr grade sehr gefiel, hatte sie dafür stets bei sich.

Sie schreibt:

Ihr Lieben, «ins Leben Getretenen»,

ich komme grade mit den Eltern zurück aus Tirol, wo wir vier schöne sonnige Wochen gehabt haben, und nun verlebe ich zu Hause meine ersten Semesterferien. Um nicht einzurosten, habe ich mir vogenommen, ich akkere unsere guten Klassiker durch. Und wenn ich nun wieder an die Uni komme, bin ich nicht mehr das «1. Semester», das von allen mütterlich oder väterlich mitleidig angeschaut wird. Aber es war schön, das erste Semester. Zuerst geht einem der Boden unter den Füßen fort, wenn man die Uni betritt und verloren dasteht in den großen Hallen zwischen unzählig vielen Fremden, als vereinzeltes Mädel. Und wenn man die Wahl hat zwischen tausenderlei verschiedenen Vorlesungen und alles interessant ist. Man braucht eine Zeit, um sich zurecht zu finden. Aber dann geht es seinen Trott. Ich höre Filosofie (bei Driesch, der ist ein reizender alter Herr!) Aber es befriedigt mich nicht. Denn obgleich alle Filosofen als erstes betonen «Filosofie ist eine Wissenschaft», so ist sie eben doch nur eine, soweit sie historisch ist. Im übrigen stellen sie auch nur Fragen, die wir uns selbst stellen. Fragen, und immer wieder Fragen, und wenn sie ehrlich sind wie Driesch, dann geben sie zu, daß es keine wißbare Antwort gibt. Germanistik ist sehr schön bis auf den alten Mist, mittelhochdeutsche Grammatik, Gotisch usw. Ich glaube, ich werde mich künftig davon fernhalten. Am liebsten ist mir Kunstgeschichte, und wir haben Professoren, die nicht objektiv und trocken uns die Kunstschätze der Zeiten zeigen, sondern vollkommen subjektiv und begeistert ihre Hörer mitreißen können. Und dann darf man im Institut in all den durchfotografierten Kunstsammlungen wühlen. Und überall liegen die neuesten Kunstzeitschriften aus. Man kann seine Zeit schon unterbringen. Nur das große Grausen kommt wie ein Alpdruck, je mehr man sich vertieft. Man lernt immer nur das eine: daß man gar nichts weiß, und daß es so ungeheuer viel Schönes gibt, was zu kennen sich schon lohnte. Meine Zeit reicht an keiner Ecke. Die Vorlesungen liegen über den ganzen Tag verteilt, einmal sogar abends um 9 Uhr. Manchen Tag 7–8 Stunden, an anderen nur 3–4. Die Vorlesungen sind wohl interessant, aber sie erziehen zur Passivität. Man büßt an Produktivität ein, wenn man immer nur so rezeptiv dasitzt. Deshalb ist es gut, daß es in jedem Fach praktische Seminare gibt; das ist dann so ähnlich wie unser Arbeitsunterricht in der Schule. Jeder Studiker muß ein Referat halten (manche dauern 4 Stunden!), und dann wird diskutiert, wobei der Professor mitmacht. Man wird da bald sehr vertraut miteinander. Manche Professoren geben ihren Teilnehmern dann sogar ein Fest bei sich zu Hause. Das einzig Unangenehme ist, daß man als Mädel so vereinzelt ist. Aber es wird bald zur Gewohnheit. Man muß sich unter den Studenten erst mal einen festen Stand erobern, denn sie sind keine Kavaliere. Man muß sich da an allerhand gewöhnen, aber man kann auch (es ist nicht zu viel behauptet) manchmal sehr erzieherisch wirken. Saufen tun sie immer noch so sinnlos und blöd, wie mans aus Büchern kennt. Da ich ja immer gesagt habe, ich wollte Journalistin werden, habe ich auch Zeitungskunde belegt. Das macht Spaß. Wir machen Bummel durch die Straßen und notieren, was uns aufgefallen ist. Wir bekamen Freikarten und wurden ins Theater geschickt, um die Aufführung zu besprechen, oder man kriegt ein Buch zur Rezension. Die Artikel werden dann im Institut vorgelesen, und alle müssen sich dazu äußern. Aber natürlich ist es echt journalistisch, man lernt über alles zu quatschen, auch über das, wovon man nichts versteht. – Da ich furchtbar neugierig bin, habe ich mich aber auch noch woanders umgesehen. Ich war mit bei den Juristen und bin auch mit ins Reichsgericht gegangen (eingeschmuggelt). Und bei den Medizinern. Da war ich sogar mit in der Anatomie, auch eingeschmuggelt. Alles sehr schön! Aber was nicht schön ist, daß man so allein lebt auf seiner Bude und alle Sorgen selbst hat. «Was esse ich heute abend? Gibt es jetzt billige Tomaten?» Lauter Dinge, die mich früher nie interessiert haben. Herrlich ist es jetzt, wenn man irgendwo eingeladen wird, bei einer der Tanten aus Muttis Familie. Wo ich früher so ungern hinging! Aber es gibt dort gut zu essen. Ich wußte gar nicht, daß ich so materialistisch bin. Aber ich muß schrecklich mit meinem Geld haushalten, sonst reicht es nicht, um ins Theater zu gehen. – Meine Bude ist für eine Studentenbude recht annehmbar, denn ich habe viel Eigenes darin. Trotzdem hat sie so allerhand Tränen gesehen in der ersten Zeit, als ich schreckliches Heimweh hatte. Und meine Wirtin? Haltet Euch fest! Sie ist 95 Jahre alt, trägt ein Häubchen und sieht aus wie eine Backpflaume. Im Anfang hielt sie mich für ein reizendes junges Mädchen und lud mich ein, abends mit ihr Grießflammerie mit Kirschkompott zu essen. Weil sie kaum noch etwas sieht und weil ich riesigen Hunger hatte, habe ich rasch alles aufgegessen; und weil sie auch nichts hört, bin ich leise verschwunden. Sie hat mich danach niemals wieder eingeladen. Aber eine Wirtin, die weder sieht noch hört, ist etwas sehr Praktisches. Sowas wünsche ich Euch allen für Eure Studierbuden «draußen im Leben», wie man das so schön nennt, obgleich man seinen Lebensdurst nicht darin gestillt sieht. Und ich glaube, daß er nur in dem einen Wunsch besteht, den wir alle haben: wir suchen einen vernünftigen Beruf; einige von Euch nannten es Wirkungskreis. Wir wollen nicht ewig lernen. Wir wollen wirken, nur das gibt uns Befriedigung vor uns selbst. Ich glaube, niemand von uns ist so zufrieden wie Erika und

Käthchen. Sie haben eine Arbeit, die sie befriedigt. Aber wir andern, wir suchen eigentlich nur so herum, nicht wahr?

Seid herzlich gegrüßt bis zum nächstenmal

Eure Eva

Hier beginnen die steilen, resoluten und klaren Schriftzüge von Anna-Maria, genannt *Änne*. Sie war Pfarrerstochter und hatte noch fünf Geschwister. Etwas grotesk sah sie aus, mit sehr kleinen Augen in einem runden Gesicht; aber sie hatte einen klaren Kopf und ein goldenes Herz; sie war lebendig und gescheit, zuverlässig und hilfsbereit und schon als Kind eine wirkliche Persönlichkeit. Ohne sie hätte der Klassengemeinschaft etwas ganz Wesentliches gefehlt. Zudem war sie von uns allen die beste Sportlerin, eine vorzügliche Schwimmerin war sie; und beim 1000-Meter-Lauf auch bei der größten Hitze eine der wenigen, die nicht aufgaben. Ich sehe sie noch auf der Laufbahn des Sportplatzes mit einem wehenden Taschentuch im Mund. Sie ist bis heute drüben geblieben, in der alten Heimat, und führt dort ein ausgefülltes, nützliches und außerordentlich zufriedenes Leben.

Liebe Leutchen – na, was da schon alles steht! Da bin ich froh, daß ich auch was erlebt habe. Ihr wißt ja, daß ich mich ins Stettiner Krankenhaus gemeldet habe, gewissermaßen ins Kloster, und in Kürze werde ich nur noch nachts ohne Strümpfe, ohne lange Ärmel und eingeschnürten Hals sein. O schöne Freiheit! «Vorüber, Ihr Schafe, vorüber» Dafür bin ich mit meiner Schwester Rosi – wir beide auf unsren alten Rädern – 4 volle Monate durch Deutschland geradelt, und es war über alle Begriffe schön. Im April beganns, am 9. August fielen wir unseren Eltern wieder in die Arme. Mit Jubel haben wir die ersten blühenden Bäume im Maintal begrüßt. Bergstraße, Neckartal bis hin zum Bodensee. Zu Pfingsten holten wir uns in der Frauenkirche in München den bischöflichen Segen des Herrn Kardinals Faulhaber, eines sehr lieben, würdigen alten Herrn. 8 Tage haben wir München genossen, die Kirchen, die Museen, die Parks. Dann gings donauabwärts bis Passau. Im bayrischen Wald haben wir zehn Tage die herrlichsten Wanderungen gemacht. Dann gings am Inn aufwärts (über

Braunau a. Inn – nachgetragen am 10. 4. 38) –
Alt-Ötting, Traunstein, Salzburg, Berchtes-
gaden, Achensee und Bergbesteigungen.
Ach, es war märchenhaft, es war wunderbar.
Und all die köstlichen Bäder im Achensee,
im Eibsee – unvergeßliche Wonne. Aber das
Schönste und Größte war der Rheinfall. Wir
haben gestanden und mit Mörike gejauchzt
«Halte Dein Herz, o Wanderer, fest in gewaltigen Händen! Mir entstürzte vor Lust zit-
ternd das meinige fast. / Rastlos donnernde
Massen auf donnernde Massen geworfen. /
Auge und Ohr – wohin retten sie sich im Tu-
mult?» In Kürze wird nun der Ernst des Lebens beginnen. Aber ich sehne mich vorläufig noch nicht nach Eheglück und sonnigem
Familienleben sondern denke freudig und
dankbar an die glückselige Wanderzeit zurück und hoffe, daß die Erinnerung daran
mir über mancherlei Unangenehmes hin-
weghilft. Ich wünsche Euch allen auch einmal eine so schöne beglückende Zeit und
grüße Euch sehr herzlich,

Eure Änne, Wandervogel außer Dienst

Die nächste Eintragung stammt nun von *Katharina*, der zweiten Käthe unserer Klasse – die erste war das Käthchen der Apotheke gewesen. Auch von Katharina weiß ich herzlich wenig, außer daß sie die Tochter eines Gymnasialprofessors war. Ich sehe ein kräftiges Mädchen vor mir mit einem schönen Gesicht, einem weichen Mund und warmen Augen. Wenn ich daran denke, wie sie in den Oberklassen aussah und wie sie sich verhielt, kann ich sie mir als ein Kind nur schwer vorstellen. Sie wirkte eigentlich immer gesetzt und erwachsen und war die erste, die ihr Haar hochgesteckt trug. Sie hatte zwei ältere Schwestern, von denen die eine schon verheiratet war, als wir in die Primen gingen. Die andere sehe ich im Rollstuhl vor mir. So war Käthe zeitig vertraut mit Krankheit und Leiden, und das mag ihren späteren Lebensweg durchaus mitbestimmt haben.

Liebe alte Klasse,

nun ist es erst ein halbes Jahr her, daß wir den ollen Schulkram beiseite werfen konnten! Und doch kommt es mir vor, als läge das alles schon viele Jahre zurück. Manchmal ist es mir, als ob die ganze Schulzeit überhaupt nur ein Traum gewesen wäre.

Wie ein scheußlicher Traum, den man glücklich abgeschüttelt hat, war auch meine Zeit in Darmstadt im Diakonieverein. Dort wurden wir jungen «Pröbchen» nämlich nur als Küchenmädchen und Scheuerfrauen verwendet, wahrscheinlich um an anderen Hausangestellten zu sparen. Von Kranken keine Spur! Die Vergünstigung diese pflegen zu dürfen, bekam man erst nach einem vollen Jahr Küchendienst im Heimathaus. Es liegt wohl daran, daß der Verein nur zwei Krankenhäuser besitzt. Deshalb müssen auch die ausgebildeten Schwestern alle Gemeindeschwestern werden. Sie könnten sonst gar nicht angestellt werden. Wahrscheinlich dauert auch die Ausbildung aus diesem Grunde sechs Jahre. – Unser Dienst begann früh halb sechs und endete abends zwischen halb und um 10 Uhr. Meine Arbeit bestand im Geschirr-Abwaschen für 80 Personen, Herd scheuern, Asche forttragen, alte faulige Kartoffeln abkeimen, Gemüse putzen usw. Und stellt Euch vor: alle diese Arbeiten in Haube und Stehkragen! Mittagspause gab es für das Küchenpersonal auch nicht, denn da mußten wir schon wieder die nächste Mahlzeit vorbereiten. Abends wurde das Licht um 10 Uhr ausgemacht, sodaß man gerade noch Zeit fand, sich den Küchendreck abzuschrubben und todmüde ins Bett zu fallen. Man war eben so ein richtiges stumpfes Arbeitstier geworden. Wollte man mal einen Brief schreiben, Strümpfe stopfen oder so was, so mußte man eben entsprechend eher aufstehen. Na, – kurz und gut: von dem vielen Abwaschen bekam ich sehr entzündete Hände, machte es aber trotzdem noch einige Zeit weiter, bis ich einige Finger überhaupt nicht mehr bewegen konnte. Da sagten sie: Um Gottes willen, – da können sie ja sofort Blutvergiftung bekommen. Unmöglich mit solchen Händen Kranke zu pflegen! Sie ließen sich das von einem Arzt bescheinigen, und ich war mit den besten Segenswünschen für meine fernere Zukunft entlassen. Wie froh ich war, dem Stehkragen und der Gemeindeschwester entronnen zu sein! Das hatte ich ja gar nicht werden wollen; aber im Prospekt hatte eben vieles nicht gestanden, was erst dort zutage kam.

Nach schönen Ferien bei meiner Schwester in Württemberg habe ich nun in der Großstadt Erfurt als Praktikantin in der Bezirksfürsorge angefangen. Wenn ich mein Krankenpflege-Examen beim Roten Kreuz gemacht habe (am 1. Okt. fängt meine Lernzeit in der Universitätsklinik Marburg/Lahn an) werde ich vielleicht Fürsorgerin. Ich glaube, das ist ein Beruf, in dem eine Frau rechte Befriedigung finden kann, und wo auch ein Mann sie nur schlecht ersetzen würde. Das Schwierigste in der Fürsorge sind die Hausbesuche, bei denen man sich das Vertrauen der Leute erst mal erwerben muß. Da kann man manchmal was erleben. Besonders von Frauen; da werden Weiber zu Hyänen! Eine warf einmal der Fürsorgerin eine brennende Petroleumlampe nach; es war aber zum Glück eine Wendeltreppe und die Verfolgte schon um die Biegung herum, sodaß die Lampe an die Wand krachte. – Im allgemeinen aber freuen sich die Leute, wenn sich jemand um sie kümmert und hilft und rät. In der Bezirksfürsorge vom Jugendamt aus handelt es sich immer um Kinder oder Jugendliche, die in körperlicher oder geistiger Notlage sind. Es muß darauf geachtet werden, daß Krüppel rechtzeitig in Anstalten und Behandlung kommen, solange sie noch im Wachstum sind und geheilt werden können. Ebenso werden Tuberkulose-Kinder betreut. Wo Kinder mit Kranken zusammenwohnen, müssen diese auf die Ansteckungsgefahr aufmerksam gemacht werden, damit die Kinder nicht vom selben Geschirr essen, dicht bei den Kranken schlafen usw. – Auch bei Schuluntersuchungen mußte ich helfen. Sehr interessant waren die Intelligenzprüfungen in der Hilfsschule. Am liebsten aber war ich in der Säuglingsfürsorge. Im Gesundheitsamt in der Krämperstraße und in einer Mittelschule am Nettelbeckufer finden regelmäßig unentgeltliche Sprechstunden für die Mütter statt, durchgeführt von einer Ärztin. Und ein Arzt ist zuständig für Säuglinge und Kleinkinder. Jeder kann da sein Kind untersuchen und wiegen lassen und Ratschläge für Ernäh-

gesprochen werden. Sie konnten sonst gar nicht
angestellt werden. Wahrscheinlich dauert auch die
Ausbildung aus dem hunde 6 Jahre. – Unser dienst
begann früh ½6 u. endete abends zwischen 8 und
um 10 Uhr. Meine Arbeit bestand in Geschirr abwaschen für 80 Personen, herd scheuern, Asche forttragen, alte faulige Kartoffeln abkernen, hunde
zu ziehen usw. Und stellt Euch vor: Alle diese
Arbeiten in Gaube u. Schürze! Mittagsru-
he gab es für das „Küchenpersonal" auch nicht,
denn da mußten wir schon wieder die nächste Mahlzeit vorbereiten. Abends wurde das licht
um 10 Uhr ausgemacht, sodaß man zuvor noch
zeit fand, sich den Küchendreck abzuschrubben und
todmüde ins Bett zu fallen. Man war eben
so ein richtiges stumpfes Arbeitstier geworden.
Wollte man mal briefe schreiben, Strümpfe stopfen, od. lesen, so mußte man eben nachts
früh eher aufstehen. Na, kurz und gut; Von

Katharina Schnieder

rung, Erziehung usw. bekommen. Meistens ist es dort rasend voll. Das Gekräh und Geschrei von ca. 60 Kindern in einem Saal müßtet Ihr mal hören! Sehr viele Kinder bekommen auch täglich Essen in einigen Erfurter Schulen, in denen Räume dafür eingerichtet sind. Auch die ganz Kleinen müssen von ihren Müttern dorthin gebracht werden, weil festgestellt worden ist, daß die guten Gemüsebreichen und Möhrensäfte sonst in den Magen der Mutter wandern anstatt in den des Säuglings. Über 1000 Kinder werden so täglich in Erfurt gespeist und nicht etwa mit «Quäkerspeisung» wie in den Kriegsjahren sondern mit gutem, reichlichem Essen.

Im übrigen muß sich das Jugendamt auch mit allen Gerichtssachen, bei denen es sich um Jugendliche handelt, befassen. Da müssen die Fürsorgerinnen wieder unzählige Besuche machen und Berichte schreiben. Da geht es meist um sehr traurige Sachen. Manchmal muß man sich richtig überwinden, um nicht davonzulaufen vor diesen gemeinen Dingen, die einem die Leute ganz schamlos erzählen. Und die armen Kinder alle, die in solcher Umgebung aufwachsen und das alles miterleben müssen! Am schrecklichsten ist es in den kleinen Gassen am «Dämmchen», in «Klein-Venedig» und Umgebung, – da wo wir mit Iphigenie immer zum Zeichnen hinzogen. Man ahnt ja nicht, was hinter diesen malerischen Fassaden alles steckt. Eine Gegend, in die alle Besucher entzückt hinlaufen! Und erst der «St.-Gotthard», das berühmte alte Gasthaus! 50 obdachlose Familien sind dort untergebracht, jede Familie in einem Zimmer. Und das ist noch gut, denn im Asyl würden alle miteinander in einem Saal wohnen müssen. Bei diesem engen Aufeinandersitzen muß es ja jeden Tag Krach und Keilerei geben. Wenn man von solchen Gängen heimkehrt, lernt man erst seine gesunde Wohnung zu schätzen. Wie froh und dankbar müßte man doch für alles sein, was man so als ganz selbstverständlich hingenommen hat, daß man so behütet aufwachsen durfte und auch für die Zeit in unsrer ollen Penne! Ich glaube, Ihr alle empfindet das auch so.

Im Grunde haben wir ja bisher nur uns selbst gelebt, und es wird nun Zeit, daß wir auch was für andre tun. Möchte doch jede von uns recht bald einen Platz im Leben finden, an dem gerade sie mit ihrer Eigenart gebraucht wird!

In herzlicher Verbundenheit!

Eure Katharina

Als nächste tritt nun *Jutta* hier ins Buch. Ich sehe sie in einer mittleren Bankreihe stehen und eine Frage beantworten. Die Mitte ist typisch für sie; sie war nicht für Extreme. Immer zurückhaltend und etwas im Hintergrund, nicht sehr mitteilsam. Ein großes schlankes Mädchen, hübsch anzusehen, stets korrekt frisiert und auch stets korrekt in ihrem Verhalten. Über ihre äußeren Lebensumstände weiß ich kaum etwas. Sie hatte keine Geschwister. Die Mutter war geschieden und hatte in zweiter Ehe den Vetter ihres früheren Mannes geheiratet. Sie selbst heiratete später einen Chemiker. Sie wohnten lange im Rheingau, später in Freiburg und hatten drei Kinder. Ihre beiden Töchter sahen ihr auf ganz ungewöhnliche Weise ähnlich. In der Freiburger Zeit nahm sie ausländische Studenten als Pensionäre auf, um das Familienbudget zu verbessern und gleichzeitig die Sprachkenntnisse ihrer Kinder. Sie starb – relativ jung – nach qualvollen Behandlungen an Krebs.

Schütz, den 7. 10. 32.

[handschriftlicher Text, weitgehend unleserlich]

Jutta Burger

Ich stecke auch schon ein halbes Jahr im Beruf. Als Bibliothekspraktikantin in Jena. Was man in dieser kurzen Zeit «draußen» lernt, hätte die Schule einem in noch so viel Zeit nicht so gründlich beigebracht. An meinen ersten Diensttag denke ich noch mit viel Grausen. Ich stehe in der Ausleihe. Ca. 20 Studenten begucken die «Neue»; der erste: «Aber Fräulein, Sie haben mir eine falsche Auflage gegeben. Haben Sie nicht die vierte Auflage?» Mein Herz schlug. Er wollte von einem Herrn Leberwurst: Irrwege der Liebe. Wir haben 350 000 Bände, wo ist die 4. Auflage von: Irrwege der Liebe? 20 Studentengesichter grinsen, ich wurde rot. Mein Student guckt mich an, begreift und haut ab. Ich war erlöst. – So gings noch öfter, aber es wurde immer besser. – Acht Dienststunden habe ich. 8–13, 15–18. Sehr viel Zeit bleibt einem nicht für sich selbst, denn am Abend geht man gern zeitig zu Bett. Meine Bude ist reizend – aber die Wirtin. Zwanzig Jahre aussichtslos verlobt. «Er» kommt jedes Jahr vier Wochen zu Besuch, dann verreisen beide, um sich wieder für ein Jahr zu trennen. Also doch ne alte Jungfer. Na, ich zieh aus.

Paul! Verlagsrecht und Urheberrecht klingen mir so vertraut. Über Buchhandel müssen wir auch gründlich Bescheid wissen! Jetzt fange ich mit Schreibmaschine und Stenographie an. An der Uni mache ich ein Französisch-Seminar mit, an der Volkshochschule englisch. Herrlich sind die Leutchen, mit denen ich zusammenarbeite. Als meinen Vorgesetzten betrachte ich nur den Direktor. Vor dem hab ich Bammel. Aber die anderen sind alle mit Liebenswürdigkeit zu schlagen. Einen habe ich überzeugt, daß es nötig ist, beim Frühstücken auf dem Tisch zu sitzen.

Mit dem Alleinsein gings mir wie Eva. Du weißt auch, was Budenangst ist. Das Zimmer mag noch so viel eigene Sachen enthalten – es nutzt nichts. Aber auch damit findet man sich ab, wenn man es muß.

Es grüßt Euch alle sehr,
Eure Jutta, stud. bibl.

Es folgt nun die Eintragung unserer *Hertha*, die in der Klasse «das Herzchen» hieß. Ich muß gleich einfügen, daß wir zwei Herthas in der Klasse hatten, die wir in «Hertha» und «Herzchen» unterschieden. Wenn man die steile Kinderschrift sieht, in der sie ihren Bericht abgefaßt hat, wird dieser Name verständlich. Außerdem war sie die Kleinste in der Klasse. Sie stammte vom Land, wo ihr Vater Schulrektor war, und sie war Fahrschülerin. «Herzchen» hielt sich immer sehr grade, stramm und straff. Vielleicht hoffte sie unbewußt, dadurch etwas größer zu erscheinen. Es drückte sich aber auch ihre energische und konsequente Zielstrebigkeit in dieser Haltung aus; denn sie hatte sich ein hohes Ziel gesetzt, wie man sehen wird. – Sie war außerordentlich fleißig und ehrgeizig, nicht nur in den wissenschaftlichen Fächern, sondern auch im Sport, wo sie durch Training allmählich erreichte, eine der Besten von allen zu sein.

Hertha hatte noch drei Schwestern, und ihre Mutter litt an Tbc. Wegen der Ansteckungsgefahr durften die Töchter ihr nicht zu nahe kommen, und sie gaben ihr den Gutenachtkuß auf die Wange nur symbolisch – durch den Deckel eines Weckglases. Diese nahe Bekanntschaft mit einer lastenden Krankheit mag Hertha bestimmt haben,

Medizin zu studieren. Sie war dazu schon vorm
Schulabschluß fest entschlossen.

Jena, den 19. 11. 32

Liebe Klasse,

nun bin ich schon beinah drei Wochen als
stud. med. in Jena. Aber vor lauter Arbeit bin
ich bisher noch gar nicht recht zur Besinnung gekommen. Heute ist Sonnabend, der
schönste Tag der ganzen Woche. Da will ich
Euch, meine lieben Kameradinnen, endlich
von mir berichten. Zuerst möchtet Ihr sicher
gern wissen, wo ich wohne. Meine Bude befindet sich im 2. Stock eines Neubaus unterhalb des Fuchsturms, also ziemlich außerhalb der Stadt. Dies ist mir als Landkind
sehr angenehm. Vom Fenster meines gemütlichen Stübchens habe ich einen herrlichen
Blick auf die wunderschöne Umgebung von
Jena-Ost. – Mein Hauswirt ist Stadt-Amt-
mann. Er sowohl wie seine Frau sind liebe,
zuvorkommende Menschen. Nach der Unität
komme ich den ganzen Tag nicht. Ich renne

nur immer von einem Institut ins andere. Montags und mittwochs höre ich von 8–9 Uhr Zellen- und Gewebelehre in der Anatomie, Dienstag – Freitag von 9–10 organische Chemie im Chemischen Institut bei Professor Schneider. Er macht die Versuche alle selbst vor; die Studenten betätigen sich nur im Scharren, wenn mal was nicht gelingt; oder im Trampeln, wenn eine Explosion besonders krachend verläuft. Von 10–11 Uhr bin ich im Physikalischen Institut. Dort liest Professor Wien (betagter Herr) über Elektrizität. Ach, Kinder, Fipsens Stunden waren wirklich Gold gegen diese hier! Trotzdem Versuche vorgeführt werden, langweile ich mich doll. Ich weiß über Volt und Ohm usw. jetzt tatsächlich weniger Bescheid als in der Penne bei Fips. Im wahren Sturmschritt fegt nach dieser Stunde alles, was heile Beine hat, nach der Anatomie, wo Professor Bröker über systematische Anatomie des Menschen spricht (hochgelahrt, sage ich Euch). Man darf nämlich in seinem Hörsaal keinen Platz mit einer Visitenkarte belegen. Die besten Sitzgelegenheiten schnappen natürlich immer diejenigen, welche Physik schwänzen. Von 12–1 Uhr höre ich bei Pro-

...eine hat, nach der Anatomie, wo Professor Löber über systematische Anatomie des Menschen spricht. (Geschlafen! sagt ihr frech!) Man darf nämlich in einem Hörsaal keinen Platz mit einer Visitenkarte belegen. Die besten Sitzgelegenheiten schnappen uns natürlich immer diejenigen, welche Physik schwänzen. Von 12–1ᵘ höre ich bei Professor Stinzwalter Knochen- und Bänderlehre. Danach geht's mit wahrem Heißhunger in die Mensa, wo man stundenlang Schlange stehen muß wegen des Ansehens von Maßmannsuppe vor der Essensausgabe. Um 2¼ᵘ bin ich schon wieder da in der Anatomie und zwar im Präpariersaal, um – schaudert nicht! – von einer Leiche unter Anleitung von Professor Löber und Prätzer Bauchmuskeln freizulegen. Ich habe hierbei einen weißen Mantel an, Gummischuhe und Gummiärmel. Trotzdem windet man noch 10 km gegen den Wind nach Karbol etc. Bevor ich zum Präpariekurs zugelassen wurde, hatte ich noch eine Knochenprüfung bei Professor Stinzwalter zu bestehen. Jetzt büffele ich schon wieder für das Bauchtestat, das in der nächsten Woche fällig ist. Da ich dies alles für mich allein auswendig lernen muß, könnt ihr euch ungefähr vorstellen, was ich zu schaffen habe.

Der Montag ist ein ganz besonders strammer Tag. Außer den schon erwähnten Stunden habe ich von 5–6ᵘ nachmittags noch mal systematische Anatomie von 6–7ᵘ Zellenlehre. Bei uns in der Firma machst du vielleicht und nur viel mehr Spaß als hier.

Hertha Naumann

fessor Kiesewalter Knochen- und Bänderlehre. Danach gehts mit wahrem Heißhunger
in die Mensa, wo man meistens zehn Minuten lang Schlange stehen muß wegen des ungeheuren Massenandrangs vor der Essensausgabe. Um 2 Uhr fünfzehn bin ich schon
wieder in der Anatomie und zwar im Präpariersaal um – schaudert nicht! – an einer Leiche unter der Anleitung von Professor Bröker und Gräper Bauchmuskeln freizulegen.
Ich habe hierbei einen weißen Mantel an,
Gummischürze und Gummiärmel. Trotzdem
riecht man danach noch 10 km gegen den
Wind nach Karbol und anderem. Bevor ich
zu dem Präparierkurs zugelassen wurde,
hatte ich noch eine Knochenprüfung bei Professor Kiesewalter zu bestehen. Jetzt büffle
ich schon wieder für das Testat, das nächste
Woche fällig ist. Da ich dies alles für mich
allein nachlernen muß, könnt Ihr Euch ungefähr vorstellen, was ich zu schuften habe.

Der Montag ist ein besonders strammer
Tag. Außer den schon erwähnten Stunden
habe ich von 5 – 6 nachmittags noch mal systematische Anatomie und von 6 – 7 Hallen-
Turnen. Aber bei uns in der Penne machte
mir das Turnen viel mehr Spaß als hier.

Abends trage ich das in den Vorlesungen Gehörte ins Tagebuch nach. Viel muß ich heute
von Anfang an noch nachschreiben. Deshalb
jetzt Schluß der Vorstellung!

Seid umschlungen Ihr Lieben!

von Eurem Herzchen

Ich bin schon sehr selbständig geworden!

Wenn ich nun etwas zur nächsten Schreiberin sagen soll, bin ich ein wenig in Verlegenheit, denn es ist sehr wenig, was ich über sie weiß. Dieses also war die zweite Hertha, ein großes, immer ein wenig blasses Mädchen, mit einer Nase wie Friedrich Schiller, was ihr einen bedeutenden Anstrich gab. Sie wirkte kühl und fiel weder im Negativen noch im Positiven besonders auf. Sie war ein Einzelkind, Tochter eines Vermessungsingenieurs, und sie hatte ein apartes Zuhause. Ihre Eltern wohnten in der Altstadt, gegenüber der Kirche in einem Haus, das sehr abgesondert lag und durch eine kleine Straße einen eigenen Zugang hatte. Hertha heiratete früh, einen jungen Mann aus dem Freundeskreis ihrer Eltern, der eine Kaffee-Finca in Mexiko betrieb und für kurze Zeit gewissermaßen auf Brautschau nach Deutschland gekommen war. Im mexikanischen Urwald haben sie dann ein zwar glänzendes, aber auch mühevolles und aufregendes Leben geführt, wie man sehen wird. An zwei Kleinigkeiten aus der Schulzeit, die sie vielleicht ein wenig charakterisieren, kann ich mich erinnern. Im Laufe eines Berichts, den Hertha einmal in der Deutschstunde gab, kam der Satz vor: «Als Kind habe ich gedacht ...» Ich erinnere mich genau: Es war ein Schock für mich. Waren wir etwa keine Kinder mehr? Und sie sagte es wie eine Selbstverständlichkeit, ohne eine Spur von Trauer. Sie ist es gewesen, die mir bewußtmachte, daß es mit dem Kind-Sein eines Tages zu Ende ist.

Die zweite Geschichte: Wir waren vielleicht sechzehn oder siebzehn. Es war auf einer Geburtstagsfeier, und es kam beim Pfänderspiel zu den «Drei Fragen auf Herz und Gewissen». Auf die Frage, ob sie schon mal einen jungen Freund geküßt habe, sagte sie mit solcher Selbstverständlichkeit «ja», daß unter den übrigen ein betretenes Schweigen entstand. Was sind das für vergangene Zeiten!

Erfurt, 4. 12. 32

Geliebtes Volk!

Sed fugit interea, fugit irreparabile tempus. Tatsächlich ist es seit dem Abitur nun schon fast ein Jahr her, kaum zu glauben. Ein halbes Jahr habe ich mir die Welt draußen ein bißchen angesehen. England – wenn Ihr das hört, stellt Ihr Euch gewiß Nebel, Regen und feuchte Straßen vor. Nichts von dem fand ich. Ich hatte nur strahlendes Sommerwetter. Ich verlebte die Zeit auf einer großen Farm in Südostengland. Die Grafschaft Kent ist sehr reizvoll, heißt ja auch der Garten Englands. Auf Townland, der Farm, fand ich so ungefähr alles, was ich mir für einen Sommeraufenthalt wünschen konnte. Ein wunderschöner Garten mit den herrlichsten Blumen und was ich noch mehr schätzte, mit vielen Obstbäumen. Ein Tennisplatz, Rasenplätze für Krockett und ein idyllisch gelegener Badeteich. Dazu die Freiheit, ich konnte tun, was mir gerade gefiel, kurz, mir gings unverschämt gut. Ich trieb viel Sport, spielte Tennis, Krocket, versuchte Golf und sogar Kricket, schwamm täglich und ließ mich in der Sonne braten. Die Küste war im Auto in einer halben Stunde zu erreichen, da fuhren wir oft zum Weekend an die See. Ich lernte die Seebäder am Kanal entlang kennen, zumal Folkestone, eins der feinsten und elegantesten englischen Bäder. Mit meinen Pensionsleuten verstand ich mich gut, und ich kam mit der Sprache gut zurecht und konnte mich schnell mühelos unterhalten obwohl ich doch in der Schule bei «Teichkater» kein Genie war. «Sie» war rührend mütterlich um mich besorgt. «Er» pflaumte mich ständig an und war überhaupt ein Original, lang und spindeldürr und immer mit Pfeife und in den unvermeidlichen Knickerbokkers. – Anfangs war ich viel allein. Später wurde es besser, als eine Tochter der Pensionleute aus einer Reitschule heimkam. Wir wurden schnell die besten Freunde. Sie war eine leidenschaftliche Reiterin und brachte es mir gut bei. Wir ritten nun täglich, und ich war sehr begeistert. Und am Ende des Sommers ging ich auch für einige Zeit in diese Reitschule nach Sussex. Das ist wohl die schönste Grafschaft Englands, hat märchenhafte Wälder. Auch die Reitschule lag mitten im Wald, übrigens nicht weit von John Galsworthys Wohnsitz entfernt, und ich hoffte immer, ihm mal zu begegnen. Das Leben dort war wundervoll. Es gab 40 Pferde, zum Teil auf den Weiden, zum Teil in den Ställen. Prächtige Tiere! Abwechselnd mußten wir reiten und für die Tiere sorgen – das machte Spaß. Auch zur Fuchsjagd bin ich mit geritten.

Zum Schluß bin ich noch für ein paar Wochen nach London gegangen. Das ist ein eigenes Gefühl, so ganz allein in solcher

Riesenstadt. Man wird unheimlich selbständig. Da ich fließend sprechen konnte, kam ich auch gut zurecht und habe mir alles angesehen in dieser herrlichen Stadt, vor allem natürlich die Museen. Ich wohnte in einem boarding house und traf dort mit den verschiedensten Leuten zusammen. Es gab Deutsche, Schweizer, Franzosen, Engländer aus den Kolonien, alle sprachen bei Tisch natürlich englisch, und jeder ein anderes, sehr komisch! Ich fand London so schön, daß ich den Winter über noch dort bleiben wollte. Als au-pair-Mädchen oder Governess. Eine Agentur gab mir etliche Adressen. Nur mußte ich mir erst eine Erlaubnis vom Arbeitsministerium besorgen. Die bekommt man nicht leicht. Die Engländer lassen nur sehr ungern Ausländer zum Verdienen ins Land. Aber ich hatte Glück, und nach vielen Mühen bekam ich eine. Aber als ich mir dann die angebotenen Stellen ansah, bekam ich das Grausen. Man will die Deutschen nur zu den schwersten Arbeiten und nützt sie aus nach Strich und Faden. Die meisten Deutschen allerdings sind damit zufrieden. Eine Entschuldigung ist unsere Not.

Mich aber zog es plötzlich gewaltig nach

Hause, um mich an Mutters Fleischtöpfen aufzuwärmen. Zu Hause fühle ich mich jetzt erst mal sehr glücklich, spiele das Hausmütterchen und lerne schneidern. Bald wird mich freilich die Berufsfrage quälen, aber die Aussichten sind ja trostlos. Kopfhängen allerdings nützt nichts. Wahrscheinlich würde man in alter Weise als «Frau und Mutter» am glücklichsten sein.

Herzlich grüßt Euch

Eure Hertha

Hertha Schönemann

Meine lieben Mädels,

an dieser Stelle muß ich eine kleine Erläuterung einschieben. Der Sprung vom Dezember 1932 bis November 33 ist ja ein bissel rätselhaft; doch sehr erklärlich, weil das Dokument unseres Geistes eben verschollen war. Und zwar so verschollen, daß selbst ich ihm nicht auf die Spur kommen konnte. Es war und blieb eben diese 10 Monate verschwunden.

Da erstand ich von unserer neu eingerichteten Kasse ein neues Heft und gab das der Eva, damit sie es wieder auf den Weg brächte. Und denkt mal, kaum hat Eva den neuen Rundbrief flott gemacht, da flattert mir der alte wieder ins Haus! Doch versichere ich Euch, in «meiner Truhe» hat er nicht geruht. Aber den armen Sünder sollt ihr trotzdem nicht wissen! «Schwester Ursula» ist nicht der Sündenbock!

Unserem Rundbrief ein kräftiges Heil!

Schutt, d. 22. XI. 33

Mein lieber Mädelt,

[handschriftlicher Brief in deutscher Schreibschrift]

Unserem Rundblick ein kräftiges Heil!

Erika Hausmann

Meine lieben Ehemaligen,

nach so langer Pause soll ich also wieder in unseren Rundbrief schreiben! Aber erlebt habe ich einiges, und schreiben tu ich auch gern. Also los!

Stellt Euch vor, ich habe mit meinen Eltern eine kunsthistorische Reise nach Italien gemacht! Ich kannte es bisher ja nur bis Verona, von unseren Dolomitenferien her, und das mit dem Auto. Ich fand es aber wundervoll mit dem Zug. Erst durch die engen Alpentäler, ab und zu sah man Gletscher in der Höhe, und man wußte nicht, ob man nicht lieber hier bleiben wollte und klettern, – oder doch immer weiter fahren in den Süden? Und es war dann doch herrlich zu sehen, wie alles immer üppiger wurde da draußen, und so ganz anders. Wir standen stundenlang an den Fenstern und schauten hinaus.

Unsere Reise durch Italien war kurz und anstrengend. Ich wollte möglichst viel sehen: unzählige Kirchen, unzählige Galerien, Tausende von Bildern und Plastiken. Nur einzelnes, was besonders schön war, sehe ich noch vor mir. Alles andere schmolz ineinander zu einem einzigen ungeheuren Eindruck. Aber selbst für einen «Kunsthistoriker» ist die Kunst ja nur ein Teil. Ebenso überwältigend ist Land und Volk, ist das bunte bewegte Spiel von Gestalten, ist das Gewirr von Schreien und Tönen. In Verona ist alles noch klein, aber sehr lebendig, dort hat man den ersten Eindruck wirklich italienischen Lebens. – Durch die Po-Ebene fuhren wir weiter, ein Land wie ein unabsehbarer Garten voller Fruchtbarkeit. Und dann durch den grauen, traurig-öden Appenin. Florenz: hier ist alles groß, alles mächtig, aber sehr herbe. So wie die Renaissancepaläste, die wie durch Festungsmauern in sich verschlossen sind. Der Marmor ist verschwendet in Kirchenfassaden und Campanilen. Niemand beachtet ihn hier, und uns Nordländern kommt das zu kostbar, zu prunkvoll vor.

Die Tage waren angefüllt mit ungeheuren Eindrücken, die einander jagten und verdrängten. Es ist, als würde einem die Luft abgeschnitten, wenn man die Mediceerkapelle betritt, wo Michelangelos Geist im

Marmor unsterblich blieb. Überall wird man von Dingen überwältigt, die man seit langem kennt, ohne sie je selbst gesehen zu haben. – Von Fiesole sieht man dann hinab auf dies herbe Land mit den weißen Häusern zwischen grauen Oliven. Ihr geht überall zwischen märchenhaften Gärten, aber alle sind von Mauern umzogen. Hinter diesen hohen weißen Mauern wartet eine Zauberpracht von Blüten, aber nicht für uns, wir müssen draußen bleiben und dürfen nicht hineinsehen in das Paradies. Man empfindet es bitter, daß man nicht hierher gehört. Man wird zum Deutschen in Italien.

Und nun kommt Ihr nach Rom und wie in eine ganz neue Welt, eine ganz andere. Überall ist die Antike noch lebendig. Es gibt wirklich keine Ruinen, denn jede einzelne Säule ist wie ein abgeschlossenes Kunstwerk. Alles ist in Rom wie aus dem gleichen Geist geschaffen; angefangen bei den Basiliken des foro romano, – über den übersteigerten Barock der Wucht und des Prunkes – bis hin zum Corso, dem großartigsten Zeichen der Residenz Mussolinis. Ja, selbst die faschistische Ausstellung, ein Wunderwerk raffinierter und künstlerischer Reklame, scheint

demselben Geist entsprungen. Alles ist groß-
zügig, groß, überwältigend, römisch! Und
dazu die Menschen! Man könnte neidisch
werden, wie leicht und schön sie leben.
Selbst der Verkehrsschutzmann, der mit
unnachahmlicher Grandezza seinen Stab
schwingt, ist in der Bewegung ein Gott.

Rom ist die gepflegte Residenz und Großstadt. Neapel dagegen ist schlicht «italienisch». So malerisch, wie es sich keiner vorstellen kann, der es nicht sah. Das ganze
Leben so bewegt und bunt. Tag und Nacht
derselbe ohrenbetäubende Lärm! Das Meer
wirklich so blau wie auf kitschigen Karten,
und der dreckigsten Straßenbengel so schön
wie in Deutschland ein Wunder-Kind. Aber
in dieser Märchenstadt kann man nichts essen, so dreckig ist alles; und es juckt einen,
wenn man nur über die Straße geht. Wir sind
geflüchtet aus Neapel. – Capri war das
Letzte und Schönste, eine Zauberinsel im
blauen Meer. Ich kann noch heute kaum
glauben, daß ich im Schatten von Kakteen
gesessen habe und neben mir Orangen in den
Bäumen glühten. Es war vielleicht alles nur
ein Traum!

Dann kam das neue Semester in München.

Es ist eine herrliche Stadt. Nur daß man niemals Geld hat, ist bedrückend. Mein Vater hält mich ungeheuer knapp. Heimweh jedoch kann man nicht bekommen, denn die Münchner sind die nettesten Leute von der Welt. Nur meine erste Wirtin war eine solche Xanthippe, daß ich flüchtend ausgezogen bin.

Mein Lehrer Pinder macht jede Vorlesung zu einem neuen Erlebnis, und die Kunstgeschichte hat mich in München völlig gefangen genommen. Allerdings mußte ich sehr arbeiten, denn ich hatte einen Vortrag über barocke Deckenmalerei, und der Barock ist für uns aus dem Norden doch eine sehr fremde Sache. Man lernt ihn erst in Süddeutschland wirklich kennen. Sonnabends sind wir mit den Professoren im Sommer regelmäßig auf Exkursion gewesen. Bis Oberammergau kamen wir. Und überall gings von Kirchen in Kaffees und wieder in Kirchen. Die schönste war die Schluß-Exkursion nach Ulm und Nürnberg zur Veit-Stoß Ausstellung. Es war ganz großartig, den Bamberger Altar so vor sich zu haben, daß man fast hineintreten konnte. Nur immer die Sorgen mit dem Geld! Man kann sich nichts zu

essen kaufen, wenn man Abbildungen gekauft hat.

Das ist das Beste an den Ferien, daß man
diese Sorgen dann nicht hat. In drei Tagen
gehen sie zu Ende und ich fahre nach München ins Semester. Ich frage mich nur immer,
wozu man sich so anstrengt? Wir Mädels
kriegen doch mit allen Examina niemals eine
Anstellung. Unser Land sitz in der Krise,
und wir sind eine unglückliche Generation.
Aber eigentlich sind wir doch ganz glücklich
dabei.

Ich hoffe, wir halten noch lange zusammen
als O I a a. D.

Eure Eva

Beste Freunde!

Da ist es, das Klassenbuch. Und es ersetzt mir viele fehlende Gespräche mit Euch. Bei uns daheim gehts hoch her! Ihr wißt ja – mein Vater war aktiver Offizier und ist nach dem ersten Weltkrieg herausgeflogen. Er hat – mit einer kleinen Entschädigung versehen – dann nur dumme Berufsversuche gemacht, die nie genug Geld einbrachten. Plötzlich hat man ihm die Chance gegeben, ein ganz großes Tier im Arbeitsdienst zu werden, mit einem guten Gehalt. Und das ist wichtig, denn mein Bruder wird in Kürze Abi machen und Jura studieren wollen, und das koset viel Geld. Nun – wir müssen unser Häuschen aufgeben, das wir ja eigentlich sehr geliebt haben – denkt Ihr noch an die Schildkröten, die in dem dicht eingezäunten Gärtchen lebten? Wir müssen nach Weimar ziehen, und das erfordert viele Überlegungen. Vor allem muß ich nun hier allein bleiben, bis ich meine Gärtnerlehre beendet habe. Kinder, wer hätte ahnen können, daß die Zeit so blitzartig dahinrast! Kaum habe ich die Lehre angefangen, und nun steig ich schon ins letzte Jahr! Der Sommer ist wieder mal sehr schön gewesen, nur zu kurz. Ich habe durch das Interesse unsres jungen Obergärtners für die Lehrlinge unsere «weitere Heimat» erst mal so richtig kennen gelernt. Und das kam so: Unsre Firma vergibt an ca. 70 Bauern Samen zum Anbau für uns. Und da muß unser «Ober» dann regelmäßig mit dem Auto hin und die Felder begutachten und taxieren. Da hat er dies Jahr mich und meinen kleinen Mitlehrling mitgenommen. Daß das immer eine Gaudi war, könnt Ihr Euch denken. Zumal wir täglich auf Geschäftskosten zweimal in einer Kneipe landeten. Denn die Fahrten dauerten ja den ganzen Tag. Jedenfalls wars eine vergnügte Zeit. Jeweils am Tag drauf mußte ich allerdings den ganzen Tag mit krummem Buckel Kohl auf dem Feld pflanzen. Wie gut, daß man sich nach einer Weile doch jedesmal einleiert.

Dazwischen kamen die Feierlichkeiten zum Jahrestag der «Nationalen Erhebung». Alles mußte natürlich miterlebt werden! Besonders das Hitlerjungen-Treffen hier war ganz groß. Jeden Sonntag konnte man irgendeinen Umzug bewundern mit viel Ge-

trommel und Geblase. Und zum Erntedank-
fest konnte ich mich selbst bewundern lassen. Ich saß auf unserem Gemüse- und Blu-
menwagen auf einem Riesenkürbis und
schmiß mit Gurken, Möhren, Zwiebeln und
anderen Delikatessen ins lautkreischende
Publikum. Ein Baby hätte beinah dran glauben müssen. Dem knallte eine Gurke auf die
kleine Nase, was ein kolossales Trompeten-
gebrüll zur Folge hatte. Zum Sommerab-
schluß war ich mit Gärtnerfreunden in Goslar und Hildesheim, wo wir seinerzeit mit der
Schule waren, mit Ella, wißt Ihr noch? Alte
liebe Erinnerungen, was waren unsere Wanderfahrten schön! Wir hatten in Goslar sogar denselben Führer wie damals, und er hat
mich sogar wiedererkannt. Ist das nicht fabelhaft? Auch der alte Pater beim Bern-
wardskreuz in Hildesheim war noch derselbe. Alles wie damals! Wenn wir doch noch
mal im Leben alle zusammen so eine Fahrt
machen könnten!

Dann kam der Herbst und damit viel Arbeit. Im Geschäft muß ich kiloweise Dreck
beim Samenreinigen schlucken, denn das
Auslesen muß mit der Hand gemacht werden. Ich weiß nicht, ob ich davon die scheuß-

liche Gallenreizung bekommen habe, die noch immer nicht weg ist? Seit Anfang November gehe ich sofort nach Geschäftsschluß zu Frau Lorberg, um dort als Volontärin das Binden zu lernen. Jetzt vorm Totenfest kann man da besonders viel profitieren. Gestern hab ich ganz allein den ersten Waldkranz gebunden. Das ist ein ganz erhebendes Gefühl. Hat auch lange genug gedauert. Aber aller Anfang ist schwer. Nach Weihnachten muß ich anfangen zur Gehilfenprüfung zu bimsen. Aber es wird so schlimm nicht sein.

Euch allen einen gesunden Winter und viel Freude in den Weihnachtsferien!

Eure Erika

Meine Lieben,

vor zwei Jahren hatte ich dies Buch zum letztenmal in Händen. Nun ist es schon alt und angerunzelt, aber dafür inhaltsreich. Uns ist es ja auch ein bissel so ergangen. Wir sind älter geworden, angerunzelt will ich nicht hoffen, aber unsre Horizonte haben sich geweitet. Zwar war ich nicht wie einige von Euch in England und Italien. Ich bin nur bis Potsdam gekommen und habe hier als «Pröbchen» des Diakonievereins (wie Käthe) das lang ersehnte Schwesterndasein begonnen. Erst war ich bei Männern mit gebrochenen Armen, Beinen, Schädeln usw. Dort ging es durchschnittlich recht vergnügt zu. Auf der inneren Frauenstation gabs schon mehr Elend zu sehen, aber die Arbeit macht mir viel Freude. Es ist gewiß etwas Schönes, wenn man schon in seiner Lernzeit sichtbar Nützliches leisten darf. Und viele Patienten sind ja so reizend dankbar. Eine Oma, die schon bißchen lütütü war, hat mich zwar auch mal gekratzt und angespuckt. Aber solche und ähnliche Gratiszugaben gibts sowieso.

Das Leben drumrum beglückt mich nicht so wie die Arbeit. Wir 32 Schülerinnen sind zwar sehr fidel, aber das alles heimlich. Und mit 21 Jahren ein halbes Nönnchen zu spielen, das paßt mir nicht ganz. Der Diakonieverein wird also wohl nicht mein endgültiger Landungsplatz sein. – Im Herbst steigt unser erstes Examen. Dann fahre ich den Winter über nach Hause, um im Frühjahr meine Ausbildung in der Säuglings- und Kinderkrankenpflege fortzusetzen. Ich bin schon einige Monate auf der Entbindungsstation gewesen. Das war die schönste Zeit, die ich bisher gehabt habe. Die kleinen Gören sind unbeschreiblich wonnig. In der Nachtwache, die ich übrigens förmlich hasse, waren die kleinen mein ganzer Trost. Ich kannte die einzelnen Stimmchen ganz genau und war immer traurig, wenn mir die Muttis die süßen Krabben nach zehn Tagen wieder fortnahmen. So viele kleine Erdenbürger habe ich zur Welt kommen sehen! Und ich kann Euch als Mamas in spe nur versichern: wenn alles glatt geht, ist's gar nicht so schlimm.

Augenblicklich bin ich im OP. Das ist natürlich mächtig interessant. Es gibt viel grausige Dinge zu sehen, ja, aber dadurch, daß bis auf das Operationsfeld alles abgedeckt ist, ist's gar nicht so schlimm. Im Gegenteil – es ist, als schaute man einem Künstler zu. Nur manchmal gibts aus Nervosität Krach und Geschimpfe. Aber man bekommt zum Glück mit der Zeit ein ziemlich dickes Fell.

Nun soll der Brief aber eine Station weiter gehen – von der Krankenpflege in die Apotheke. Ich freu mich schon, ihn wiederzubekommen.

Eure Hilde

Das war die schönste Zeit, die ich bisjetzt
erlebt habe. Die kleinen Gören sind unbeschreiblich wonnig. In
der Nachbarschaft, die ich übrigens förmlich hasse, sind
die Kleinen mein gan-
zer Trost. Ich kenne die
einzelnen Stimmen ganz genau und
war immer traurig,
wenn mir die Mutter
die süßen Krabben nach
10 Tagen wieder fort-
nehmen. So viele

kleine Erdenbürger habe ich
zur Welt kommen sehen."
Und ich kann Euch als
Mamas in spe "nur ver-
sichern, wenn alles glatt geht, ist's gar nicht

Hilde Muthesius

Jetzt tritt zu den uns schon bekannten Briefe-
schreiberinnen ein neuer Name: *Anneliese*, das
einzige Kind eines Eisenbahningenieurs. Sie war
ein paar Jahre älter als wir. Ihre Eltern hatten nach
dem Ersten Weltkrieg ihre Heimat – das Elsaß –
verlassen müssen und hatten lange Zeit nirgendwo recht Fuß gefaßt. So war Anneliese erst
mit acht Jahren zur Schule gekommen. Sie war
ein zierliches, liebenswürdiges, etwas zaghaftes
Mädchen mit sehr lockigen Haaren, die sie verge-
bens in zwei Zöpfe zu zwängen versuchte.

Sie war von einer echten, ihr ganz natürlichen
Frömmigkeit, und ich erinnere mich, daß sie in
dem Jahr, in dem Bibelkritik den Inhalt der Reli-
gionsstunden bildete, häufig in Tränen aufgelöst
an ihrem Platz saß. – Da sie keine Schülerin war,
der alles leichtfiel, ist es für sie wohl eine Erlösung
gewesen, daß sie aus der Obersekunda abgehen
konnte, um einen Pfarrer zu heiraten, der 12 Jahre
älter war als sie. «Richard» war ein sehr gebilde-
ter Mann, in allem Theoretisch-Theologischen
über die Maßen beschlagen, aber ebenso intensiv
allem Klassischen zugewandt, so daß wir immer
witzelten, er habe sich genau in der Mitte zwischen Zeus und dem lieben Gott angesiedelt.

Zu Annelieses Abgang entfachten wir auf dem
Schulhof ein kleines Feuer, dem wir ihre Loga-

rithmentafel und die lateinische Grammatik übergaben. Ein Jahr später kam die kleine Frau Pastor dann mit dem Kinderwagen zu Besuch in die Schule, und zwar vorsätzlich zur Zeit der Englischstunde. Und wie sie sich gedacht hatte, irritierte der Blick auf das Baby unseren «Teichter» dermaßen, daß er zur Fortsetzung des Unterrichts allen Elan eingebüßt hatte.

Altendambach, den 6. Juli 34

Ihr Lieben alle,

könntet Ihr nur ahnen, wie ich mich freute, als heute morgen dieses liebe dicke Buch in unser stilles Thüringer Walddörfchen kam. Ich hab mich dran gesetzt und gelesen, gelesen, gelesen und darüber alles vergessen. Hätte nicht unsre ‹Perle Lina› ein wenig an unser leibliches Wohl gedacht, ich glaube, wir hätten einen Fasttag einlegen müssen. Seht, so pflichtvergessen kann eine alte Hausfrau und Mutter über Euren lieben Plauderbriefen werden. Was habt Ihr doch alles erlebt, und wie mutig und tapfer und selbständig habt Ihr das Leben angepackt. – Aber nun will ich Euch ein bissel von mir erzählen. Ihr wißt, die ersten drei Jahre nach unsrer Hochzeit haben wir in Zöschen verlebt. Es war nicht immer so ganz leicht für mich. Mit viel Erfahrung war ich natürlich nicht ausgerüstet, als ich in dies neue Leben trat. Aber es mußte halt gehen, und dank der oft rührenden Nachsicht meines Ehehebsten wurde so manche Schwierigkeit überwunden. Wenn mal die Kartoffeln nicht richtig weich waren, spielten wir eben «Steinzeit». So richtig schön wurde das Leben eigentlich erst, als in unserer Wiege das kleine Mareile krähte. An diesem Ereignis hattet Ihr ja alle so lieb teilgenommen, und eigentlich ist das Mareile auch nicht nur mein sondern unser aller ‹Klassenkind!›

Seit einem Jahr wohnen wir nun in Altendambach, einem weltvergessenen verträumten Nest von 500 Einwohnern. Hier gibt es keine Bahnstation, keinen Fabrikschlot, ja nicht einmal eine Wasserleitung. In großen Bütten tragen die Leute auf dem Rücken das Wasser von der Quelle in ihre Häuser. Erst seit wenigen Jahren kennt man hier elektrisches Licht. Zu meines Mannes Seelsorgebe-

zirk gehört noch ein zweites Dorf, Hirsch-
bach, genauso groß (oder so klein) wie Altendambach. Die Leute kommen hier jetzt häufiger zur Kirche, vielleicht weil Richard sich
bemüht, das Pfarrhaus zu einem Mittelpunkt
zu machen. Er hat seinen Flügel hier stehen
und regt das Musizieren an. Er steht für alle
Fragen bereit und er hilft den 5 Kindern, die
nach Suhl aufs Gymnasium gehen, bei den
Schularbeiten in Latein und Griechisch. Er
läßt sie lesen und macht dazu immer die Ak-
zente mit den Fingern in die Luft. Wir haben
die Bärenreiter-Fotokarten abonniert und
haben uns einen langen Wechselrahmen machen lassen, in den man immer 12 Stück hin-
einstecken kann. Im Augenblick sind die
Naumburger Figuren darin und die Reliefs
vom Lettner. Wir freuen uns jeden Tag
daran, und es kommt nun schon vor, daß
einer aus dem Dorf davor steht und sich das
anguckt und fragt. Ich selbst muß erst noch
ein bissel hineinwachsen. Ich bin zu jung für
dieses «Amt», und die Frauen aus dem Dorf
nehmen mich nicht für voll. Schließlich bin
ich erst 23. Aber ich werde es schon lernen.
Die Frauen müssen mit allen Fragen zu mir
kommen können; um Kochen und Backen;

um Kindererziehung, Krankheiten, Verhalten während der Schwangerschaft. Sie sind hier mit allem so hinterm Mond, wie Ihrs Euch gar nicht vorstellen könnt. Richard ist schrecklich fleißig. Er gibt Musikunterricht und hält eine Art Bildungsvorträge. Aber das alles darf natürlich nichts kosten, denn die Leute sind arm.

Wir bewohnen ein nettes gemütliches Haus, das wir uns auch schön eingerichtet haben. Dazu gehört eine ansteigende Liegewiese und ein kleiner Garten. Mareile tobt den ganzen Tag draußen herum. Abends weiß man kaum, wie man das kleine Dreckspätzchen wieder sauber kriegen soll. Aber vergnügt ist sie und hat ein Plappermäulchen, das nie still steht. Stellt Euch vor, – sie wird ja im Oktober schon drei Jahre alt! Als braves Pfarrerstöchterlein geht sie sonntags mit zum Kindergottesdienst und antwortet dem Vater auf seine Frage nach dem Paradiesgarten, es habe dort «auch Pflaumenobst» gegeben. Wahrscheinlich wird sie zu Weihnachten ihre Wiege zwangsweise räumen müssen, denn dann wird wohl ein kleines zappelndes Etwas diesen Platz beanspruchen. Seht Ihr – so läuft nun mein

Leben. Angefüllt ist es von vielen kleinen alltäglichen Pflichten, von neuen Hoffnungen,
Erwartungen und mancherlei Freude. Still
und bescheiden ist's und ohne große Einwirkung von außen. Eines nur wünsch ich mir:
meinem Mann ein tapferer Kamerad und
meinen Kindern (bald darf ich ja so sagen)
eine gute Mutter zu sein. Und nun lebt wohl,
Ihr Lieben!

Denkt daran, daß das Altendambacher
Pfarrhaus immer eine offene Tür und ein of-
fenes Herz hat für Euch alle.

Seid vielmals gegrüßt von Eurer

alten Annelaus

Vorige Woche brachte mir Anneliese unser liebes Klassenbuch in die Apotheke und hat mir damit eine Riesenfreude gemacht. Ich hatte tatsächlich schon die Hoffnung aufgegeben, es in diesem Leben noch einmal wiederzusehen. Wenn es auch außen etwas von seiner ehemaligen Eleganz eingebüßt hat, so entschuldigt der Inhalt, der unsrer alten Oberprima alle Ehre macht, reichlich dafür. Allen bösen Voraussagen unsrer Herren Pauker zum Trotz haben wir doch alle furchtbar zugenommen an Alter, Weisheit und Verstand. – So, und nach dieser schönen Einleitung gleich medias in res. Zunächst muß ich (siehe die Statuten) feierlichst mein mit «Gut» bestandenes Apotheker-Examen bekannt geben. Meine Herren Examinatoren waren samt und sonders ebenso begeistert von meiner fabelhaften Redegewandheit (sprich große Klappe!), wie sie entsetzt von meiner Klaue waren, und die feierliche Angelegenheit ist zur besten Zufriedenheit aller Teile vor sich gegangen. Im Triumph hat mich dann Herr Dr. Klaas (mein Lehrer in Botanik, Pharmakologie, Systematik usw.)

als Assistentin in die Bahnhofsapotheke ent-
führt, wo ich mich sehr wohl fühle. Es ist ein
fabelhafter Betrieb. Mächtig viel Rezeptur
und Hand-Anfertigung, natürlich durch die
blendende Lage und die vielen Ärzte in
der nächsten Umgebung bedingt, sodaß ich
wirklich noch allerhand lernen kann. Wenn
Ihr mich also mal besuchen wollt, geht bitte
nicht in die Römer-Apotheke, damit Ihr die
alte Wunde, die ich meinem früheren Prinzi-
pal durch mein Fortgehen bereitet habe,
nicht unnötig aufreißt. Es war eine schwierige Geburt, bis ich dort endlich raus war.
Mein Chef wollte mich durchaus nicht weg-
lassen. Ich aber wollte durchaus weg, und
mein Dickkopf hat den Sieg davon getragen,
wie es ja auch nicht anders zu erwarten war.
– Dafür ist es bei uns hier im Bahnhof urge-
mütlich und fidel, ein Arbeitsklima wie in
unsrer alten Klasse, sodaß ich mich wie zuhause fühle: drei Herren und ich als pharma-
zeutisches Personal (außer dem Dr.) und
dann noch zwei Helferinnen. Klaas ist zwar
sehr nett, aber schöner ist es doch, wenn er
nicht da ist. Wir reden ihm jedenfalls nachmittags oft sehr gut zu, ein bißchen an die
frische Luft zu gehen, weil wir allein sehr

viel besser fertig werden. Am Donnerstag dampft er ab zu einer 5 wöchentlichen Urlaubsreise nach Bad Tölz, und wir haben schon die fabelhaftesten Pläne gemacht, was wir alles für Orgien feiern wollen. Unsre drei Herren sind Gott sei Dank alle jung und verstehen viel Spaß, aber es ist doch furchtbar, daß man sich als Pharmazeut so leicht das Trinken angewöhnt, denn es ist ja ganz leicht, sich aus Alkohol, Kräuterdestillation und allem möglichen anderen einen guten Likör zu brauen. Jedenfalls haben wir uns jetzt eine neue Mischung gebastelt – eine Hausmarke «Haremsblut», nach der roten Farbe, die uns den Trennungsschmerz vom Chef überwinden helfen soll. Aber Ihr braucht nicht an mir zu verzweifeln! Da ich gleichzeitig dem Abstinenzler-Verein angehöre und Ehrenmitglied der Heilsarmee bin, werde ich nicht am Delirium tremens eingehen. Allerdings könntet Ihr nach dem, was ich bis jetzt geschrieben habe, ein übles Bild von mir kriegen, und vor allem von meinem Beruf und denken, er bestünde hauptsächlich aus Dummheiten-Machen. Das ist ja Unsinn! Diese Scherze leisten wir uns nur, wenn nichts zu tun ist. Unter Mittag, Sonntags und bei Nachtdienst. Sonst wird tüchtig gearbeitet, und der Beruf ist tatsächlich so ernst, und zeigt einem so viele Schattenseiten des menschlichen Daseins, daß man sich seinen Humor gewaltsam erhalten muß. Jedenfalls ist für ein Mädel dieser Beruf nicht leicht, eine gute, wenn auch oft nicht gerade angenehme Schule fürs Leben. In der Schule hätte ich mir nicht träumen lassen, mit was für menschlichen Problemen man sich in solch einem Laden auseinandersetzen muß. Interessant ist die Apothekerei eben gerade durch ihre Wechselbeziehung zwischen Theorie und Praxis – das bringt Freude und Befriedigung. Gestern bin ich doch tatsächlich über diesem Schreiben eingeschlafen. Hoffentlich gehts Euch beim Lesen nicht genauso. Man ist eben abends furchtbar kaputt, wenn man den ganzen Tag auf den Beinen gewesen ist und keinen Augenblick zur Ruhe kam. Allmählich komme ich zu der Überzeugung, daß die Schule eine sonnige sorglose Zeit war, in der man so unbekümmert in den Tag hinein leben konnte und höchstens sich mal Sorgen um eine Mathearbeit machen mußte. Jetzt heißts halt, die Gedanken immer zusammen zu haben, weil eine einzige Unaufmerksamkeit Leben oder Gesundheit eines Menschen schwer gefährden kann. Mir ist Gewissenhaftigkeit wirklich schon in Fleisch und Blut übergegangen – nun auch zu Hause – darüber werdet Ihr lachen. Aber der Apotheker ist für sein Tun auch rechtlich verantwortlich – das war ich schon als Praktikantin. Man kann bei einer falschen Rezeptur bis zu 5 Jahren Gefängnis wegen fahrlässiger Tötung bekommen. Angenehme Aussichten!

Euch wünsche ich, daß Ihr Euer Leben weiter so aufbaut, daß Ihr es mit Freude und Befriedigung lebt, und ich grüße Euch herzlich bis zum nächsten Mal.

Immer Euer Käthchen

Liebe Leute,

es ist gerade ein Jahr her, seit ich dieses Buch in den Händen hatte. Es kamen die Semesterferien im Herbst und dann der Winter in München. Die Arbeit war noch dieselbe. Nur die eingeführte Fachschaft mit ihren Arbeitsgemeinschaften nahmen uns zusätzlich stark in Anspruch. Aber das Bestimmende ist ja das Leben der Freizeit, und München ist eine so schöne Stadt! Gerade im Winter! Wenn ein wenig Schnee liegt, leuchten die grünen Kuppeln der Kirchen doppelt, und in dem feinen Nebel scheinen sich die Straßen und Plätze noch zu weiten, und alles ist frei und groß. Jeden Samstag oder Sonntag früh aber gings in die Berge. Bei jedem Wetter bin ich skigelaufen, und bei jedem Wetter sind die Berge schön. Wenn eine Föhnwand wie eine schwarze Mauer gerade abgeschnitten am Himmel steht und die Luft schwer lastet auf der Erde. Oder wenn so wenig Schnee liegt, daß man nach Garmisch abfährt auf vermatschten Wiesen. Besonders schön finde ichs im dicken Nebel, wenn man in eine graue Leere hineinfährt und alle Laute verhalten tönen, als kämen sie aus dem Abgrund. Am schönsten natürlich ists, wenn die Sonne scheint, dann ist die Welt ein Meer von glitzernden weißen Kristallen. Der Himmel ist unsagbar blau, und man tobt und fühlt, daß man jung ist.

Die andere Hauptattraktion des Münchner Winters – den Fasching habe ich nicht mitgemacht. Die Feste, bei denen die Menschen in der Saal-Hitze schmoren und in der Fülle wie von Nudelhölzern zerwalzt werden – die finde ich entsetzlich. Doch einen schönen Ski-Fasching gabs oben auf der Fürstalm. Männer mit weiten Röcken und blonden langen Bastzöpfen sausten wie die Tollen die Hänge hinunter. Ein ganzes Rudel Neger, schwarz angemalt, nur mit einem Schurz in der Mitte und mit Speeren bewaffnet. Das Schönste war ein Mann auf einem selbstgebauten Kamel. Er fuhr ganz phlegmatische Kurven am Hang, und wenn er an der Strippe zog, neigte das Kamel graziös den Kopf und legte sich in die Kurve. Ich habe noch nie so schöne Kostüme gesehen wie an diesem sonnigen Tag im Schnee.

Das Sommersemester ist ein hartes Semester gewesen. Neben dem Studium häufen sich die Pflichten: Fachschaftsabende; Arbeitsgemeinschaften «Über Rassen» fanden bei der Hitze ausgerechnet mittags um zwei statt. Drei Abende in der Woche waren von vornherein besetzt: Sanitätskurs, Gasschutz und Nachrichtenwesen. Wir haben viel gelernt und werden im nächsten Krieg die Brandbomben in der hohlen Schürze auffangen können. Die angenehmste der Pflichten ist die Gymnastik, Ertüchtigung für die Frau! Viermal wöchentlich früh um sieben! Aber das macht Freude!

Für die Sonntage hatten wir zu viert ein Studentenauto. Einen alten Brennabor, für 280 Mark gekauft, blau mit roten Kotflügeln, offen mit zwei Sitzen vorn und zwei in einer Klappe hinten (ohne Tür). Er rollt mit Höchstgeschwindigkeit 40 wie ein farbiges Spielzeug über die bayrischen Landstraßen und hat uns jeden Sonntag kunsthistorisch woanders hin geführt. Es gibt da ja so vieles zu sehen in Bayern. Die goldgelben Kornfelder, die blauen Bergketten und das weiche Wasser der Alpenseen verschönten uns die «Wissenschaft».

Ende Juli holten mich meine Eltern in

Eva Isenthal

München mit dem Wagen ab. Auf kunsthistorischen Wegen und Umwegen sind wir zum Bodensee gefahren; dann durch die Schweiz, wo es ununterbrochen regnete und schneite. Südlich von Bozen begann dann der Sommer, und wir landeten im Grödner Tal. Ich habe mit meinem Vater wieder ziemlich schwierige Klettertouren machen können, die Begeisterung hatte uns wieder tüchtig gepackt, dort in «König Laurins Rosengarten».

Zur Erholung von den Anstrengungen und vor allem auch für meine Mutter, die nicht klettert, sondern nur wartet, ging es zum Schluß noch ein bißchen südlicher. Drei Tage Malcesine am blauen See; rostrote Segel ziehen vorüber. Die Zikaden zirpen laut, Männer singen in den Ruderbooten, und abends werden die Zypressen schwarz und spitz. Der Comer See dagegen war ganz in Dunst getaucht. Ein blauer Schleier vereinte Berge, See und Himmel. Die schwarzen Boote mit den schwarzen Dächern, unter denen stehende Männer rudern, waren in dieser Zartheit wie eine japanische Tuschzeichnung.

Nun bin ich wieder in Erfurt. Es ist kleiner

geworden. Es wird von Mal zu Mal kleiner. Aber ich bin sehr fleißig, und es ist eine gute Stille nach all der Schönheit, die wir sahen.

Wenn ich in einem Jahr dies Buch wieder bekomme – was wird dann alles Interessantes darin stehen? Ich wünsche Euch bis dahin recht schöne gerade Wege.

Eure Eva

Liebe Ehemalige,

ich habe lange nicht von mir hören lassen. Inzwischen schienen mir die ersten Blätter schon zu vergilben. Wenn ich nun zwar auch versäumt habe von den verschiedenen Kriegsschauplätzen meines bisherigen Lebens und den entsprechenden Stadien meiner zunehmenden Reife zu berichten, möchte ich doch nicht versäumen, noch nachträglich darauf hinzuweisen, daß das natürlich trotzdem der Fall war, ich meine das Reifen, von dem soviel in diesem Buch die Rede ist. Aber nun genug des grausamen Spiels. Jetzt werde ich objektiv! Ich habe ja einigen von Euch von dem Versuch beim Diakonie-Verein erzählt. Danach kam Gott sei Dank eine umso schönere Zeit. Ich war als Praktikantin im Jugendsanatorium in Nordhausen, einem Heim für jugendliche Psychopaten, Schwererziehbare und zurückgebliebene Kinder und Jugendliche. «Material» teils Privatkinder, teils von Ämtern geschickte, meist Fürsorgezöglinge. Natürlich wurden diese beiden Gruppen nicht getrennt behandelt, sondern die Einteilung geschah nach dem Geschlecht; aber auch noch nach anderen Gesichtspunkten: vor der Entlassung Stehende, Schulentlassene, noch schulpflichtige Kinder und eine richtige Kinderstation der Zurückgebliebenen. Ich arbeitete in der Mädchengruppe bei Mädchen von 7–14 Jahren. 11–12 in einer Gruppe. Denkt nur nicht, das wäre wenig! In dieser Gruppe hatten mindestens zwei immer vollauf zu tun, meist war man sogar zu dritt. Es sind eben alles schwierige Kadetten und eines so grundverschieden vom anderen, daß man sie kaum unter einen Hut bringen kann, z. B. bei Theateraufführungen, Geburtstagsfeiern und ähnlichem. Für solche Gemeinschaftserlebnisse wird natürlich jede Gelegenheit beim Schopf genommen, und die Kinder selbst helfen wundervoll mit herrlichen originellen Anregungen, wie sie niemals eine Gruppe durchschnittlich normaler Kinder geben könnte. Und wie dankbar sind sie für solche Erlebnisse! Mit Kleinigkeiten kann man sie schon unendlich beglücken. So schwer sie einem das Leben oft machen, ihre Anhänglichkeit ist trotzdem rührend groß, und ich war ihnen auch sehr zugetan, allen.

Denn gerade die ungeheuren Schwierigkeiten, die diese Kinder teils aus ihrer angeborenen Veranlagung, teils aus ihrem unseligen häuslichen Milieu heraus mit sich haben, haben etwas tief Verpflichtendes für jeden, der ärztlich oder erzieherisch mit ihnen in Berührung kommt. Die Eindrücke sind wirklich da tiefer als anderswo im täglichen Leben. Noch heute sehnte ich mich in diese Atmosphäre zurück, wenn noch alles beim Alten wäre. Aber das ist es leider nicht geblieben. In der Jugendfürsorge spart man sehr, soweit es sich um kranke Kinder und Jugendliche und asoziale Elemente handelt. Das Heim wurde also den Jugendämtern zu teuer (es hatte viel Personal) und sie nahmen ihre «Fälle» zurück. Nun brauchte man natürlich viel weniger Personal und ich mußte leider hier aufhören. Schwererziehbare bessert man nicht in Massenerziehung. Aber das Schöne ist, wer einmal in einem solchen Haus gearbeitet hat, wird sich immer als noch dazugehörig empfinden und zu ihm halten, so viel ehrlicher Idealismus ging von dem Leiter aus, und so zwingend war die Notwendigkeit dieser Arbeit. Es sind für mich wertvolle Monate gewesen.

Lotte Schuster

Dann kam der Arbeitsdienst. Im Winter in Ekolstädt zwischen Apolda und Naumburg, einem landwirtschaftlichen Lager. Ich muß sagen, so sehr ich auch davon enttäuscht worden bin, ich bin doch froh, daß ich das durchgemacht habe, vielleicht gerade wegen der negativen Erfahrungen. Natürlich sind negative Erfahrungen nur für den empfehlenswert, dem sie als solche bewußt werden. Dem größten Teil der «Belegschaft» entging es natürlich. Und das ist das Gefährliche dabei. Die wichtigsten Voraussetzungen für ein solches Lager wären doch, daß einmal eine sinnvolle Arbeit vorhanden ist, und daß zum anderen eine Führung anerkannt wird und eine Kameradschaft besteht. Nichts von alledem. Man verbummelte total, und war auf dem besten Wege zum Klatschweib zu werden vor lauter Nichtstun. Immerhin habe ich auch dort alles mögliche gelernt, – nicht nur Schweine-Füttern, – das muß ich zugeben. Nicht durch Schulung, die es reichlich und ohne Gründlichkeit gab! Ich habe ein Bild bekommen, wie es um die Schlagworte steht, wie sie zustande kommen, und wie leicht sie aufgenommen werden. Und ich habe gesehen, wie es um die «Kameradschaft» bestellt ist, um die «Gemeinschaft»! Idealismus scheint oft die geringste Rolle dabei zu spielen.

Seit April bin ich nun in Düsseldorf auf der «Deutschen Frauenakademie», wo man «Volkspfleger» wird. Davon erzähle ich Euch, wenn ich das Buch wiederkriege. Bis dahin Euch allen alles Gute.

Eure Lotte

An Alle!

Schon über zwei Jahre ists her, daß ich das
Buch hatte; es hat mir große Freude gemacht, all Eure Berichte zu lesen. Damals
war ich in Jena und blieb dort bis zum Frühjahr. Damit ich nun in meinem Fach als Bibliothekarin noch weiter käme, ging ich für
drei Monate an die Deutsche Bücherei nach
Leipzig. Das ist wirklich was ganz Fabelhaf-
tes für einen Bücherwurm. Dorthin kommen
nämlich alle Bücher, die in Deutschland erscheinen, Romane, Wissenschaftliches usw.
Außerdem bot Leipzig viel an Konzerten und
Theater, was ich fleißig ausnützte. Dann
folgte wieder Jena, und Ostern kroch die fertige Bibliothekarin aus dem Ei. Viel hatte ich
in den zwei Jahren lernen müssen, auch außer dem Fachlichen. Und doch ist es gut,
wenn man raus kommt, um das Selbständig-
Werden zu lernen. Nun ging ich auf Stellen-
suche, und ich fand was ganz Interessantes:
Ich konnte mit Prof. Overmann die Akten des
Evangelischen Ministeriums ordnen. Das
ging im Refektorium des Augustinerklosters

vor sich, und das war für die interessante Arbeit obendrein eine schöne Umgebung. Es war auch ein feines Gefühl, als ich mein erstes Selbstverdientes abholen konnte. Anschließend hatte ich wieder Glück und fand eine Anstellung an der Weimarer Landesbibliothek, wo ich also augenblicklich arbeite. Ein kleiner Betrieb, aber mit großartigen historischen Beständen – eine sehr alte Bibliothek. Und sehr nette Leute. Zwar fragt man hier sehr viel nach Goethe, von dem ich leider nicht sehr viel weiß, und da blamiere ich mich ab und zu. Aber ich bemühe mich, in absehbarer Zeit da besser informiert zu sein. – Das ists für heute! Mit vielen guten Wünschen für Euch alle

Eure Jutta

Liebe Klassengemeinde,

gemäß den Statuten muß ich Euch mitteilen, daß ich mich plötzlich verheiratet habe. Der Sohn von Freunden meiner Eltern, der eine Finka in Mexiko besitzt, kam nach Europa auf Brautschau, und nicht nur er, sondern auch die Finka hatten mirs angetan. Drei Wochen bin ich nun schon mitten im tiefsten Urwald und doch auch ein bißchen wie in Deutschland. Sogar ein Stückchen «Grunewald» haben wir direkt in unsrer Nähe, ein schöner hoher Kiefernwald auf Sandboden, was sich ganz komisch ausnimmt zwischen all den tropischen Gewächsen. Landschaftlich ist es wunderschön hier, im Tal am Fluß, und ringsum die hohen Berge – über 2000 m hoch. Das Wohnhaus ist neu und modern, das Küchenhaus ebenfalls. Ein großer Garten ist da, dort wird im Laufe der nächsten Monate ein Schwimmbad gebaut. Dann gibt es noch etliche Verwaltungsgebäude, wo auch die Maschinen für die Kaffeeverarbeitung stehen. Es gehört ja unglaublich viel zu so einer Finka. An all das schließt sich dann das Indianerdorf an. Ich werde das alles mal für Euch fotografieren, damit Ihr Euch alles besser vorstellen könnt. Ich lebe hier mit fünf deutschen Herren zusammen als einzige weiße Frau. Im übrigen gibts Mexikaner und in der Hauptsache Indianer. Zu meiner Bedienung und Hilfe habe ich lauter Indianerjungs, sie sind schon ganz gut angelernt, aber man muß furchtbar aufpassen, sonst klappt nichts. Und außerdem stehlen sie, sowie sie Gelegenheit haben. – Mit der Sprache wars zu Anfang ganz scheußlich. Ohne Wörterbuch oder Dolmetscher konnte ich nichts anfangen. Da gewöhnt man sich gleich spanische Sitten an und redet mit Händen und Füßen. Aber etwas Küchenspanisch habe ich nun schon gelernt, und fluchen kann ich auch schon – ché carámba! – Die Überfahrt war sehr schön, Sonnenwetter, ruhige See und nette Reisegesellschaft. Die einzelnen Hafenstädte, die wir anliefen, habe ich mir angesehen. Von Antwerpen aus konnten wir sogar nach Brüssel. Die Fahrt entlang an der gebirgigen spanischen Küste war einzig schön. In Havanna blieben wir zwei Tage. Es war wahnsinnig heiß, und erst abends lebte man etwas auf. Diese Tropennächte unter Palmen und Mangobäumen sind schon was Berauschendes. Unglaubliche Kontraste gibts auf Kuba. Neben prächtigsten Mamorbauten völliger Verfall. In Veracruz kam ich am 19. 8. früh an, bei strömendem Regen, die Straßen überschwemmt, alles schmutzig, Mexiko! Aber sonst klappte alles, Trauung, Zoll usw. Wir fuhren dann sobald wie möglich nach der Hauptstadt, eine wunderschöne Fahrt durchs Gebirge, 12 Stunden! In der Hauptstadt blieben wir 14 Tage und sahen uns alles gründlich an, auch die Umgebung, genossen zum letztenmal Großstadtleben. Eigentlich wirkt die Stadt ganz nordamerikanisch, und man hört ebensoviel englisch wie spanisch sprechen. Ganz erstaunt war ich, wieviele Deutsche dort leben! Nach Papachula reisten wir dann mit dem Flugzeug, eine Strecke, zu der die Bahn 48 Stunden braucht, überflogen wir in 4 einhalb Stunden. Ganz großartig war der Flug, dicht an den drei höchsten schneebedeckten Gipfeln Mexikos vorbei – alle über 5000 m hoch. Schließlich flog man über Urwald, immer gleichmäßig – wie ein dunkles

Meer. Zu einer Zeit, zu der wir die Finka schon hätten sehen können, begann der Nebel. Papachula ist entsetzlich, kaum zu ertragen, dreckig und primitiv. Eigentlich kann man sich nur im deutschen Haus aufhalten. Deutsche gibts sogar dort erstaunlich viele, aber nur Männer. Das feuchte heiße Küstenklima ist Gift. Ich war heilsfroh, als es endlich weiter ging, durch den Urwald nach Pruzia. Wir ritten am 1. Tag nicht weit, ein furchtbares Unwetter kam, die Flüsse, die wir durchreiten mußten, waren so angeschwollen, daß man nicht hindurch konnte. Am 2. Tag aber gings von früh sieben Uhr bis abends 6 Uhr mit nur 20 Minuten Rast. Landschaftlich war dieser Ritt wundervoll, erst auf 2000 m Höhe hinauf in den sogenannten Eiskeller, und dann hinab auf 1000 m zur Finka. Nur hatten wir zuviel Regen, und ich war zuletzt ganz steif gefroren, so komisch das klingt im Land der ewigen Sonne. Auf der Finka hatten sie uns große Ehrenpforten gebaut, es war gerade Feierabend, die Leute alle vor dem Office versammelt. Und es ging ein ohrenbetäubendes Indianergeheul los bei unsrem Anblick. Ich wußte nicht, wo mir der Kopf stand.

Nun hab ich aber genug von mir erzählt.
Wenn Ihr sehr nett seid, dann schreibt mir ab
und zu. Hier draußen freut man sich doppelt.

Seid alle miteinander herzlich gegrüßt von

Eurer Hertha

Liebe Gefährtinnen aus alten Zeiten,

da ist es schon wieder – das Klassenbuch. Obwohl es ein Jahr her ist seit meiner letzten Eintragung, hab ich noch gar nichts Neues zu erzählen. Ruhig und gleichmäßig geht mein Leben dahin in dieser Apotheke, und ich habe das schon zweimal beschrieben. Nach wie vor mixe ich nach allen Regeln der Kunst – lege artis – und eigentlich wollte ich schon am 1. Okt. diese gastliche Stätte verlassen, doch mein liebes Chefchen bat mich so herzlich, ihn doch im Winter, – in der Hauptsaison der Apotheker –, nicht allein zu lassen, daß ich ihm diesen Wunsch nicht gut abschlagen konnte. So werde ich bis zum 1. April hier bleiben und dann zum Arbeitsdienst gehen. Ihr werdet es kaum glauben, aber ich freue mich tatsächlich auf ein halbes Arbeitsdienstjahr. Ich betrachte es eigentlich als guten und kostenlosen Sommererholungsurlaub, und ich glaube, daß mir nach all der Zeit, wo ich dauernd in der gräßlichen Apothekenluft eingesperrt gewesen bin, ein Aufenthalt an frischer Luft gut tun wird. Ich möchte so gern mal wieder so braun werden wie in den seligen Schulzeiten (siehe Lateinstunde). Nach überstandenem Arbeitsdienst werde ich dann mein Studium beginnen, voraussichtlich in Jena. Dort habe ich wenigstens eine Reihe von Bekannten, die mir bereitwillig versprochen haben, meine ersten Analysen zu machen, damit ich nicht so oft ins Labor muß. Nun, – es wird sich schon alles historisch entwickeln. Und das nächstemal werde ich dann mehr zu erzählen haben. Zum Beispiel *meine* Eindrücke vom Arbeitsdienst!

Bis dahin gehabt Euch recht wohl!

Euer Käthchen

Am 15. Dezember, in der Stille des Sonntagmorgens, haben wir ihn zur letzten Ruhe gebracht. [...]

Herzlich gedenkt Eurer
wünscht Euch allen frohe
Weihnachten.

Anneliese Sachser

Ihr Lieben,

dieses Brief-Buch kam heut hier an wie ein Gruß aus einer schöneren Welt in das Dunkel der letzten Wochen. Ihr wißt wohl alle, wie glücklich ich über den kleinen Sohn gewesen bin. Zwar war es ein Jahr voller Sorgen und Mühe, wie Ihrs Euch wohl kaum vorstellen könnt. Selbst die Ärzte schüttelten oft den Kopf über all die Schwierigkeiten. Aber immer wieder war ich voll neuer Hoffnung. Es lag ja auch so viel Schönes in der Pflege dieses Kindchens. Immer brauchte es mich, alle mütterlichen Kräfte wurden lebendig. In den letzten Wochen schiens auch bergauf zu gehen, und schon glaubten wir, daß wirs geschafft hätten. Da bekam Christel wieder zwei Tage lang hohes Fieber, und am Morgen nach seinem ersten Geburtstag am 13. Dezember hauchte er seine kleine Seele aus. Als ich an seine Wiege trat, lag er tot darin. Am 15. Dezember, in der Stille des Sonntagmorgens, haben wir ihn zur letzten Ruhe gebracht. Mög's keine von Euch jemals erfahren müssen, was es heißt, sein eigenes Fleisch und Blut dahin geben zu müssen. Aber dennoch müssen wir vielleicht dankbar sein, daß Christel von aller Erden Schmerz erlöst wurde. Nur leicht ist es nicht. Mareile vermißt den kleinen Gefährten auch sehr. An Weihnachten bat sie meine Mutter, das Fenster zu öffnen, damit Christel den Weihnachtsbaum auch sehe vom Himmel aus. Ich bin froh und dankbar, daß mir gerade jetzt viel Arbeit in der Gemeinde gegeben ist. Eine junge Wöchnerin ist schwer erkrankt, und so darf ich ihr kleines Büblein pflegen, das auch kräftig gedeiht. Auch sonst gibt es mancherlei zu tun. Das hilft einem, daß man nicht immer an das verschneite Hügelchen denkt, unter dem ein kleiner stiller Schläfer ruht.

Ein gesegnetes Neujahr wünscht Euch allen

Eure Annelaus

Nicht leicht ists, meine lieben Mädels und zum Teil nun schon jungen Frauen, nach den wehmütigen Zeilen unsrer Annelies all meine Freude über die letzten Monate auszusprechen, ohne hart und gefühllos zu erscheinen. Ich denke aber, daß gerade unsere kleine Frau Pastor mir dies nicht verdenken wird, denn sie selbst kann es wohl am besten nachfühlen, wie schön es ist, einen Menschen gefunden zu haben, mit dem man in Gemeinsamkeit seine Wege gehen will. Sei es nun durch gute oder schlimme Zeiten. Darüber daß ich heiraten will, werden viele von Euch wohl den Kopf schütteln – diese burschikose, wenig männerfreundliche Erika und solch ein Weg ins Ungewisse! Aber es erhascht ja mit der Zeit die meisten von uns. Natürlich müßt Ihr wissen, wer der Auserwählte ist! Er hat den seltenen Namen Meyer und den schönen Vornamen Joachim. Er ist Feldmeister und Adjutant hier am Arbeitsgau 23, beim Generalarbeitsführer Schmückle. Ist 30 Jahre alt, ein Stück größer als ich, ganz dunkel und in allem, das genaue Gegenteil von mir. Nun werden wir gemeinsam den

Spaten schwingen – in diesem Fall also doch seelenverwandt, zumal er eigentlich Landwirt ist, nur keinen Posten fand. Ich hoffe, daß mich viele zu einem Abschiedsklassentag hier in meiner Jungmädchenbude in Weimar besuchen werden – da werd ich ihn vorstellen. Die zwei Jahre, seit ich dies Buch zum letztenmal hatte, sind wie im Flug vergangen. Nach meiner Lehrzeit in Erfurt bei Heinemann war ich ein Jahr auf einer ganz wunderschönen Domäne an der Weser als Gutsgärtnerin. Der Pächter und seine Familie (er hatte zwei Töchter in meinem Alter) stammte aus Köln. Es war ein vergnügtes Völkchen, das mich gleich als dritte Tochter ansah. Ich habe viel gelernt und viel arbeiten müssen auf meinem 4 Morgen großen Betreuungsgebiet von Gemüse-Obst- und Ziergarten. Auch im Haushalt hab ich gern als Ausgleich mitgeholfen, wenn mieses Wetter war. Und jeden Mittag gings dann zum Schwimmen in die Weser. Das war wunderbar, und das hab ich hier in Weimar sehr vermißt. Ihr wißt ja, daß mein Vater hierher versetzt wurde, daß sie das Erfurter Häuschen verkauften und sich hier ein neues bauten, ein sehr reizendes. Es hat einen großen Gar-

132

ten, und sie riefen mich heim, ich sollte ihn anlegen und pflegen, was ich im letzten Herbst und in diesem Frühjahr getan habe. Aber außer meiner Muttel hatte ich keinerlei Gesellschaft für Konzerte oder Spaziergänge, und so war ich sehr glücklich, ganz zufällig einen Menschen zu treffen, der wie ich äußerlich und innerlich recht einsam war. Und so werden wir uns also zusammen tun. Ich fühle ganz sicher, daß es ein gutes Leben sein wird.

Herzl. grüßt Euch

Eure Erika

Ja,

was Erika schreibt, kann ich nur bestätigen. Ich habe ja nun schon seit geraumer
Zeit ein eigenes Heim und habe einen Kameraden. Und nun weiß ich erst, wie gräß-
lich in Jena und Weimar im Grunde die
Jahre gewesen sind, die man bei möblieren-
den Wirtinnen verbracht hat in den scheuß-
lichsten Zimmern ihrer Wohnungen. Und
wie wenig schön insofern die Berufszeit im
Grunde gewesen ist. – Mich hat es von unserer thüringischen Heimat ja weit verschlagen, aber es ist wunderschön hier im
Rheingau. Zwar muß man sich erst mächtig
an die Menschen gewöhnen, vor allem an
ihren Dialekt. Aber es sind so nette Leute.
Den Sommer über arbeiten sie schwer in
ihren Weinbergen, im Winter gibts dafür
kaum was zu tun, und sie führen ein sehr
geselliges Leben.

Nun wollt Ihr aber sicher wissen, wer
mich hierher geschleppt hat! Mein Mann
ist in der Geisenheimer Versuchsanstalt für
Obst- und Weinbau als Assistent des Di-

rektors angestellt, er studierte in Jena Chemie, und dort haben wir uns kennen gelernt. Also schon eine «alte Liebe». Wir haben eine niedliche Dreizimmerwohnung ohne jeden Komfort, dafür mit Mäusen und Mücken. Mein Haushaltskrämchen kann ich gut alleine machen, wenn ich auch von nichts eine Ahnung hatte, als wir hier anfingen. Aber wenn man muß und will, dann gehts, und es macht dann sogar Spaß, alles in Schuß zu haben. – Es ist hübsch, so ganz auf dem Lande, aber natürlich gibt es nichts für die «Bildung». Unsre nächste Großstadt ist Wiesbaden. Dorthin zu gehen, ist für uns wie ein Festtag. Und wir hoffen, im nächsten Winter dort regelmäßig ins Theater zu kommen. Hier besitzen wir nichts außer einem Radio. Gesundheitlich ists mir nicht gut gegangen. Das feuchte Klima hier ließ eine alte Nierensache wieder aufleben, und ich mußte sogar das Spazierengehen aufgeben. Ich hoffe, daß es im Laufe des Sommers wieder in Ordnung kommt.

Vieles gäbe es noch zu erzählen, aber ich schlage vor, Ihr tut Euch zusammen und macht eine «Wanderfahrt» hierher zu uns.

Das würde uns riesig freuen. Bis dahin bin
ich von Herzen

Eure Jutta

Liebe alte Freunde,

als ich dies Buch das letztemal hatte, war ich noch in Potsdam. Mittlerweile bin ich im hohen Norden, in Danzig, gewesen. Als Säuglingspflegeschülerin an der Kinderabteilung des großen Krankenhauses. Wir waren 250 Schwestern – das Krankenhaus ist riesig. Bei den Kindern war ich sehr gern. Aber mit der Zeit wurden meine Nerven durch die ewige Unruhe und den ewigen Lärm und die Organisationsunfähigkeit der Oberschwester so stark strapaziert, daß es eine Quälerei für mich war. Glücklich bin ich zuletzt nur auf der Säuglingsstation gewesen. Da war alles so fabelhaft sauber und geordnet, daß es eine Wonne war, auch wenn wir 70 Schreihälse hatten. Man hält es gar nicht für möglich, daß es so viele kranke Säuglinge gibt, aber zum Glück kriegt man die Mütter ja jetzt schon dazu, daß sie die Kinder bringen und nicht einfach sagen: «Ach, aus dem wird ja doch nichts» und es zu Hause sterben lassen.

Für die Freizeit ist wohl kaum eine Stadt schöner als Danzig. Mit den Rädern konnten

wir mit Leichtigkeit immer den Strand erreichen. Auch die schöne alte Stadt ist schier
unerschöpflich. Ostern habe ich dann wieder
einmal Examen gemacht, man wirds ja mit
der Zeit gewöhnt. Anschließend gabs noch
eine wundervolle Ostpreußenfahrt mit einer
Freundin. Und dann vier Monate Ferien.
Stellt Euch vor! Endlich konnte ich mal wieder was lesen. Konnte ins Theater gehen.
Den ganzen «Ring» habe ich in der Oper gesehen. Als ich mich endlich wirklich ausge-
ruht fühlte, begann die Arbeit hier in Suhl
als Hilfsschwester am Krankenhaus. Un-
freundlicherweise hat man mich gleich in die
Wache gesteckt. Weil das Haus so klein ist,
bin ich nachts die einzige Aufsichtsperson
im ganzen Reich, die Patienten aber sind nett
und weil es viel zu tun gibt, habe ich zum
Glück nicht viel Zeit darüber nachzudenken,
wie es schöner sein könnte. Die gar zu große
Verantwortung nimmt mich nach wie vor
sehr mit. Aber auch daran wird man sich
schließlich gewöhnen, bis man alt und grau
ist.

Jetzt fallen mir aber die Augen zu, obwohl
die Morgensonne ins Zimmer scheint, und
ich sollte mich vielleicht doch lieber schlafen

legen. Aber das Buch soll doch fort. Schon damit ich es schneller wieder bekomme und von Euch allen was lesen kann. Seid von Herzen gegrüßt von

Eurer Hilde

Liebe Frauen und Mütter, Bräute und
Mädchen!

Wenn ich nach so langer Zeit etwas von meinem Leben und meiner Tätigkeit erzählen
soll, so kann ich es fast mit den Worten meines ersten Berichts am Anfang dieses Buches
tun: ich schneidere und koche – diesmal aber
nicht, um auf einigermaßen nützliche Weise
die Zeit totzuschlagen, sondern es ist schon
ein Bestandteil meines künftigen Lebens. Ich
muß was lernen, denn auch ich will mich ver-
heiraten, wenn mir auch klar ist, wie sehr Ihr
darüber lachen werdet. Aber es ist halt ein
Beweis dafür, wie gründlich man sich und
seine Ansichten im Laufe der Jahre ändern
kann.

Nun will ich Euch aber einen richtigen
chronologischen Bericht über mich geben.
Leider wird eine so gedrängte Übersicht ja
niemals einen richtigen Eindruck vermitteln. Wir alle haben uns ja seit dem Abi nicht
wieder gesehen. Seltsamerweise bin ich die
einzige, die sofort nach Süddeutschland
ging. Eva soll auch in München studiert ha-

ben, ich hab sie aber niemals gesehen. Ich war ja auch nicht an der Uni sondern an der Staatslehranstalt für Lichtbildwesen. Im landläufigen Sinn bringt man ja den Begriff «Photograph» meist nur in Zusammenhang mit den mehr oder weniger guten Porträtaufnahmen unsrer lieben Mitmenschen. Welche fabelhaft interessanten Spezialgebiete es innerhalb des Lichtbildwesens gerade auch auf wissenschaftlichem Gebiet gibt, davon hat nur ein Fachmann die richtige Vorstellung. Ich hatte nun während meiner Lehrzeit in München großes Glück, indem ich Lehrer hatte, die bemüht waren auf ihrem Gebiet Hervorragendes zu leisten, und damit das Ansehen des Photographenstandes enorm zu heben. Wenn man allerdings dabei erlebt, was für total unkünstlerische Naturen unter den Schülern sind, dann dürfte für den besten Lehrer Hopfen und Malz verloren sein. Meine Lehrzeit betrug zwei Jahre. In dieser Zeit bin ich absolut zum Bayern geworden, und wenn ichs beeinflussen kann, möchte ich hier nie wieder fortgehen. Die ersten Monate standen allerdings unter dem düsteren Schatten einer Drachengestalt von Wirtin, aber auch dieses Problem ließ sich mit der Zeit meistern. Die Arbeit machte Freude und brachte Erfolg, und obendrein fand ich in einem Kandidaten der Medizin sehr bald einen Kandidaten, mit dem ich nicht nur gemeinsame Interessen hatte, sondern der auch persönlich all' das in mir erweckte, was bisher ganz tief drinnen geschlummert hatte, und so wurde aus der männerverachtenden Urscl gar bald eine «heimliche Braut». Allerdings ging dabei das äußere Leben durchaus seinen alten Gang weiter. Meine Eltern waren inzwischen auch nach München gezogen (mein Vater ist ja schon im Pensionsalter), und ich konnte wohlgenährt durch Mutters Fleischtöpfe ins Gesellenexamen steigen und dann noch ein Jahr die Meisterklasse besuchen. Nun galt es eine Stelle zu finden, aber leider ließ sich in München nichts machen, was meinen Vorstellungen entsprochen hätte. So fuhr ich auf gut Glück nach Berlin und hatte binnen 14 Tagen trotz Arbeitssperre und furchtbarer Scherereien mit dem Arbeitsamt das, was ich wollte: Als Werbefotografin und sachverständige Mitarbeiterin bei einer großen Firma angestellt zu werden. Meine Tätigkeit bei einer Tochtergesellschaft der

Deutschen Reichsbahn, die die Auslands-
werbung unter sich hat, machte mir großen
Spaß, gerade auch, weil es durch die enge
Zusammenarbeit mit dem Ausland eine ganz
aktuelle Angelegenheit ist, und der Werbung
auf diesem Gebiet die fabelhaftesten Möglichkeiten offen stehen und von sehr großzü-
gigen Gesichtspunkten her gearbeitet werden kann. An die Berliner Zeit denke ich
aber sonst sehr ungern, obwohl ich das große
Glück hatte, sie nicht mal allein sondern zusammen mit dem zukünftigen Lebensgefährten verleben zu können. Wirklich ange-
strengt berufstätig in Berlin zu sein, zerreißt
einen gewissermaßen, denn es ist ja zugleich
die Stadt, in der künstlerisch das allermeiste
angeboten wird. Davon haben aber eigentlich nur die fremden Besucher einen wirk-
lichen Genuß. Der «Einheimische» – und das
war ich ja – hat den Tag über Hetze und
Tempo. Zwischen sechs und sieben kommt
man aus dem Büro. Trotz der Riesenentfer-
nungen versucht man sein Zuhause zu erreichen, nur um es sofort hundemüde, dafür
aber «umgezogen» wieder zu verlassen, weil
ein Konzert, Theater oder sonst was winkt.
Ich kam mir eigentlich wie ein riesengroßes

Behältnis vor, in das von allen Seiten die verschiedenartigsten Erlebnisse einströmten, ohne daß sie irgendwo sortiert würden, sondern sich schließlich charakterlos miteinander vermengten. Es war gut, daß dies Dasein nach zwei Jahren ein Ende fand. Mein Bräuterich war inzwischen fertiger Arzt, ging aktiv zum Militär, und damit rückte die Aussicht zum Heiraten näher. Den Beruf allerdings gab ich mit sehr geteilten Gefühlen auf. Es war schließlich eine innere und äußere Selbständigkeit, auf die man nun verzichtet, und die mir sehr viel wert gewesen ist. Aber auf der anderen Seite standen eben mächtig alle Wünsche einer Frau, die den Menschen auf der Welt gefunden hat, der ihr wirklich Lebensinhalt geworden ist. So bin ich also erst mal wieder zu meinen Eltern gezogen, die sich hier in Murnau am schönen Staffelsee angesichts der Werdenfelser Berge ein Häuschen gebaut haben. Ich versuche mir hier ein bißchen Fettpolster zu erwerben. Berg- und Klettertouren im nahen Karwendel gibts zu meiner Freude, auch Radtouren (mein gutes altes Rad aus der Schulzeit ist dabei zu Schrott gegangen). Und jetzt bin ich im hiesigen Krankenhaus in der Kochlehre, denn als Arztfrau soll ich mit der Diätküche Bescheid wissen. Und wenn man einen Oberbayern zum Mann bekommt, der so viele traditionelle Wünsche für seinen Magenfahrplan hat wie der meine, muß man ja mindestens Kalbshaxe, Leberknödel usw. herstellen können. Einen Hund bringt er auch noch mit in die Ehe, und so werden wir in einigen Wochen zu dritt in Bad Reichenhall eine hübsche kleine Wohnung beziehen. Allerdings schwebt als Damoklesschwert die Versetzung schon jetzt über uns, die uns wahrscheinlich eher weiter als näher an Thüringen führen wird. Darum werdet Ihr alle wohl für lange Zeit mit schriftlichen Grüßen von mir vorlieb nehmen müssen. Ich wünsche Euch das Allerbeste für Euren ferneren Lebensweg, und daß Ihr mich nicht ganz vergeßt.

Eure Ursel

Geliebtes Volk!

Welche Freude, den totgeglaubten Rundbrief zu kriegen! Denn ich war ja ziemlich
raus aus unsrer Klassengemeinschaft – seit
zwei Jahren habe ich von niemandem etwas
gehört oder gesehen. Nur bei Pfarrfrau Anneliese bin ich zweimal im Pfarrhaus gewesen, und einmal habe ich Hilde gesehen, als
wir uns in diakoniedlicher Würde und Verbundenheit zu einer Seelenmassage des
alleinseeligmachenden Diakonievereins in
Suhl treffen mußten. – Aber ich will weiter-
fahren (welcher Lehrer sagte das bloß immer?) wo ich vor sechs Jahren aufgehört
habe. Keine Angst – ich mach es kurz: Also
ein halbes Jahr hauswirtschaftliche Vor-
schule im Diakonieverein im Stettiner Krankenhaus – da gabs ein paar Pfundskerle unter den Mitschülerinnen. Dann begann die
Schwesterei. Mir hat es Spaß gemacht, das
Pflegen und Betütteln. Was ich meinen Patienten war, mögt Ihr am treffendsten aus
dem Ausspruch einer Oma ersehen, die kurz
darauf in die ewigen Jagdgründe einging:

«Schwesterken, wenn ich Ihnen ansehe, habe ich immer schon 'nen Happen Trost weg.» So also wirkte ich segensreich zwei Jahre in Stettin, sittsam und brav wie nie und allen Vorgesetzten zur Freude. Dann gings in die Klinik nach Arnstadt. Dort war es für mich prima, und mein Leben gefiel der dortigen Oberschwester sehr viel weniger. Denn in den Thüringer Wald ists nicht weit, und jede freie Minute schwang ich mich aufs Rad und strampelte los. Bei jedem Wetter. Wenn ich außer diakoniedlicher Sicht war, wurden sämtliche Würdenzeichen – Haube und Schleife –, vorn ans Rad gehängt, die ollen Ärmel hochgekrempelt und Sonne und Wind genossen. Manchmal auch der Regen, dann war die ganze gestärkte Herrlichkeit dahin, Haube und Schleife klebten müde am Haupt – Aber schön wars! Zwei junge Schwestern machten immer mit – das war ganz groß. Der Oberin gefiel es nicht, und um die drei schwarzen Schafe zu trennen, schickte sie mich nach Ilmenau – Das änderte nichts an meinem Leben. Jede dienstfreie Minute ergriff ich mein Rad, zum Beispiel zum Kickelhahn: eine Stunde raufschieben, eine Viertelstunde oben, zehn Minuten wieder runter bis zum Krankenhaus. Nach dem Dienst machte ich Nachtfahrten bis elf Uhr – da kam man gerade noch unbehelligt wieder ins Haus. Aber daß das nicht gerade den diakoniedlichen Vorstellungen entsprach, könnt Ihr Euch denken, obwohl ich nebenbei gesagt – niemals auf unrechten Pfaden gewandelt bin. Nun kurz – es gab Krach, und ich meldete mich zum Arbeitsdienst, mit der stillen, aber großen Hoffnung, dort einen neuen Beruf zu finden. Im Januar 37 wurde ich Arbeitsmaid, und das war herrlich. Meinen Klassenkameradinnen, die in diesem Buch den Arbeitsdienst schlecht machten, kann ich hier nur entgegentreten. Es ist eine wirklich gute Sache. Und ich bin bestimmt sehr kritisch an die Sache herangegangen, schon weil ich dabei zu bleiben erwog. Und Heuchelei und Frommtun und Reden von Nächstenliebe – das kannte ich ja zur Genüge aus diakoniedlichen Zeiten. Immerhin bin ich dem Verein dankbar für alles, was ich da gelernt habe. Und vor allem dafür, daß ich durch den Krach noch rechtzeitig wieder davon loskam. Sonst wäre ich unweigerlich in Kürze eine ewig liebevolle, würdige und feierliche und innerlich nicht ganz aufrichtige Schwester geworden. Die Vorsehung hat es besser gewollt! Also – ich war nun Arbeitsmaid, sechs Wochen in Badingen in der Altmark, dann acht Wochen in Merseburg im Vorschulungslager. Natürlich darf man nirgends ideale Zustände erwarten und sich schmarotzend ihrer freuen wollen. Man muß eben selber Kameradschaft und Idealismus mitbringen und an andere abgeben können. Ein Vierteljahr war ich in der Bezirksschule Marklohe bei Nienburg an der Weser. Das war eine herrliche Zeit, und der diakonieliche Kalk rieselte sichtbar von mir ab. Wir hatten eine fabelhafte Schulung, viele Gastredner, machten Schulungsfahrten zum Steinhuder Meer und – ganz groß – nach Berlin. Dort besuchten wir unseren Konstantin Gierl und Frau Scholz-Klink, besichtigten die Ausstellung «Gebt mir vier Jahre Zeit», dann die Reichsleitung des Arbeitsdienstes, das Frauenwerk und den H.S.V.. Theater und Kino gab es und einen bonzigen Kameradschaftsabend in der Reichsschule in Potsdam. Am 1. Juli wurde ich als Gehilfin losgelassen und kriegte gleich ein Aufbaukommando – zur Einrichtung eines neuen Lagers bei Aschersleben.

Das macht Spaß! Und was man da eben alles können und tun muß, ohne daß jemand einen fragt. Von Oktober bis Januar war ich dann in Milow bei Rathenow zur Unterstützung und Vertretung der kränklichen Lagerführerin. Zehn Tage war ich zum Sportkursus in Ilsenburg – das war eine Wonne! Und seit Februar führe ich das Lager Vollenborn im Eichsfeld selbständig, und bin jeden Tag von neuem froh über meine Aufgabe. Arbeit habe ich in rauhen Mengen: zuerst: mir sind 36 Arbeitsmaiden zur Erziehung anvertraut: Erziehung zur Kameradschaft, zum Nationalsozialismus, zur Arbeit. Dann Schulung, Singen, Betriebserziehung usw. Diese großen Worte kommen Euch bestimmt geschwollen vor. Aber das alles ist ein *Ziel*, und es lohnt sich schon, um dessen Erreichung täglich neu zu ringen. Und – Ihr dürft ruhig lachen: auch das Singen leite ich. Und ich höre Euch sagen «alles falsch»! Aber ich habe einen Riesenspaß daran. Und es ist ja auch keine große Musik. Es sind Fahrten- und Volkslieder, und Taktschlagen kann ich schon höchst grazil und anmutig. Der ganze Betrieb ruht auf meinen, ja nun nicht mehr jungen Schultern in dem hübschen ehemaligen Gutshaus mit Garten und Stallungen. Bei 36 Leutchen für Ordnung, Sauberkeit und Pünktlichkeit zu sorgen und daß das Haus immer in Schuß ist, das kostet schon was! Und dann hab ich den Arbeitseinsatz in den Dörfern zu überwachen, muß die Bauern regelmäßig besuchen und mit ihnen gute Verbindung halten. Aber das macht viel Freude, und die meisten von ihnen empfinden die «Hitler-Mädchen» als fröhliche und willige Hilfen. Mit den großen Tieren des Kreises biedert man sich natürlich auch an: mit dem Landrat, dem Kreisleiter, dem Kreisbauernführer, BDM und Frauenschaft. Mit meinen Maiden komme ich sehr gut hin und ich hoffe von keiner, daß sie mal so über den Arbeitsdienst erzählt wie Lotte oder Käthchen. – Nun, wer angibt, hat mehr vom Leben. Aber der Arbeitsdienst hat sich wirklich mächtig entwickelt und ist nicht mehr so mäßig, wie er im Anfang war. Wenn Ihr uns in unseren schmucken Uniformen seht, dann muß Euch eigentlich klar sein, was für eine herrliche Sache wir sind. Und der Beruf der Lagerführerin ist bestimmt der schönste, vielseitigste und interessanteste, befriedigendste Frauenberuf. Ich kann ihn nur allen

Anna-Maria Mann

ordentlichen Kerlen unter Euch wärmstens empfehlen. Ich vermisse deshalb weder Eheglück noch Kindersegen, sondern freue mich meiner 36 Kinder und meiner herrlichen großen Aufgaben. Und zwischendrein gibt es Höhepunkte und Festtage. Zum Beispiel der Reichsparteitag voriges Jahr – das Herz geht einem über, wenn man daran denkt. Und Tagungen und Festveranstaltungen! Sogar tanzen habe ich gelernt, so etwas ländlich-schändlich. Aber es geht. Und ich habe sogar mit Generalarbeitsführer Schmückle getanzt! Alles Volk staunte!

Vor kurzem bin ich mal in der Penne gewesen. Ich war aber froh, als ich wieder raus war. Die Pauker benahmen sich blöde, grinsten und wußten nichts mehr mit einem anzufangen. Da hab ich gemerkt, wie sehr wir «gereift» sind seit dem Schulabgang.

Ach, Kinder, was hab ich hier alles geschwafelt! Aber es sind ja auch sechs Jahre gewesen, die ich Euch nicht vorenthalten wollte. Es ist ein typisches Zeichen vorgerückten Alters, wenn man sich so lang ergießt. Jugenderinnerungen eines alten Weibes! Doch im Arbeitsdienst konservieren wir uns unser sonniges Kindergemüt in jedem

Fall. Hoffentlich erlebt Ihr alle diese herrlich große Zeit so mit wie wir hier und geht nicht unter in den gewiß lieben und beglückenden, aber doch dem gegenüber kleinen Sorgen um das traute Heim, den zärtlichen Eheliebsten und die grade zahnenden oder ewig feuchten Kinderchen. Im übrigen begrüße ich besonders alle Klassenkameradinnen, die durch zunehmenden Kindersegen den drohenden Volkstod erfolgreich bekämpfen helfen und weiterhin für Garanten der Zukunft sorgen werden.

Heil Euch Hitler!

In alter Frische Eure Änne

Liebe alte Klasse!

Sechs Jahre sind vergangen, seitdem ich in dieses Buch schrieb. Während dieser Zeit hab ich so vieles erlebt, Schönes und Trauriges, daß ich nur ganz kurz von äußerlichen Dingen berichten kann, die ja auch nicht so reizvoll sind wie die Berichte unserer glücklichen jungen Bräute und jungen Frauen, denen wir inzwischen Glück wünschen durften, in ihren Lebensgefährten Sinn und Freude ihres Lebens gefunden zu haben.

Ich bin im Herbst 32 nach Marburg gegangen und habe dort ein Jahr lang beim Roten Kreuz Krankenpflege gelernt. Es war ein wertvolles Jahr für mich, und die Krankenpflege hat mir große Freude gemacht, insbesondere da den Rote-Kreuz-Schwestern ihr Beruf nicht so schwer gemacht wird wie den Diakonieschwestern durch dauernde Hausarbeiten usw. – Danach ließ ich mich – ebenfalls in Marburg – als technische Assistentin ausbilden und bestand nach zweieinhalb Jahren mein Staatsexamen. Den folgenden Sommer arbeitete ich als Volontärin an der dortigen Medizinischen Klinik und am Hygienischen Institut und schließlich dem Medizinal-Untersuchungsamt und konnte überall noch viel Neues hinzulernen. Sehr froh war ich, als ich trotz der damaligen Stellenknappheit schon im Januar 1936 meine erste feste Anstellung bekam. Zwar war diese zum Schrecken meiner Eltern ausgerechnet an einer großen Irrenanstalt für Männer. Aber ich war so glücklich, mich nun selbst erhalten zu können und den Eltern nicht mehr auf der Tasche zu liegen, daß ich die Stelle gegen ihren Wunsch annahm. Zuerst habe ich mich zwar ein wenig vor den Verrückten gefürchtet, zumal die Irrenanstalt in einem der ältesten Klöster Deutschlands ganz einsam auf dem Lande inmitten großer Wälder untergebracht war, 17 km von Bad Wildungen, ohne Eisenbahnstation. Auch war ich als einziges Mädchen unter 850 kranken Männern, 150 Pflegern und vier Ärzten sehr allein. Eine Köchin und eine Waschfrau gabs, aber für die war ich zu jung. Später fand ich zwei Freundinnen in zwei jungen Arztfrauen. Mit der einen konnte ich in meiner Freizeit viel musizieren. Und ich gewöhnte mich ohnehin an das einsame Leben, machte große Wanderungen in der wundervollen Umgebung des alten Klosters. Da gab es unendliche Wälder, in denen man stundenlang gehen konnte, ohne einem Menschen zu begegnen; klare Stauseen, in denen man herrlich baden konnte, während die Rehe rudelweise am Waldrand heraustraten, und in der Ferne Fischreiher standen. Aus dieser tief erquickenden Stille und Schönheit holte man sich die Kraft, mit Ruhe und Sicherheit in das graue Klostergebäude zu den Kranken zurückzugehen. Bald hatte ich auch mein anfängliches Grauen überwunden, und die gute Zusammenarbeit mit den Ärzten machte große Freude. Dem Professor mußte ich viel bei seinen wissenschaftlichen Arbeiten über Epilepsie und Schizophrenie helfen. Ich mußte Blutuntersuchungen machen, röntgen und die Kranken für rassenkundliche und erbgesundheitliche Zwecke photographieren. Und natürlich alle ärztlichen Schreibarbeiten ausführen – Gutachten, Krankenberichte, Briefe an Wohlfahrtsämter und an Angehörige. Da hatte ich reichlich zu tun, und oft saß ich noch nachts um drei Uhr an der Schreibmaschine. Ich kam dadurch ziemlich herunter, aber die Arbeit war niemals langweilig sondern stets abwechslungsreich und vielseitig. Und dazu kam eben die schöne Zusammenarbeit mit den Ärzten, die auch so viel zu tun hatten und das uneingeschränkte gegenseitige Vertrauen. Bald verstand ich es auch, richtig mit den Kranken umzugehen. Mit Güte und Verstehen kann man viel bei ihnen erreichen, aber sie müssen zugleich auch etwas Strenge und Sicherheit spüren. Hat man einmal ihr Vertrauen gewonnen, sind sie rührend anhänglich und folgen einem überall hin. Es fiel mir richtig schwer, dies Arbeitsfeld nach anderthalb Jahren aufzugeben, weil die Behringwerke in Marburg mich beanspruchten, bei denen ich ja meine Leistungsprüfung abgelegt hatte. Dort hatte ich nun wieder ein ganz anderes Arbeitsgebiet und zwar die Serumherstellung zur Bekämpfung des Wundstarrkrampfs und der Diphterie. Vorbedingung für diese Arbeit ist peinlichste Genauigkeit und Zuverlässigkeit in Bezug auf Sterilität und Berechnung der Konzentration von Gift und Gegengift. Und vor allem muß man zuerst sein weiches Frauenherz in strenge Zucht nehmen, denn alles wird unter Inanspruchnahme von Tierleiden und Tierleben hergestellt. Man muß sich dann eben während man den armen Wesen die todbringenden Spritzen verabfolgt, während man ihre entsetzlichen Leiden in allen Stadien genauestens registriert, und während man ihre toten Leiber seziert, immer vor Augen halten, daß ja alles nur geschieht, um kostbare Menschenleben zu retten. Soldaten im Felde, um die ihre Familien, ihre reizenden Kleinen oder auch ihre Mütter bangen, während sie im Fieber liegen. Oft fragt man sich allerdings, ob wohl jedes Menschenleben wertvoller ist als das eines Tieres? Im übrigen lernte ich dort eine ganz vorbildliche Kameradschaft kennen unter Ärzten, Arbeitern und berufstätigen Frauen. Jede hatte ihr Spezialgebiet zur Bekämpfung ansteckender Krankheiten, auch Tropenkrankheiten, Schlangenbisse usw. und die Arbeit in einem so großen und modern eingerichtetem Werk ist außerordentlich interessant. Ich habe sie auch nur meinen Eltern zuliebe aufgegeben, weil sich im Standortlazarett unsrer Heimatstadt eine Laboratoriumsstelle bot und ich auf diese Weise in ihrer Nähe sein kann, worüber sie sich sehr freuen.

Nach dem vielen Häßlichen und Entarte-
ten in der Irrenanstalt, wo man es ja mit Blö-
den, Sittlichkeitsverbrechern und Epilepti-
kern zu tun hatte, ist es eine Wohltat, nun für
geistig gesunde und körperlich schöne und
kräftige junge Menschen zu arbeiten. Es geht
sehr laut und unsanft zu in solch einem Mili-
tärlazarett, aber alles umschließt eine große
und gute Kameradschaft, und wir wenigen
Frauen (9 Rote-Kreuz-Schwestern und ich)
werden von den untereinander oft rauhen
Soldaten sehr ritterlich und zart behandelt.
Oft muß man den jungen Kerlchen die
Schwester oder gar die Mutter ersetzen,
wenn sie einem in geradezu rührendem Vertrauen von ihrem Glück oder Pech in der
Liebe berichten oder einen um Rat fragen,
was man wohl der Mutter oder der kleinen
Freundin zum Geburtstag schenken könnte.
– Neuerdings haben wir auch eine Sanitäts-
schule eröffnet. Augenblicklich besteht die
Schülerschaft aus 80 Soldaten, die ihre Re-
krutenzeit hinter sich haben und nun im La-
zarett für den Sanitätsdienst ausgebildet
werden. Die armen Kerle werden von morgens bis abends voll Wissenschaft gestopft,
und leider hat man auch mich dazu auserse-

hen, ihnen jede Woche einige Stunden Unterricht zu geben. Angenehm ist es entschieden nicht, vor einer Mannschaft von 80 Köpfen zu stehen und sich von 160 Augen anstarren zu lassen. Aber was soll man machen? Hauptsache, der Unterricht nützt was!

Nun aber Schluß! Ich wünsch Euch allen weiterhin viel Glück und Erfolg!

Eure Katharina

Erfurt, 1. Juni 38

Liebe Klassengenossinnen!

Es ist sehr schön, daß das Klassenbuch seinen Weg zu mir gefunden hat jetzt, wo ich
gerade in Deutschland bin; daß ich auf diese
Weise von Euch allen was lesen konnte und
selbst berichten. In diesem Buch steht ja
schon, daß ich mich nach Mexiko verheiratet
habe, und wie ich dort ankam. Eine gewisse
Vorbildung hatte ich ja für meinen jetzigen
Beruf als Farmersfrau, denn ich hatte Kochen und Schneidern gelernt; konnte durch
den Englandaufenthalt perfekt reiten. Und
habe auch noch einige Monate Landwirtschaft gelernt auf der großen Domäne an der
Weser, auf der auch Erika mal gewesen ist.
Nur mein Dolmetscherexamen in Englisch
konnte ich nun eigentlich nicht verwenden,
oder doch nur selten.

Mexiko … jeder denkt unwillkürlich nur
an Räuberbanden und Revolutionen. Ganz
so schlimm dürft Ihrs Euch nicht vorstellen.
Doch das Volk ist wirklich sehr leidenschaftlich, wild und zügellos. Kaum ein Fest vergeht ohne große Trunkenheit, Rauferei,

162

Schießerei, und gibt es Tote, dann ist es erst ein richtig schönes Fest gewesen. Die Ladinos, Mischlinge zwischen Weißen und Indianern, die hauptsächlich das Land bevölkern, sind oft unangenehme Leute, stehlen und betrügen, und es macht ihnen einfach Spaß, wenn sie jemanden so richtig übers Ohr gehauen haben. Nach außen sind sie äußerst höflich, oft sehr gewandt und geschickt, stets fröhlich und auch hilfsbereit. Dazwischen können sie monatelang faulenzen. Und das Handeln – auch wenn es nur um 5 Cents geht – betreiben sie zum reinen Vergnügen. Die reinrassigen Indios stehen noch auf einer sehr niedrigen Entwicklungsstufe, sodaß man sich kaum vorstellen kann, daß sie wirklich Nachkommen von Angehörigen der Hochkulturen sind. In ihren Lebensansprüchen sind sie äußerst bescheiden und haben keinerlei Willen, weiterzukommen, entwikkeln auch keinen Ehrgeiz. Oft scheint einem, daß vor allem der Alkohol dafür sorgt, daß sie langsam zugrunde gehen. Deshalb ist es Unsinn, daß der Präsident Mexikos vorgeschlagen hat, das Land unter die Indianer aufzuteilen. Sie werden niemals fähig sein, auch nur zu erhalten, was die Weißen geschaffen haben. Man beschuldigt uns übrigens zu Unrecht, daß wir ihnen den Alkohol gebracht hätten und sie damit zugrunde richten. Sie stellten längst auf primitive Weise berauschende Getränke her, die sie zu ihren Festen brauchten. Wir arbeiten viel mit Indianern, hauptsächlich vom Chamula-Stamm. Versteht man es, sie zu behandeln, sind sie zutraulich, harmlos und anhänglich wie die Kinder. Sie arbeiten ganz willig und verhältnismäßig zuverlässig. Unendliche Geduld allerdings ist oft nötig, sie begreifen schwer. Und faßt man sie zu hart an, laufen sie einfach weg!

Meine Tätigkeit hier in Pruzia, der Kaffeefinka, entspricht ungefähr der einer deutschen Landwirtsfrau. Wir müssen uns selbst ernähren, kaufen kann man im Urwald nichts. Nur Lebensmittel, die nicht verderben, werden von weither geschickt. Wir bauen Gemüse und Obst, haben Hühner und Kühe, schlachten Rinder und Schweine, Butter wird gemacht, Brot wird gebacken. Außerdem gibt es eine Tischlerei, Schlosserei, Maurer und Sattler, sogar eine Schule für die Indianerkinder. Dazu die ganzen Anlagen für die Kaffebearbeitung, eine richtige

Fabrik. Am Haus haben wir einen großen Garten mit vielen deutschen Blumen, dazwischen wachsen Apfelsinen- und Zitronenbäume. Ein schönes Schwimmbad ist auch da, sodaß man sich mal erfrischen kann. Obwohl ich genügend Hilfen habe, gibt es von früh bis spät zu tun. So vergeht die Zeit rasch, obwohl ein Tag dem andern gleicht, und nur die Jahreszeit sich ändert.

Im Winter, zu Anfang der Trockenzeit ists am schönsten, alles frisch und grün und keine große Hitze. In diese Zeit fällt die Kaffee-Ernte. Es herrscht ein gewaltiges Leben dann, und Ihr könnt Euch nicht vorstellen, was der Kaffee vom Pflücken an für eine Bearbeitung nötig hat, bis er versandfähig ist. Tag und Nacht geht der Betrieb, und die fertigen Kaffeesäcke werden dann von langen Maultierzügen übers Gebirge zur Küste zur Bahnstation gebracht, um dann ihren Weg weiter zu gehen bis nach Europa. April und Mai sind schlechte Monate. Alles ist ausgedörrt, ein heißer Wind weht vom Inneren des Landes bis in unser Tal hinauf. Wir haben 37 Grad im Schatten gemessen, überall brennt Busch und Wald. Nachts ist der Horizont rot vom Feuerschein. Vor zwei Jahren hatten wir einen furchtbaren Waldbrand bis dicht an die Grenze unsres Kaffeelandes. Im Juni gibt es schwere Gewitter, die Luft ist dann zum Platzen gefüllt mit Elektrizität. Die Regenzeit setzt ein, und es regnet, als wollte die Welt untergehen. Immer mittags fängt es an und dauert bis nach Mitternacht, am Morgen dann brennt die Sonne. Das geht einige Monate lang, und gegen Ende dieser Periode regnet es von früh bis spät. Wir haben 150 mm den Tag gemessen. Die Erde kann die Feuchtigkeit nicht mehr aufnehmen, jeder Weg ist ein Bach. Unser Fluß bekommt Hochwasser, das dröhnt und donnert, daß das Haus zittert, so erschüttern die Wassermengen den Boden. Alles ist extrem. Ab und zu gibt es auch ein kleines Erdbeben, freilich nur ganz kurz, aber es ist ein unheimliches Gefühl, wenn der Boden so unter den Füßen schwankt. Da lernt man die Naturgewalten wirklich kennen und kommt sich ganz erbärmlich vor. Man kann immer nur versuchen, dagegen das zu erhalten, was man baute und schaffte.

Einen eignen Reiz haben die Ritte durch den Urwald. Gefährlich ist es kaum. Wilde Tiere wie Puma und Jaguar flüchten vom benützten Weg. Aber die Affen sind dreist und verfolgen uns mit gräßlichem Spektakel, und was es an bunten phantastischen Vögeln, Schmetterlingen, eigenartigen Baumriesen, Blüten aller Art, vor allem Orchideen, Farnen, Schlinggewächsen usw. gibt, kann ich unmöglich beschreiben. Wenn das Leben auch äußerlich einförmig verläuft, bietet die Natur so viel Abwechslung, daß es niemals langweilig wird. In den zweieinhalb Jahren meines Dortseins war ich nur einigemale in der nächsten Stadt – das heißt zwei Tage reiten und dann noch 5 Stunden Bahnfahrt. Und es ist ein furchtbares Drecknest, so daß man heilfroh ist, wenn man die Finka wieder erreicht hat. In der Hauptstadt war ich voriges Jahr für längere Zeit. Meine Schwiegermutter besuchte uns für 4 Monate. Es kommt überhaupt oft Besuch. Am Radio hören wir täglich die Nachrichten aus Deutschland. Außerdem haben wir ein drahtloses Telefon, Sende- und Empfangsstation und können uns jederzeit mit der Welt verständigen. Abends sitzen wir meist gemütlich beisammen, sechs–acht Deutsche. Zeitungen werden gelesen, gute Bücher. Es wird auch gespielt und getanzt.

Vor zwei Jahren kam unser Söhnchen Walter zur Welt, und Ihr könnt Euch vorstellen, wie glücklich wir waren. Ich hatte einen deutschen Arzt und eine mexikanische Pflegerin auf der Finka – so ging alles gut. Vor einem halben Jahr bin ich mit dem Kind nach Deutschland gekommen, weil ich ein zweites erwartete. Es ist eine sehr schwierige und anstrengende Reise gewesen. Mein Mann brachte mich ans Schiff, und ich mußte wieder über das große Wasser und alles woran ich hing, hinter mir zurücklassen. Mein Mann konnte erst 6 Monate später abreisen. Die Überfahrt war außergewöhnlich stürmisch, Windstärke 11. Ich habe wirklich Angst gehabt, so gefährlich sah das sturmgepeitschte Meer aus. Am 5. Dezember kam ich wohlbehalten mit dem Kind in Bremen an. Ich brauche Euch nicht von der Freude des Wiedersehens in der Heimat zu erzählen.

Am ersten März ist nun mein zweites Kind geboren worden, ein Mädchen, Eva. Beide Kinder gedeihen hier prächtig. In einer Woche wird mein Mann endlich in Hamburg ankommen, und gemeinsam wollen wir fünf schöne Monate im Vaterland bleiben. Alles, was uns die Heimat an Schönem bieten kann, wollen wir genießen und in uns aufnehmen, daß wir draußen wieder Jahre davon zehren können und den Deutschen drüben davon erzählen. Im November gehts dann zurück ins Land des ewigen Frühlings, und erst nach Ablauf von drei Jahren können wir wieder an eine Reise in die Heimat denken. Aber so weit kann niemand vorausschauen.

Bis dahin wünsche ich Euch viel Frohes und Schönes. Und mir wünsche ich, daß ich dann auch wieder dies Buch in die Hand bekomme zum Lesen und Einschreiben. Herzlich

Eure Hertha

Ihr Lieben alle,

ich bin nun die erste, die im Kriege in dies Buch schreiben soll, das in so sorgloser Zeit gegründet worden ist. Es fällt mir nicht leicht, denn ich muß berichten, daß ich mich zwar verheiratet habe, daß wir aber nur sehr kurze Zeit glücklich gewesen sind, und daß wir uns schon wieder haben trennen müssen, da mein Mann eingezogen wurde.

Aber schön der Reihe nach: Das letztemal habe ich aus dem Suhler Krankenhaus geschrieben. Meinen Mann kennt Ihr ja: er war schon mein «Tanzstundenherr». Aber nach dem Abi haben wir uns jahrelang nicht gesehen. Durch Zufall sind wir uns in Danzig begegnet, wo ich im Krankenhaus arbeitete, und er Architektur studierte. Dort beschlossen wir zu heiraten, wenn er die Hochschule beendet hätte. Es hieß also wieder «warten», wie schon so oft im Leben. Und nun warten wir wieder, daß einmal der Tag kommt, an dem wir unseren Lebensweg wirklich gemeinsam gehen können.

Die letzten beiden Jahre vorm Krieg habe

ich zuhause bei einem Kinderarzt gearbeitet. Er hat eine Krankenschwester, die schon 11 Jahre bei ihm ist, aber die Praxis ist so groß, daß er gut eine zweite Hilfe brauchen konnte. Bei Kindern bin ich im Grunde immer am liebsten gewesen. Und so war ich doch auch in der Nähe meiner Eltern. Ich konnte auf diese Weise auch meiner Schwester helfen, die hier verheiratet ist und einen Buben bekam. Ein reizendes blondes Kindchen, das Großeltern und Tanten bei jedem Besuch große Freude macht. Der kleine Kerl hat es sogar verstanden, mir heute den ganzen Nachmittag, den ich ihn hüten mußte, die Kriegssorgen zu vertreiben.

Vor meiner Verheiratung war ich zwei Wochen in Weimar bei Erika, die am 20. April, dem Geburtstag des Führers, ein Söhnchen bekam, und ich konnte inzwischen ihre lebhafte niedliche kleine Bärbel hüten. Es waren wunderschöne Tage, die wir zusammen verbrachten. Seit der Schule hatten wir ja noch nie wieder richtig Zeit für uns gehabt. – Ich bin von Herzen dankbar, daß wir unsere Hochzeit noch so fröhlich an einem Sonntag im Frieden haben feiern können und anschließend noch Zeit hatten, im Allgäu zu wandern statt einer «Hochzeitsreise». Das waren da oben in den Bergen ganz herrliche Tage. – Ich bin nun eigentlich in Berlin zu Hause. Mein Mann ist als Architekt an der Neubauleitung des Flughafens Tempelhof. Wir haben bisher nur zwei möblierte Zimmer in Halensee, aber es waren schöne Wochen, die wir in unseren bescheidenen Räumen bisher verbracht haben. Als dann der Feldzug in Polen begann, wartete ich täglich darauf, daß mein Mann eingezogen würde. Er wollte auch gerne mithelfen, sein geliebtes Danzig zu befreien. Aber erst nach Beendigung des polnischen Feldzuges wurde mein Mann einberufen. Nun bin ich wieder zu meinen Eltern gegangen. Was soll ich allein in dem steinernen Berlin, das ich sowieso nicht sehr liebe.

Hier bei uns zu Hause ist es auch ganz kriegsmäßig. Obwohl mein Vater doch Direktor des Realgymnasiums ist und man denken sollte, daß er Wichtigeres zu tun hat, holte man ihn als Bahnhofsoffizier.

Und er hat sehr viel Dienst. Obendrein haben wir Einquartierungen, Bergungsleute aus der gefährdeten Zone im Westen, eine Frau mit zwei Kindern. Die Leute sind sehr nett und dankbar, aber es ist schwer, die arme Frau zu trösten, die all ihre Habe so plötzlich hat im Stich lassen müssen. Von einem Sonntag zum andern hoffe ich, daß mein Mann mal einen Sonntagsurlaub hat. Dreimal haben wir uns in den letzten zwei Monaten gesehen, hatten es also besser als viele andere.

Ich hoffe sehr auf einen baldigen Frieden, obwohl man vom Verstand her daran nicht glauben kann. Aber an ein Weihnachten im Kriege darf man gar nicht denken. Bis ich das Klassenbuch das nächstemal bekomme, muß alles wieder gut sein. Man möchte so gern selbst unserem Vaterland mit zum Siege helfen. Aber ich habe jetzt nicht einmal als Krankenschwester Arbeit gefunden und muß froh darüber sein. Zeigt es doch, daß es noch nicht allzu viele Verwundete gegeben hat. Nun müssen aber andere in dies Buch schreiben. Ich finde, daß ich schon viel zu oft darin stehe. In alter herzlicher Freundschaft grüße ich Euch alle mit den besten Wünschen für jede.

Eure Hilde

An die versprengte Klasse.

Eine Reihe von Jahren hab ich nicht in dieses Buch geschrieben, und es hat sich inzwischen so viel ereignet, daß ich nicht weiß, wo ich anfangen soll. Damals studierte ich noch in München und habe es auch noch weiter getan. Es gab ein schönes Sommersemester mit dem alten Brennabor, der uns viel in die Berge brachte zum Segeln und Klettern. Und ein arbeitsreiches Wintersemester, in dem doch immer zum Skifahren noch Zeit blieb. Im achten Semester promovierte ich dann in Kunstgeschichte, Archäologie und Philosophie und bin nun also «Dr. phil», mit 22 Jahren war ich angeblich der jüngste Dr. der Fakultät. Wie die meisten studierten Mädchen «verlobte» ich mich gleich anschließend, und es ging mir wie Hertha: nicht nur der Mann hatte mirs angetan, sondern auch das Land, in das er als Archäologe reisen wollte: Griechenland. Ich bin sehr froh, daß ich mit der Kunstgeschichte nun Boden unter den Füßen habe. Man sieht nun Welt und Menschen gewissermaßen kunstgeschichtlich. Man könnte einwenden, daß dies eine Einengung sei, aber da die Welt, das Leben, die Wissenschaften, und was auch immer ohnehin unüberblickbar sind, geht es nicht ohne Einengung. Auch der Arzt, der Apotheker, der Tischler, – sie alle sehen die Welt unter einem bestimmten Blickpunkt, und das gibt eine Richtung, eine Mitte, und man kann nicht ganz verloren gehen, selbst wenn alles Äußere zerbricht.

Wir haben im Herbst des Jahres 36 geheiratet und sind anschließend ein Vierteljahr gereist durch ganz Italien mit Aufenthalten in den wesentlichen Städten, – dann durch Sizilien, das mir noch neu war, und schließlich hinüber nach Nordafrika. In einem verbeulten autoähnlichen Gegenstand sind wir durch dies stille rote Land gefahren, in dem die Linien einfach und die Farbenskala fein und eng getönt ist. Wir haben die schönen edlen Araber in Gesprächen auf italienisch kennen und achten gelernt. Bei Sturm und Regen fuhren wir dann Ende November nach Griechenland über und kamen mit bangem Herzen im «Land der Sehsucht» an. Es ist uns in den vergangenen Jahren ein Land der Erfüllung geworden und eine Heimat. Als wir die Sprache einigermaßen gelernt hatten und durch die Gaunerei der Griechen hindurch die rührende Liebenswürdigkeit dieses gastfreundlichen Volkes erkannten, fühlten wir uns zu Hause.

Welch ein Erlebnis Griechenland ist, kann nur der ermessen, der mit offenem Herzen dort gewesen ist. Überschüttet mit allen Schönheiten der Natur unter einer strahlenden Sonne hat dies Land ja auch allen Reichtum höchster Kunst, von der Abbildungen gar kein Bild zu geben vermögen. Und alles außerhalb von Athen ist von der Zivilisation so unberührt wie Deutschland vielleicht zur Zeit Dürers.

Wir hatten eine reizende Vierzimmerwohnung, in der eigentlich kaum Möbel waren – außer Betten, Korbsesseln und mit weißen Wolldecken belegte Kisten. Aber sie lag am Abhang des Lykabettos, und aus den Fenstern sahen wir den strahlenden Tempel-Berg, das glitzernde Meer, in dem die Inseln Salamis und Ägina zu schwimmen schienen. Als Erstes kauften wir ein uraltes Auto (es hatte nicht mal einen Anlasser!), um das Land besser bereisen zu können, denn Bahnverbindungen gibt es nur wenige. Zu Weihnachten sind wir oben in Delphi gewesen und im Schnee oben am Parnaß umhergestiegen unter kreisenden Adlern. Wundervoll ist Arkadien mit seinen kargen Bergen, in denen nur Hirten wohnen. Und dann das reiche Messenien, das wie ein Meer aus Olivenbäumen zwischen den grauen Bergpässen eingebettet liegt. Am grandiosesten fand ich Sparta unter dem schneebedeckten grausamen Taygetos, ein Städtchen inmitten eines unermeßlichen früchteschweren Orangenwalds. Und überall in der südlichen Peleponnes die schönen verlassenen Frankenburgen inmitten von Eichenwäldern, in denen Herden von reizenden schwarzen Schweinchen weiden. Am kargsten ist Attika, aber immer wieder neu und anders, wenn die Jahreszeiten darüber hinziehen. Der Frühling mit blühenden Mandel-Pfirsich- und Orangenbäumen, und die Erde ist ein Teppich aus Krokus und Alpenveilchen. Die Saat setzt lichtgrüne Streifen in die rote attische Erde, und die Mamorbrüche beginnen zu leuchten. Im Sommer wird das Land gelblich braun, wo die Saat verschwindet, grünt nun der Wein. Meer und Himmel werden unter der Hitze täglich blauer und die

Luft so klar, daß es keine Entfernungen mehr zu geben scheint. Wenn dann die heißen Nächte kommen, und das Thermometer nicht unter 35 Grad sinkt, gibt es nichts Schöneres als beim Wein vor einer Fischerhütte zu sitzen unter den Sternen. – In der heißesten Zeit – Juli-August – bin ich jedes Jahr zu meinen Eltern nach Deutschland geflogen – ein schöner, etwas aufregender Flug über alle Länder des Balkans hin. Wenn ich im Herbst zurückkam, war ein zweiter Frühling ausgebrochen mit einem Teppich von Blumen über der roten Erde.

Das Bezaubernde an Griechenland sind seine vielen Inseln, kleine Landstücke, von Fruchtbarkeit überladen, mitten im blauen Meer. Nur wenige weiße Häuser gibt es da, in denen Fischer wohnen, und sonst trifft man auf einsamen Wanderungen nur Schafherden und zutrauliche Eselchen an Quellen unter den Platanen oder im Schatten kleiner weißer Kapellen. – Auf einer solchen Insel, auf Samos, konnte ich im vergangenen Herbst eine Grabungskampagne mitmachen. Wir bewohnten ein leeres Haus, zwei Meter vom brandenden Meer entfernt, und sahen drei Kilometer jenseits die kleinasiatische Küste. Früh um fünf standen wir auf, wenn die Sonne drüben über Milet stand, und begannen den arbeitsreichen Grabungstag. Wenn die Sonne sank, kam das Bad im Meer, und dann saßen wir noch lange am Wasser bei dem samischen Abendessen aus dunklem Brot, Ziegenkäse, Wein, Trauben und Feigen. Etwas anderes gab es nicht. Licht gab es auch nicht (auch kein Klosett). Jenseits von aller Zivilisation und nur von antiken Resten umgeben verbrachten wir unter der südlichen Sonne einen unsagbar glücklichen Herbst.

Ebenso unwiederbringliche Monate waren die, die wir in Olympia verlebten. Nachdem Rust die neue Grabung eröffnet hatte, haben Freunde meines Mannes und er selbst die erste Kampagne bestritten mit 50 griechischen Arbeitern. Olympia mit seinen waldigen Bergen und dem breiten Fluß, in dem wir täglich badeten, ist uns auch zu einer Art Heimat geworden. Zwei Osterfeste haben wir dort verbracht und sind mit dem Popen von Dorf zu Dorf gezogen. In Olympia wird mein Mann nun arbeiten, vielleicht bis zum Friedensschluß. Ich habe ihn im August allein gelassen in unserem einfachen aber reizenden Landhaus unter den Marmorbrüchen des Pentelikon und bin wegen des drohenden Krieges nach Deutschland geflogen – eine gewagte Sache, da ich im September ein Kind erwartete. Der Krieg ist nun da, das Kind auch, – ein kleiner Rüdiger. Mein Mann war im Oktober 12 Tage hier, um seinen Sohn zu sehen und ist dann über Italien nach Griechenland zurückgeflogen. Das bedeutet eine Trennung auf unbekannte Zeit.

Ich sitze nun hier im trüben Deutschland und sehne mich nach der Sonne, dem Meer und der griechischen Freiheit. Aber natürlich ist das unwichtig über dem Großen des Weltgeschehens, selbst wenn es, wie im Augenblick, nur ein großes Negatives ist. Hoffen wir auf einen baldigen Frieden.

Ich schließe mit dem griechischen Gruß «chairete» – das heißt, freut Euch. Und wie die Griechen anschließend sagen: ich wünsche Euch viele Lebensjahre und viele Kinder.

Eure Eva

Liebe Freunde,

endlich hab ich mal einen ruhigen Sonntag
Nachmittag, um in unserem Buch zu lesen
und hineinzuschreiben. Was ist inzwischen
geschehen, nicht nur in unsrem Leben sondern in dem unsres ganzen Volkes! Zuletzt
– wie ich sehe – schrieb ich kurz vor meinem Eintritt in den Arbeitsdienst. – Das ist
nun schon wieder so lange her, daß es fast
nicht mehr wahr ist. Ich verbrachte meine
Arbeitsdienstzeit in einem Lager bei Wit-
tenberg an der Elbe. In mancher Beziehung
war es ganz schön. Nur zog ich mir leider
durch die ungewohnte schwere Arbeit
einen Leistenbruch zu. Da er sich einge-
klemmt hatte, bin ich grade noch am besse-
ren Jenseits vorbeigerutscht. Nach der unangenehmen Operation war ich so elend,
daß ich erst mal zur Erholung für ein halbes Jahr freigestellt wurde. Damals kannte
ich meinen jetzigen Mann schon und verlebte einen ganz schönen Monat bei meinen
Schwiegereltern im Schwarza-Tal. Mein

Schwiegervater hat nämlich oben in Meuselbach eine chemisch-pharmazeutische Fabrik, die mein Mann später übernehmen soll
– nach dem Kriege, wenn man so weit denken
darf. Wir haben uns in der Bahnhofsapotheke kennen gelernt. Er hatte zunächst
Chemie studiert, da aber gewünscht wird,
daß Besitzer von derartigen Fabriken Apotheker sein sollen, ging er zur Pharmazie
über. Nach dem Dienst in der Apotheke hat
er noch studiert und wir warteten so lange
mit dem Heiraten.

Nachdem ich mich ein bißchen erholt
hatte, wollte ich auf keinen Fall in die Bahnhofsapotheke zurück, der lebhafte Betrieb
dort ist entsetzlich anstrengend. Ich nahm
eine Stelle in Ruhla in der Hirschapotheke
an, und das wurde eine angenehme Zeit für
mich. Der Apotheker war ziemlich jung,
hatte eine nette Frau und vier reizende Kinder, und ich war dort wie zu Hause. Außerdem war er ein Verbandsbruder meines
Freundes und selbst mit ihm befreundet,
sodaß wir oft übers Wochenende dort zusammen sein konnten. So hatte ich den
Gedanken an ein Studium endgültig aufgegeben. Fürs Heiraten und den Meuselba-

cher Betrieb brauchte ich kein Staatsexamen.

Zum 1. Jan. 39 ging ich nach Erfurt, um etwas Hauswirtschaft zu lernen. Nun herrscht aber im Apothekenberuf schon seit Jahren ein unheimlicher Mangel an Nachwuchskräften. Kaum hatte mein ehemaliger Chef von meiner Anwesenheit gehört, hatte ich keine ruhige Minute mehr, bis ich wieder hinter seinem Ladentisch stand. Im September wollten wir heiraten – da begann der Krieg. Und zum Überfluß mußte ich diese Bruchgeschichte nochmals operieren lassen. Es gab da eine Nervenentzündung an Narbenverwachsungen, ganz scheußlich. Mein Mann vertrat mich inzwischen in der Bahnhofsapotheke, denn mit dem ersten Kriegstag wurden dort die beiden Herren eingezogen. Und der Betrieb mußte doch weitergehen.

So haben wir erst im Jan. dieses Jahres geheiratet. Ich hatte mir meine Hochzeit anders gedacht. In dieser schweren Zeit hat kein Mensch Lust zum feiern. Wir fuhren 8 schöne Tage nach Leipzig, um wenigstens mal auf andere Gedanken zu kommen. Dann versuchten wir in Erfurt zu leben in einer ungemütlichen fast leeren Wohnung, denn unsere Einrichtung hatten wir mittlerweile in Meuselbach im Haus der Schwiegereltern; unsere Arbeit aber hatten wir in der Bahnhofsapotheke. Aber wir waren wenigstens zusammen. Vier Wochen lang! Dann wurde auch mein Mann eingezogen, und ich war wieder allein. Wie mir zumute ist, werdet Ihr mir nachfühlen können, da es vermutlich vielen unter Euch nicht anders geht. Ich bin nun wieder in der Bahnhofsapotheke, nahezu allein mit dem Chef. Durch die viele Arbeit und den Betrieb kommt man wenigstens nicht zur Besinnung und hat keine Zeit, sich Gedanken zu machen und traurig zu sein. Auch brauch ich mir um meinen Mann zunächst keine besondere Sorge zu machen. Dafür ist mein Bruder als Oberleutnant auf einem Zerstörer in steter Gefahr und der Mann meiner Schwester in der vordersten Linie an der Westfront.

Das wäre also in Kürze mein bisheriges Leben! Ich will nur wünschen, daß der schreckliche Krieg bald ein Ende findet und wir oben in Meuselbach endlich ein gemeinsames Leben beginnen können. – Euch allen wünsche ich alles Gute für die weitere Zukunft, wenn es uns auch manchmal scheint, als hätten wir gar keine.

Mit herzlichen Grüßen

Euer Käthchen

Ihr Lieben,

da habe ich aber Glück, daß ich das Buch von Käthe gebracht bekam – es hat durch die Kriegswirren lang herumgelegen. Grade jetzt gebracht bekam, wo ich nach langer Zeit endlich mal wieder bei meinen Eltern bin für wenige Tage. Die Kommunikation ist sehr begrenzt zur Zeit – kaum noch jemand von den alten Freunden ist in Erfurt. Wer kleine Kinder hat, die er schützen möchte, und wer Gelegenheit hat fortzugehen, der ist aufs Land gegangen. Und die Hiesigen wollen das Buch nicht auf die Post geben, auch wenn sie Adressen wüßten, aus Angst, es könnte verloren gehen. – Bei uns ist bisher nichts Schreckliches passiert, Gottlob! Aber uns hat der Krieg nur Unruhe und Krankheiten gebracht. Anfang des Jahres bezogen wir in Geisenheim im Rheingau ein reizendes Häuschen in der Nähe von meines Mannes Arbeitsplatz, aber zusammen haben wir dort kaum gelebt.

Es gab ewige Unruhe von den Fliegern; immer saßen wir im Keller, und dort holte ich mir eine schwere Lungenentzündung. Wir mußten meine beiden Kinder zu meinen Eltern nach Erfurt geben. Uta ist zwei Jahre, die kleine Ingeborg ein Jahr. Erst seit Sommer 42 habe ich die beiden wieder zusammen.

Mein Mann hat seit dem vergangenen Jahr mit den Vorarbeiten für eine «Reichsforschungsanstalt für Gartenbau im Elsaß» zu tun. Wir haben das große Glück, daß wir wenigstens während des Sommers bei ihm sein können. Und in diesem Jahr wollen wir versuchen, das bis Weihnachten auszudehnen. Die Anstalt ist in einem alten Schloß im Weilertal untergebracht; es zweigt in die Vogesen ab und ist landschaftlich bezaubernd schön – ein Paradies – wie ja das ganze Elsaß voller Schönheiten steckt. Dort ist es uns nun auch in diesem Sommer gut ergangen, vor allem den Kindern, und Uta hatte die Erholung sehr nötig, da sie eine schwere Blinddarmentzündung mit Bauchfellvereiterung gehabt hat. Sie ist sehr zart; ihre kleine Schwester ganz das Gegenteil, kugelrund und immer vergnügt. Beide sind unzertrennlich.

Lebt nun so wohl, wie es jetzt möglich ist,
und alles Gute Euch allen

Eure Jutta

Da der Kreis in Erfurt immer kleiner wurde und der Zusammenhalt unter Freunden und Bekannten immer enger, je schwieriger sich das Leben gestaltete, schalten sich in den Rundbrief nun auch ehemalige Mitschülerinnen ein, die das Abitur nicht mitgemacht hatten. Zu ihnen gehört auch *Ilse*. Ich kann mich sehr gut an sie erinnern: ein sehr blondes Mädchen, rosig, sommersprossig und etwas mollig; ein Typ, der mit dem Alter nur gewinnen kann, was ihr dann auch durchaus gelang. Schon als Kind war sie von verblüffender Redegewandtheit und von einem unerschütterlichen Selbstbewußtsein. Sie ging aus der Obersekunda ab, weil sie für den Betrieb des Vaters eine kaufmännische Ausbildung brauchte; es ging dabei um die Vertretung von Gütermanns Nähseiden. In dies Geschäft trat zunächst auch der junge Mann ein, den sie heiratete – ein Tanzstundenfreund, der viel zu hübsch war, um verläßlich zu sein. Diese Ehe hat die Trennung durch den Krieg nicht ausgehalten. Und Ilse wandte sich dann einem jungen Mann zu, der noch im Studium war und zwölf Jahre jünger als sie. Seine literarischen Neigungen kamen ihrem stets betonten Bildungsbedürfnis sehr entgegen. Sie leben beide in journalistischer Tätigkeit in Ostberlin, ausgesprochen erfüllt und zufrieden. Nicht zu vergessen sei in diesem Zusammenhang Ilses Bruder, der frühzeitig in den Westen ging und ein bekannter Fotograf wurde.

Ilse schreibt unter anderem: am 16. 3. 44 aus Erfurt

Eine heilsame Erfahrung machen wir ja in ziemlich jungen Jahren: wie vergänglich alles ist, vor allem jeglicher Besitz, aber auch das Leben selbst. Das einzige, was uns bleibt, sind die menschlichen Beziehungen, und die müssen wir pflegen und erhalten. Sie allein sind unzerstörbar. Es ist traurig, daß wir von so vielen gar nichts mehr wissen. Wie geht es z. B. unsrer Hertha in Mexiko? Der Hertha 2, dem «Herzchen»? Die hat sich überhaupt noch nie gemeldet. Und Lotte? Und Änne? Ich habe gehört, sie sei längst verheiratet, sodaß ich über ihre Ergüsse aus dem Arbeitsdienst nur noch lächeln kann. Sicher hat sie jetzt auch schon ein «ewig feuchtes Kindchen». Daß Pauline ihr größtes Opfer schon gebracht hat – ihr Mann fiel sofort – ist Euch wohl bekannt. Und die anderen führen ein

Leben in Trennung und Sorge. Wer etwas über alte Kameradinnen weiß, soll es hier eintragen. Man könnte natürlich sagen, daß es völlig unwichtig ist angesichts des Weltgeschehens. Aber es bringt vielen Freude und trägt damit seinen Sinn in sich.

Ihr wißt, daß ich von der Schule abging, weil ich kein Abi brauchte, denn ich sollte und wollte ins Geschäft meines Vaters eintreten und hatte eine kaufmännische Ausbildung nötiger. Ich bin dann jahrelang für ihn gereist, bis ich – auch das werdet Ihr gehört haben – Wölfchen, die Tanzstundenliebe heiratete, der ebenfalls ausgebildeter Kaufmann geworden war. Mein Vater war darüber sehr froh, denn mein Bruder ist Fotograf geworden und hatte für Vaters Betrieb keinerlei Interesse.

Mit meinem Mann bin ich ein halbes Jahr in Bukarest gewesen kurz vorm Krieg – auch dies im Untergrund natürlich aus geschäftlichen Gründen. Aber es brachte soviel Schönes und Interessantes mit sich; das Leben im Ausland ist etwas Herrliches, daß wir diese Zeit nicht missen möchten. Als der Krieg ausbrach, hatten wir zunächst Glück, denn mein Mann wurde durch einen lächerlichen Irrtum an die verkehrte Stelle einberufen und kam zunächst wieder nach Hause für den ersten Kriegswinter. Dann allerdings mußte er auch fort, Gott sei Dank bisher unter angenehmen Bedingungen, sodaß er sogar viel Neues und Schönes kennen lernen konnte. Über ein Jahr Norwegen, anderthalb Jahre Paris, seit einem halben Jahr nun Albanien und Jugoslavien. Ende Januar 43 wurde uns endlich nach bitterem Warten (ich brauchte erst zwei Operationen) eine zierliche kleine Ursula geschenkt, die mit ihrem stets fröhlichen Wesen unendliche Freude macht und inzwischen – nach Überwindung mancher Klippe – zu einem sehr selbstbewußten kleinen Mädchen heranwuchs, das sehr lebhaft an allem teilnimmt und in wildem Kauderwelsch davon zu berichten beginnt. Erst jetzt kann ich manches von dem recht begreifen, was einige von Euch schon früher geschrieben haben, was es bedeutet ein Kind zu haben und es groß ziehen zu dürfen. Es ist so lebensändernd und tief beglückend, daß man es eben nicht schildern kann, sondern selbst erleben muß. Wenn ich denke, wie männerfeindlich wir fast alle waren, und nun sind doch nahezu alle in den Hafen der Ehe eingelaufen, sehen in der Gemeinschaft mit einem geliebten Mann einen tiefen Sinn und eine Erfüllung und mehr noch in einem gemeinsamen Kind. Ohne ein Kind wäre ein Leben doch nur halb gelebt und als solches im Grunde auch gar nicht wirklich begriffen. Gerade darum ist es ja so schmerzlich, daß unsre Männer so fern sind und von den täglichen Erlebnissen, Freuden und Sorgen höchstens brieflich mal etwas erfahren, nichts wirklich miterleben. Es kommt dazu, daß der Mann sein Kind kaum kennt und es so auch nicht in sein Bewußtsein und seine Vorstellungswelt von zu Hause mit einbeziehen kann. Ich fürchte, daß die tiefe Verbundenheit zwischen Kind und Vater sehr darunter leiden wird. Sie kann gar nicht entstehen. – Aber welch ein Glück für uns Frauen, daß wir diese Kinder haben, eine wirkliche sinnvolle Aufgabe in einer Zeit des Abwartens. Ohne sie könnten wir die Trennungen kaum überwinden. Ich wünsche Euch allen, daß Euch Eure Lieben erhalten bleiben und daß Ihr vor allzu großer Not bewahrt bleibt.

Eure Ilse

Erfurt, d. 10. IV. 44.

Ihr Lieben alle,

den Abend des gestrigen Osterfeiertages habe ich damit verbracht, in eurem lieben, alten Blasenbriefbuch zu lesen. Da gucken einen auch die letzten Zeiten soviele liebe Kindergesichter an, u. es hat mir so sehr Spaß gemacht, wie auch die kleinen Geschichten die Mutter zu erzählen sind. Am erfreulichsten ist das ja bei Vaters Uta.

Bei meinem Jungen werdet Ihr das wohl kaum feststellen können, wenn er später seinen Vater sucht. Ich bin darüber sehr glücklich, denn so habe ich doch einen kleinen lebenden Abklatsch um mich von der so fernen, geliebten Mann.

Und da bin ich bei dem, was ich zu erzählen habe. Ich bin noch immer bei der Firma, habe noch immer den gleichen Herrn, woran ich mich oft schmerzlich fühle. Bis zum November 1941 war mein Mann Marineoffizier bei Luftaufsichtsdienststelle. Solange hatte ich es gut, denn er kam ja nach seinen Flügen, bei denen er fast alle Kriegsschauplätze gesehen hatte immer und ins Heimatland u. wir konnten uns öfter sehen. Am 28. Mai 1940 wurde unser Helmut geboren. Der Vater war gerade

Hilde Muthesius

Ihr Lieben alle,

den Abend des gestrigen Ostermontags habe ich damit verbracht, in unsrem guten Klassenbuch zu lesen. Da gucken einen auf den letzten Seiten so viele reizende Kindergesichtchen an, und es hat mir so sehr Spaß gemacht, wie aus den kleinen Gesichtern die Muttis zu erkennen sind. Am verblüffendsten ist das ja bei Juttas Uta.

Bei meinem Spatzen werdet Ihr das wohl kaum feststellen können, denn er ähnelt seinem Vati sehr. Ich bin darüber sehr glücklich. So habe ich doch einen kleinen lebendigen Abklatsch um mich von dem fernen geliebten Mann! Und damit bin ich bei dem, was ich zu erzählen habe. Ich bin noch immer bei den Eltern, habe noch immer kein eigenes Heim, wonach ich mich doch sehr sehne. Bis zum November 41 war mein Mann Kurieroffizier beim Luftwaffenführungsstab. Solange hatte ich es gut, denn er kam ja nach seinen Flügen, bei denen er fast alle Kriegsschauplätze gesehen hatte, immer wieder mal ins Heimatland, und wir konnten uns kurz sehen. Am 28. Mai 1940 wurde unser Helmut geboren. Der Vati war grad auf Urlaub hier, als der kleine Mann zur Welt kam, und wir verlebten sehr glückliche Tage, an die ich jetzt noch immer dankbar zurückdenke.

Von Herbst 41 bis Frühjahr 42 schulte mein Mann zum Fernaufklärer um. Die Tätigkeit als Kurier befriedigte ihn gar nicht. Ein junger gesunder Mann will eben in diesen harten Kampfzeiten richtig dabei sein, richtig an die Front. Ich konnte ihn darin gut verstehen, wenn mir auch der Gedanke, ihn bald draußen zu sehen, auch recht schwer war. Im August 1942 kam mein Mann dann nach Afrika. Er zog sehr zuversichtlich und froh aus. Wir konnten noch den letzten Tag gemeinsam verbringen, weil er in den letzten drei Wochen draußen in Nohra war. Leider war die Frontzeit meines Mannes dann nur ganz kurz. Am 2. September, bei seinem fünften Feindflug, einem Erkundungsflug über dem Suez-Kanal, wurde seine Maschine in Brand geschossen. Ich bekam die Vermißtenmeldung und durchlebte bange schwere Wochen. Dann kam aber wie eine Erlösung die Nachricht, daß er in englischer

Gefangenschaft sei. Wie bin ich dankbar, daß er dem Jungen und mir erhalten blieb! Das lange Warten ist oft sehr schwer, und man meint manchmal, man ertrüge das Bangen und Sorgen nicht mehr. Pauline dagegen wird denken: ach, wenn ich doch warten könnte! Es hat mir unendlich leid getan, daß sie ihr ganzes Lebensglück so schnell hat opfern müssen. Wie gut, daß sie wenigstens ein Kindchen hat!

Auch mein Junge ist jetzt mein ganzes Glück. Wir sprechen viel von unsrem Vati, den die Engländer in Ägypten in der Wüste festhalten und davon, daß er eine völlig verbrannte und steife Hand hat. So hängt das Kind mit rührender Liebe an seinem Vater, und er wird dem Kind nicht fremd. – Von mir selbst ist nicht viel zu berichten. Den Krieg und das ganze Weltgeschehen verfolgen wir ja wohl alle mit heißem Herzen und steter Fürbitte. Ich bin im Hause meiner Eltern, und mein Tag ist angefüllt mit den vielen Dingen, die in einem großen Haushalt und unter so erschwerten Bedingungen erledigt werden müssen. Vertretungsweise mache ich Nachtwachen im Städtischen Krankenhaus auf den verschiedensten Stationen, wo es gerade fehlt. Es befriedigt mich, wenn es auch oft ein bißchen viel neben den Tagesarbeiten ist. Aber man möchte doch so gerne sichtbar mithelfen!

Herthas Mutter traf ich neulich auf der Straße. Sie hatte grade einen Gruß von Herthas Mann durchs Rote Kreuz bekommen. Er war allerdings schon ein ganzes Jahr alt und der erste sei dem Eintritt Amerikas in den Krieg. Hertha lebt mit Mann und den drei Kindern (der Kleinste ist im Herbst drei Jahre alt gewesen) in Mexiko-Stadt. Sie leben zusammengezogen mit allen Deutschen, aber nicht interniert, doch sie dürfen die Stadt nicht verlassen. Der Mann hat eine gute Verdienstmöglichkeit gefunden, sie haben sogar eine eigene Wohnung, und der Älteste kann sogar eine deutsche Schule besuchen. Die Finca allerdings wird durch einen mexikanischen Treuhändler verwaltet.

Ich hoffe sehr, daß ich das nächstemal im Frieden in dies Buch einschreiben kann. Und ich grüße Euch alle. Mögen Euch Männer und Kinder gesund erhalten bleiben.

Eure Hilde

Liebe OIA von 1932!

Was für ein Wunder, daß mich der Klassen-
brief hier in Freiburg bei meinen Eltern erreicht hat! Und ich habe mich so gefreut und
war im Lesen ganz versunken, daß ich sogar
meine zweijährige Heidemarie zu versorgen
vergessen habe.

Aber nun mein Erlebnisbericht: Heut ist
für uns ein historischer Tag, unser 9. Hoch-
zeitstag! Acht Jahre bin ich nun schon sitt-
same Ehefrau, kaum zu glauben! Aber was
heißt schon sittsam! Wir haben uns vermutlich alle kaum geändert. Nur vor seinen
Sprößlingen muß man eben sittsam erscheinen, um wenigstens ein bißchen Autorität zu
erzielen, die heute ja schon beim kleinsten
Würstchen nicht mehr vorhanden ist. Vor 8
Jahren zogen wir in Weimar in eine niedliche
moderne Mansardenwohnung, nicht weit
vom Häuschen meiner Eltern, und nach
einem Jahr hielt eine kleine Bärbel bei uns
ihren Einzug. Sie ist nun schon ein statt-
liches Schulmädel, das in die 2. Klasse versetzt ist. Im Herbst 38 wurde mein Mann ver-

setzt in die Nähe von Gera, wo er Abteilungs-
leiter des dortigen RAD wurde. So waren
unsre ersten Ehejahre reichlich verworren,
meist getrennt durch Kurse, Dienen beim
Militär, Reichsparteitage usw. usw. Im Jahre
39, grad am Geburtstag des Führers kam zur
Bärbel noch ein kräftiger Bruder Eberhard,
aber einen Bart hat er noch nicht! Ein Jahr
später wurde mein Mann hier nach Oldenburg versetzt. Wir fanden nach einer gewissen Zeit eine wunderschöne Wohnung; mit
4 Zimmern für unsre jetzt fünfköpfige Familie ein bissel eng, aber die Räume sind sehr
groß. Die Vorzüge überwiegen, und wir sitzen
mitten im Grünen. Mit dem Umzug hierher
kam nun endlich mal ein geordnetes Familienleben zustande. Verkehrte Welt!
Andre Familien wurden durch den Krieg getrennt, und wir kamen endlich zusammen.
Mein Mann hat eine u. k.-Stelle beim hiesigen
Gau des RAD. Wir genießen dieses unver-
diente Glück jeden Tag aufs Neue. Die Arbeit
natürlich in den Dienststellen nimmt in dem
Maße zu, wie die Leute raus müssen. Mit der
Zeit allerdings wurde die Fliegertätigkeit im
Oldenburger Raum so unangenehm, daß ich
für eine Zeit zu meinen Eltern ging, die

glücklicherweise jetzt in Freiburg leben, und das ist ja wirklich das Gelobte Land. Mein Vater ist seit 1940 als Oberst Kommandant des Wehrbezirks Freiburg. Die Wohnung ist groß genug für uns alle, und Bärbel konnte hier sogar zur Schule gehen. Einen Tag habe ich mich mit Jutta in Kolmar getroffen – dort in der Nähe leben sie. Ein Wiedersehn nach so langer Zeit war ganz wunderschön. Wir haben in Erinnerungen geschwelgt und konnten kein Ende finden, bis dann leider jede in eine andere Richtung wieder heimfahren mußte. – In drei Wochen wollen wir trotz unveränderter Lage nach Oldenburg zurück. Ich muß mich um unseren körperlich und seelisch verwahrlosten «Pappi» kümmern. Ich habe schon Angst vor der Fahrt durch Deutschland. Was haben wir schon beim Herunterfahren an Traurigem gesehen! Zerstörte Städte und überall so viel Elend unter der Bevölkerung. Man muß wirklich glücklich sein, wenn man noch ein heiles Dach überm Kopfe hat. Und ich muß mich wundern, wie gut die Betroffenen die Haltung wahren. Sie vertrauen trotz allem auf ein glückliches Ende. Wo so viel Opfer gebracht sind und sicher noch gebracht wer-

den müssen, da kann bei einer höheren Ge-
rechtigkeit der Lohn nicht ausbleiben, zumal wir ja nicht um eine Utopie oder gar aus
Machthunger Krieg führen. Ich wünsche
Euch allen, daß Ihr vor dem Schlimmsten bewahrt bleibt, und daß Ihr in jedem Fall die
Kraft und Zuversicht habt, Schweres zu ertragen. Mit den besten Wünschen für unser
Vaterland und seine gute Sache bin ich in alter Freundschaft und Herzlichkeit

Eure Erika

Meine Lieben!

Man schwingt sich jetzt schlecht zu einer
Lebensbeichte auf, denn angesichts der Geschehnisse ist es absolut unwesentlich, wie
es dem einzelnen ergeht. Und außerdem
kann niemand sagen, ob das hier Niederge-
legte morgen noch Gültigkeit haben wird.
Sechs Jahre habt Ihr nichts von mir gehört
und so lange lebe ich in Reichenhall. In
meinem Dasein hat sich so das Übliche ereignet: wir haben zwei Söhne, – Arndt
fünfeinhalb und Gerd vier Jahre, – und seit
Kriegsbeginn ist mein Mann draußen (Polen, Frankreich, Balkan, Rußland und jetzt
Italien). Da wiegt das Glück an den Kindern natürlich doppelt, zumal es wirklich
zwei Prachtexemplare von Lausbuben sind
mit Aussehen, Benimm und Ausdruckswei-
sen, als ob sie nur unter Holzknechten gelebt hätten. Wir haben es hier in dem abge-
legenen Eck ja noch so unverhältnismäßig
gut, wenn wir natürlich auch bei jedem Angriff auf München von hellen Scharen

überflogen werden. Uns jedenfalls hat der Luftkrieg bislang noch verschont. Ich hätte ja nie gedacht, eines Tages fast zu den Ureinwohnern von Reichenhall gezählt zu werden – dies sollte ja nur eine Durchgangsstation für uns sein, und wir hatten schon große Rosinen im Kopf von wegen einer ärztlichen Praxis im Kaukasus, wo mein Mann seinerzeit im Elbrusgebiet Chefarzt eines Lazarettes war. Nun ist es anders gekommen, aber ich bin froh, ein festes Heim zu haben, zumal unsre Wohnung sehr hübsch ist, wenn auch nur noch zum Teil von uns bewohnt. Wir leben außerhalb des eigentlichen Stadt- und Kurbezirks, ganz im Grünen, sodaß die Buben richtige Freilandgewächse sind. Reichenhall liegt besonders günstig als Ausgangspunkt für Reisen und Touren in den Ostalpen – das haben wir im Frieden riesig ausgenützt. Auch ist es auf der Autobahn ja nur eine Stunde bis München. Und die Salzburger Festspiele haben wir direkt vor der Haustür, das habe ich noch zu Anfang des Krieges sehr genossen. Freilich, Reisen muß jetzt zwangsläufig unterbleiben. Zum letztenmal fuhren wir im Sommer 38 fort, ausgerechnet ins tiefste Mähren! Mit dem 8 Monate alten Arndt in einem selbstgebauten Patentbettchen im Fond des Wagens. – Es ist schwer, das Ganz-auf-sich-selbst-Gestellt-Sein wieder zu lernen, aber allmählich kann ich es. Solang die Kinder noch nicht da waren, war die Tätigkeit meines Mannes auch für mich ein Lebensinhalt, und ich kam bald zu der Erkenntnis, daß es keinen schöneren segensreicheren Beruf gibt als den des Arztes. Für mich selbst war es damit ja zu spät, aber auch als Doktorsfrau hat man seinen Aufgabenkreis, der einen über das übliche Werkeln mit Kochtopf und Windeleimer hinaushebt. Hoffen wir, daß die Zeiten wieder kommen, wo wir Teilhaberinnen der Arbeit unsrer Männer sein dürfen, und das Leben wieder einen richtigen Sinn bekommt. Unser liebes Buch ist auf dem besten Wege, ein zeitgeschichtliches Dokument zu werden.

Hoffentlich kann ich das nächstemal in einer glücklicheren Grundstimmung hineinschreiben. Bis dahin gilt es bestimmt noch viel Mut und Tapferkeit zu beweisen. Möge unser Kreis der alten O Ia davor bewahrt bleiben, schwerste Opfer bringen zu müssen! In herzlicher Verbundenheit und mit den besten Wünschen für jede einzelne

Eure Ursel

Ihr lieben Gefährten meiner Jugend,
Ahnbilder bess'rer Zeit,

nun ist es schon wieder bei mir gelandet, das gute Klassenbuch. Offenbar bin ich am leichtesten aufzufinden. Aber im Moment bin ich nicht böse darum, denn ich habe Neues zu erzählen. Irgendwie habt Ihrs schon erfahren, daß ich trotz meiner letzten Anti-Ehe-Ergüsse im Hafen der Ehe gelandet bin. Ich habe ja schon immer etwas Spätzündung gehabt, deshalb habe ich es jetzt erst voll erfaßt, daß das das einzig Wahre und Beglückende ist. Ich möchte meine Berufszeit freilich in keinem Stück missen. Aber ob sie mir auf die Dauer noch so viel Freude gemacht hätte? Ich hab es übrigens «herrlich weit gebracht» im Arbeitsdienst. Bis zum Sommer 39 war ich Lagerführerin, und es hat mir immer die gleiche Freude gemacht. Dann hatte man mich als Sachbearbeiterin für Schulung und Feierabend im Bezirk ausersehen und schickte mich für 8 Wochen auf die Reichsschule bei Eberswalde, wo es wieder ein fröhliches Lernen und gute Kameradschaft gab. Als ich damit fertig war, mußte ich die etwa 70 Lager des Bezirks regelmäßig besuchen, mir die Schulung und die Feierabende anhören und den manchmal recht jungen Lagerführerinnen auf die Sprünge helfen. Im April 40 setzte man mich als Gruppenführerin nach Herzberg an der Elster in die sogenannte Hundetürkei. Da hatte ich Oberaufsicht über 12 Lager mit all ihren Nöten und Sorgen, hielt kleine Tagungen ab für die Führerinnen. Es war in jeder Beziehung noch eine Steigerung des schon von mir in begeisterten Worten beschriebenen Lagerlebens. Ich brauche mich also nicht breiter darüber auszulassen. Ich sammelte auch im Laufe der Jahre immer mehr Lametta – bis zur Stabsführerin hab ich es gebracht! – Aber da kam eines Tages ein Brief meiner Dresdner Freundin: «Ich kenne hier einen prächtigen Mann, der gerne heiraten möchte. Da hab ich an Dich gedacht. Schreib mal, was Du meinst!» – Nach vier Monaten war ich also verheiratet, denn ich war durchaus einverstanden mit besagtem Mann und er offenbar auch mit mir. Mein Mann ist Arzt, beamtet am Ministerium, mit vielen ehrenamtlichen Nebenämtern, sodaß er reichlich zu tun hat. Aber es tröstet ihn, daß er nur Heimatsoldat ist. Er arbeitet in Dresden selbst und nicht mehr draußen wie in den ersten Kriegsjahren. Wir genießen dankbar unser fast friedensmäßiges Familienleben, zumal Dresden unbegreiflicherweise noch beinahe verschont ist von Fliegern. Wie wir das verdient haben, wissen wir nicht! Seit unser Töchterchen da ist – Karla, nach ihrem Vater genannt – ist das Familienglück natürlich voll, und wir leben recht fröhlich in dieser ernsten Zeit und kosten all die ja sehr kleinen Freuden des Alltags voll aus. Denn ganz ohne Sorgen ist wohl keine Familie. Unsere Gedanken gehen viel ins Elsaß, wo die Mutter meines Mannes lebt und sein Bruder mit seiner Familie. Meine Brüder sind nun beide verwundet – der eine verlor im Herbst 41 in Rußland eine Hand, der andre vor kurzem im Osten ein Bein – beide sind mit knapper Not der Gefangenschaft entronnen. Wir sind natürlich sehr froh und dankbar, daß es noch so ablief. Der Ältere praktiziert schon lange als Arzt und der Jüngere wird auch in seinem Beruf als Arbeitsdienstführer mit einem Bein seinen Mann stehen.

Meine Eltern haben kurz vor Kriegsausbruch Erfurt verlassen und sind in ein Thüringerwald-Dorf gezogen, sodaß wir alle nun dort ein wundervolles Kurhaus für Ferientage haben. Mein Vater starb leider im Juli dieses Jahres, und wer mit beim Begräbnis war – nein, das könnt Ihr nicht raten! Unser strenger Chemielehrer, vor dem wir uns immer alle so gefürchtet haben. Ihr erinnert Euch – ein unglaublich korrekter Mann, immer elegant angezogen und steif, als hätte er ein Lineal verschluckt. Für ihn hat der Krieg eine Umwertung aller Werte gebracht. Er war bis vor einem Jahr als Flak-Major draußen (und hat viele Auszeichnungen) und hat da all seine bisherigen konservativen und gut bürgerlichen Grundsätze aufgegeben und sich auf den ewigen Sinn des Lebens besonnen. Er ist strahlend glücklicher werdender Vater und hat gestanden, daß meine Schwester schon in Untertertia ihm die liebste Schülerin gewesen ist. Ein Problem ist natürlich seine angetraute Frau! Ich finde jedenfalls, daß dieser Steife und Strenge ein ganz reizender Schwager ist, Karlas Patenonkel ist er auch, und sie hat ihn von Anfang an bevorzugt behandelt. Für mich ists immer noch ein bißchen putzig, daß ich dem hochverehrten Lehrer auf die Schulter klopfen und ohne zu erröten «Erich» zu ihm sagen kann. Aber er ist ohne seinen Panzer von Korrektheit noch netter. Zur Zeit übrigens ist er u. k. gestellter Schulleiter.

So, das gäbe es von mir zu berichten. Sowie Friede ist, machen wir einen Klassentag in Dresden, denn hier läßt es sich gut leben, – das werdet Ihr sehen! Herzlich

Eure Änne

Liebe Leidensgenossinnen,
(denn sicher haben viele von Euch in letzter
Zeit ähnliches erlebt),

ich sitze am Bett meines Vaters im Katholischen Krankenhaus als Wache; ich muß
aufpassen, daß er zugedeckt bleibt. Denn
seit gestern Nacht haben die Zimmer hier
keine Fenster, und es ist doch Winter. Grad
eben beginnt man, zusammengestückelte
Pappen von außen an die Rahmen zu na-
geln. Gegen zwei Uhr hatten wir wieder
einen schweren Angriff, alle Fenster klirr-
ten nach innen. Vaters Bett ist noch immer
mit Glassplittern bedeckt, die ich allmählich absammele, denn vom Krankenhaus-
personal hat niemand Zeit. – Der Arme, er
spricht kein Wort und steht vermutlich unter Schock. Man konnte ihn beim Alarm
nicht in den Keller bringen wegen der riesigen Apparatur seines Streckverbands.

Den hat er nun seit genau einer Woche,
als um dieselbe Zeit wie diesmal unser geliebtes Haus über ihm zusammenbrach. Ich
will versuchen, das in magersten Worten

aufzuschreiben, denn ich muß mich beschäftigen, und zum Lesen reicht die Beleuchtung hier nicht. Ich werde es dann in unser Buch einheften.

Natürlich hatten wir – wie jedermann – jede Nacht mit der Ausbombung gerechnet. Immer wenn es andere traf, dachte ich: Warte nur, bald … Aber als es nun passierte, war ich nicht einmal dabei. Ich hatte einen eiligen Brief bekommen von einem Freund aus Würzburg. Der hatte das Gepäck meines Mannes nach dessen Verwundung auf dem Balkan-Rückzug mit nach Deutschland gebracht, und diese Sachen sollte ich abholen. So fuhr ich denn, und ich brauchte für diese Reise 20 Stunden, kam zu ganz unmöglicher Zeit in Würzburg an. Am nächsten Mittag bin ich dann wieder abgefahren, in einem Zug ohne Licht und ohne Heizung; und irgendjemand ist irgendwann unterwegs mit meinem Gepäck ausgestiegen. Wir brauchten die ganze Nacht, denn der Zug stand immer und immer wieder auf freier Strecke wegen der Tiefflieger, und wir mußten raus und uns seitwärts ins Gebüsch werfen. Als ich bei Morgengrauen in Erfurt ankam, hatte ich ein gewisses Gefühl des Stolzes, noch am Leben zu sein. In euphorischer Stimmung ging ich durch die Straßen. Dann tauchte im ersten Morgenlicht der Umriß unsres Hauses auf. Ihr wißt – es war das höchste in der Reihe – dieser Umriß schien mir seltsam verändert, und im Gehen grübelte ich darüber nach, wieso. Bis ich sah, daß die kleineren Häuser zur Seite alle weggestürzt waren. Noch am Ende meiner Tage werde ich diese Silhouette vor mir sehen. Unser Vorderhaus stand, alle Türen waren offen; ich ging hinein. Sofort fanden sich trotz der frühen Stunde Leute, die mir sensationslüstern berichteten, meine Kinder lägen unter den Trümmern des eingestürzten Seitentrakts, und: «Herr Isenthal – beide Beine ab!»

Ich war eiskalt, ohne einen Funken von Nervosität. So war es also passiert! Trotzdem ging ich auf die Suche. Es war Bettinas erster Geburtstag, ausgerechnet! Ich fand sie – fünf Häuser weiter, bei wildfremden Leuten, in einem fremden Wägelchen sitzend und vergnügt vor sich hin summend. Ich suchte weiter und habe dann auch mein Söhnlein gefunden; in einer fremden, mit Menschen vollgestopften Wohnstube lag der Kleine am Boden und weinte vor sich hin. Meine Mutter hatte wegen der dauernden Alarme die Paidi-Betten nach vorne in den Flur gezogen, sonst würden beide Kinder nicht mehr am Leben sein. Mein Vater saß auf der Bett-kante, als die Decke über ihm herunter-brach und ihn festnagelte. Das Lagerhaus, das unsren Hof abschloß, stand in Flam-men; die Funken kamen durchs Fenster und versengten ihm das Haar. Eine Luft-mine ist in die Straße dahinter gegangen; dort ist alles nur noch ein Trümmerhaufen, Keller hatten die Leute dort ohnehin nicht. Aber die Bomben fielen schon während des Voralarms. Meine Mutter ist in einem an-dren Krankenhaus, ich weiß noch immer nicht, wo. Sie hat die Füße voller Glas-scherben, weil sie keine Schuhe hat finden können.

Ich habe die Kinder bei tiefem Schnee wieder in den Thüringer Wald gebracht, zunächst zu den Eltern meines Pflichtjahr-mädchens. Das ist möglich, für kurze Zeit. Hier unten versuche ich zu retten, was zu retten ist, damit wir nicht verhungern müssen. Denn wir sind ja viele! Wir haben ja schon zwei ausgebombte Großmütter aufgenommen aus Leipzig und Magdeburg und eine ausgebombte alte Tante. Eine Freundin meiner Mutter hat die drei erst mal bei sich untergebracht. All unsre Vorräte sind im Keller des Lagerhauses, in dessen drei Stockwerken die Ware noch immer glimmt. Eine Brandwache steht im obersten und spritzt von Zeit zu Zeit; alles Wasser läuft in den Keller. Und da stehe ich nun jeden Tag mehrere Stunden – bis an die Knie im Wasser – und fische allmählich vier Zentner Kartoffeln heraus; Möhren, die dort in Sandkisten lagerten; die Gartenäpfel von den Hürden; alles schwimmt. Nach den Einmachgläsern suche ich im mulmigen Wasser. Naß von oben bis unten schleppe ich alle paar Stunden einen Riesenrucksack durch die halbe Stadt, um ihn im Keller von Freunden auszuleeren. Das letztemal gestern Abend bei Dunkelheit. Da hatte die Polizei unsre Straße mit einer Barriere gesperrt, über die ich im Dunkeln kopfüber gestürzt bin. Der schwere Rucksack knallte über meinen Kopf – ich bin an allen Gliedern zerschlagen.

Aber da kommt der Arzt; ich soll meinen Wachposten räumen. Lebt wohl! Hoffentlich haben wir unser uns zugemessenes Teil an Unglück damit abgetragen.

Eure Eva

Meine lieben Ehemaligen,

nach zwölf Jahren hat mich unser Rundbrief endlich mal wieder erreicht. Verargt es mir nicht, wenn mein Bericht etwas länglich wird. Zuviel hat sich in mir aufgestapelt, und ich freue mich über die Gelegenheit, mit Euch wieder in Kontakt zu kommen. Ich gehöre zu den unglücklichen Menschen, die keine andere Möglichkeit haben, ihrem Herzen Luft zu machen als durch gelegentliche Schreibereien auf Briefpapier. Ich kann nicht dichten, obwohl ich Gedichte sehr liebe, und ich kann kein Instrument spielen, obwohl ich Musik sehr liebe und sie mir ein unbedingt notwendiges Lebenselement geworden ist. Auch habe ich im Laufe der Jahre verlernt, mich meinen Nächsten gegenüber auszusprechen.

Ich habe im Herbst 1938 geheiratet und war eine zeitlang eine selig glückliche junge Frau. Zum erstenmal seit ich meinen Mann kannte – seit dem Jahre 32 – überkam mich ein Gefühl der Geborgenheit, so als wäre ich am Ziel. Nach sechsjährigem Kampf! Ihr könnt Euch nicht vorstellen, welch unüberwindlich scheinende Hindernisse uns beiden im Weg lagen. Mir wurde wehmütig und ein wenig bitter zumut, als ich in diesem Buch Eure Schilderungen einer «glücklichen Brautzeit» las. Mein Glück bestand immer nur aus Stunden, bestenfalls Tagen. Aber ich habe dabei gelernt, daß das völlige Sichfinden zweier Menschen und das letzte Ineinanderaufgehen nur durch Kampf der beiden Betreffenden gewonnen werden kann. Trotz aller leidenschaftlichen Liebe, allem guten Willen: man muß sich – trivial ausgedrückt – zusammenraufen. Aber jeder überstandene Kampf führt eine Stufe höher auf der Leiter. Es ist ein fruchtbarer Kampf, der klärt und aufbaut, und er hat damit seine Berechtigung, ja seine Notwendigkeit. Je verschiedener die Temperamente, je größer die Gegensätze, desto stärker prallt man aufeinander. Bei uns kamen noch die Schwierigkeiten mit der Umwelt hinzu, mit den Eltern, mit Behörden. Oft schien alles in Frage gestellt. Und ich stand dem Ganzen hilflos gegenüber. Im Dezember 37 starb meine Mutter, mein Vater war schon 34 gestorben, meine Schwester und ich hatten nun endgültig unser Elternhaus verloren. Was gäben wir jetzt nicht oft darum, könnten wir wieder nach Erfurt zu unseren alten Herrschaften ins Häuschen fahren! Und wären nicht so schrecklich auf uns selbst gestellt! Unser Haushalt wurde aufgelöst, meine Schwester ging nach Dresden und baute sich nach mancherlei Kampf eine Zukunft als Malerin auf. Ich ging nach München, suchte Wohnung, und wir heirateten. Ende Oktober erst begann unser Leben zu zweit, nachdem die Truppen aus Sudetenland zurückgekommen waren. Wenige Monate durfte ich nun das Leben einer glücklich verheirateten jungen Frau führen. Ab März bestand unsere Ehe nur aus Urlaubstagen – mein Mann war aktiver Offizier, im besten Fall Urlaubswochen. Besuche von Panzerschulen und Truppen-Übungsplätzen beschäftigten meinen Mann. Wenn er mich hochbringen wollte, behauptete er immer, seine ewige Abwesenheit begünstigte, daß wir uns noch ein bißchen verstünden. Mitte Juli ging dann sein Regiment nach Ostpreußen. Die weiteren Ereignisse ab Sept. 39 sind Euch ja bekannt. Ich fuhr nach Bayreuth, der Geburtsstadt meines Mannes, zu seinen Großeltern und

schwelge dort in den schönsten Festspielauf-
führungen. Bayreuth ist mir unendlich ans
Herz gewachsen, diese liebe trauliche deutsche Kleinstadt mit ihrer zauberhaften Umgebung. Ihr verdanke ich das Schönste in
meinem Leben: meinen Mann und Wagners
Musik.

Als der Krieg ausbrach, packte mich eine
grenzenlose Verzweiflung. Das was ich seit
Jahren gefürchtet hatte, wovor ich gezittert
hatte, was wie ein dunkel wogender Schatten auf jeder glücklichen Stunde gelegen
hatte, war Wirklichkeit geworden. Seit ich
meinen Mann kannte, war ich nie ein Gefühl
der Angst und der Sorge um ihn losgeworden.
Er schien mir immer zu denen zu gehören, denen das Schicksal auf der Stirn geschrieben
steht, die mit unbeirrbarer Sicherheit ihren
Weg gehen, den Weg den ihnen Veranlagung,
Charakter und Seele vorschreiben, den Weg
einer frühen Vollendung. Nicht die größte
Liebe kann solch einen Menschen aufhalten.
Machtlos muß man zusehen, wie sich vor
einem ein Schicksal erfüllt.

Nach schwerem innerem Kampf fand ich
mich wieder, und es ging mir wie vielen, daß
durch diesen Kampf Kräfte in mir wach ge-

rufen wurden, die mich befähigen, auch meinerseits einen kleinen Teil der allgemeinen gewaltigen Anstrengung auf mich zu nehmen, ich meldete mich freiwillig beim Reichsarbeitsdienst als Führeranwärterin. Ich kam in ein Barackenlager in Oberbayern. Das war nicht leicht, so aus einem hübschen kleinen Privathaushalt heraus. Und ich war immerhin schon 26 und liebte meine Freiheit und Unabhängigkeit. Und dann die vielen jungen Mädels, mit denen man kaum etwas gemeinsam hatte. Die Jahreszeit mit Nebel und Sturm trug auch nicht grade zur Aufmunterung bei. Aber man kam mir mit Verständnis entgegen, ich hatte immerhin meine eigene kleine Bude, und der Kontakt mit den Maiden war schnell hergestellt. Außerdem kam mein Mann noch dann und wann auf Urlaub, was mich aufmöbelte. Anfang März kam ich dann auf die Führerinnenschule in der Nähe von Dresden, für 4 Wochen nur, und dann wurde ich schon auf die Menschheit, in diesem Fall verkörpert durch die Maiden, losgelassen. Es war natürlich eine kriegsbedingte zu kurze und unzureichende Ausbildung, und ich mußte dementsprechend bittere Erfahrungen machen. Ein glücklicher Stern brachte mich als Gehilfin zu einer Lagerführerin in Grafing bei München, einer großartigen Person, die ich sehr schätzen lernte. Gemeinsam bewältigten wir das Doppellager von 90 Mädchen, auch ein Barackenlager übrigens, das sich durch Überschwemmungen im Herbst und Frühjahr besonders auszeichnete. Jedes freie Wochenende ging ich nach München ins geliebte eigene Heim. Im Frühjahr wurde meine bisherige Vorgesetzte aus gesundheitlichen Gründen entlassen; sie fuhr zu ihrem Mann, der kurz darauf gefallen ist, und wieder gab es eine glückliche Ehe weniger auf der Welt! Ich übernahm das Lager allein und versah mein verantwortungsvolles Amt, so gut ich konnte. Gottlob hatte ich tüchtige Gehilfinnen vor allem in der Verwaltung, von der ich wenig Ahnung hatte. Das Wirtschaftliche des Lagers interessierte mich sehr. Am liebsten aber hatte ich die Schulungen, die ich zu halten hatte. Schade nur, daß einer viel geplagten Lagerführerin keine Zeit bleibt, sich wirklich in die einzelnen Themen einzuarbeiten; so bin ich bestimmt keine ideale LF gewesen. «Zu gut und zu ernst», wie man mir sagte. Ich bin keine geborene Führerinnennatur wie unsere tüchtige Änne, die ja geradezu prädestiniert für diesen Beruf war. Ich bin ein ausgesprochener Privatmensch und Einzelgänger, der am liebsten für sich ist. Aber die Größe der Zeit half mir, mich in eine große Gemeinschaft einzuordnen. – Leibeserziehung und Singen zu geben, traute ich mir nicht zu. Dafür gab ich meinen Maiden manches, was nicht im Dienstplan steht, was ihnen aber im späteren Leben von Nutzen sein konnte. Allgemein Menschliches und Seelisches konnte ich ihnen als verheiratete Frau, die dazu nicht mehr ganz jung war, eher vermitteln als eine Jüngere, die dagegen mehr Schwung und Tatkraft mitgebracht haben würde. Die Idee des RAD ist eine großartige, aber wie alle derartigen Ideale steht und fällt sie mit der Führung.

Mein Mann war inzwischen in Norwegen. Doch dann setzte er durch, wieder zu seinem alten Münchner Regimentskommandeur zu kommen. Für den Winter kam seine Kompanie zunächst in die Nähe von Augsburg, und wir sahen uns häufiger. Manchmal kam er auch in mein Lager, und ihr könnt Euch denken, wie aufgeregt meine Maiden waren, wenn der Herr Hauptmann zu Besuch war.

Daß ich jetzt auch ein Leben führte, das dem des Soldaten von ferne ähnelt, erbrachte zwischen meinem Mann und mir eine großartige Kameradschaft. Nie hätte ein gutbürgerliches Dasein dies schaffen können. Unser gegenseitiges Verhältnis kam auf einen Höhepunkt, war vertieft, geläutert und gereift, sodaß ich mich manchmal schaudernd fragte, wohin uns unser Weg noch führen sollte. Einmal muß das doch zuende sein, sagte ich mir. Kein Weg führt ständig nach oben. Einmal ist der Gipfel erreicht. Und dann? Geht man den Weg dann zurück oder könnte man noch ein Weilchen miteinander auf dem Kamm entlang wandern? Ich hadere oft mit dem Schicksal, daß es uns auf dem Höhepunkt für immer auseinandergerissen hat, und ich frage mich: warum erst all die Kämpfe umeinander, wenn nach erreichtem Ziel alles zuende sein soll? Aber das Leben ist eben Kampf und kein Beharren in Liebe und Harmonie. Jedenfalls gab es für uns keine Enttäuschung, kein Ermüden im Alltag. Vielleicht muß ich dafür dankbar sein. Ich hatte eben einen Mann heldischer Gesinnung. Nun muß ich eben mein Los tragen.

In den ersten Junitagen kam für meinen

Mann und mich die schwere Abschieds-
stunde, es war grauenhaft. Fünf herrliche
Tage hatten wir noch miteinander verlebt.
Nach seinem Aufbruch besuchte ich
Freunde, und dann wartete ich in München
ganz allein auf das Kommen unseres gemeinsamen Kindes. Mitte Dezember kam meine
Tochter zur Welt, stramm achtpfündig. Sie
war erst ein Vierteljahr alt, als ich den bisher
schwersten Schlag meines Lebens erhielt,
die Nachricht vom Heldentod meines Mannes, gefallen am 28. Februar 42 an der Ost-
front. Durch Volltreffer in sein Sturmge-
schütz. Fragt nicht, wie mir zumute war!
Sagt nicht «Du hattest ja das Kind!» Nichts
hilft bei einem derartigen Schlag. Es gibt Be-
täubungsmittel – die Arbeit; Beruhigungs-
mittel – die Natur und die Zeit. Auch die
Freude an dem Kind war keine ungetrübte
mehr. Konnte ich es doch nicht überwinden,
daß er die Kleine nicht einmal gesehen hatte.
Auch hatte sich der Gedanke in mir festge-
setzt, daß sie nun im Grunde nichts als ein
kleiner Lückenbüßer war. In jedem Fall
bleibt eine fürchterliche Leere nach so einem
Verlust, die eine Hälfte des Menschen ist
fortgegangen. Mein Mann war mir die schön-

ste Ergänzung gewesen; seine Stärke, sein Optimismus, diese glückliche Mischung von Ernst und Heiterkeit der Seele, das war mir not.

Mehr denn je warf ich mich der Musik in die Arme. Bei einer Beethoven-Sinfonie, bei einem seiner Klavierkonzerte, da weiß ich, daß es eine bessere Welt gibt, schon hier auf Erden, mitten unter uns und für uns greifbar. Immer enger schloß ich mich in meine Räume ein, vor allem in dem Bewußtsein, daß es auch mit der Wohnung jeden Tag ein Ende haben konnte. – Mitte Mai 44 überließ ich sie trotzdem sich selbst, denn die Fliegersituation war vor allem für das Kind untragbar geworden. Ich ging zu meiner Schwester in die Nähe von Dresden. Ich wollte ihr eine Hilfe sein, wenn sie in Kürze ihr erstes Kind erwartet, aber leider hat man mich in eine Rüstungsfabrik geholt. Es ist eine Arbeit, die ich hasse, sie ist stumpfsinnig, schmutzig und lärmig. Der einzige Trost ist, daß sie notwendig ist, und daß viele es noch schlechter haben, und daß sie auch mal ein Ende haben wird. Meine Schwester ist der Malerei treu geblieben. verdient ein unverschämtes Geld damit, malt aber auch wirklich sehr beachtliche Sachen. Ihr Mann war in Karelien und ist jetzt in Norwegen. Wir machen es uns miteinander so schön wir können, wenn auch die Atelierwohnung natürlich sehr eng ist. Vor allem braucht meine Tochter viel Luft. Sie ist ein ganz anarchisches kleines Persönchen geworden mit einem starken eigenen Willen. Lies Dickkopf! Das Schlimme ist, daß ich oft körperlich und seelisch viel zu müde bin, um ihr mit der nötigen Konsequenz entgegen zu treten. Aber meine Schwester unterstützt mich, und gemeinsam werden wir mit dem kleinen Ding schon fertig werden. Aus München höre ich, daß alle Fenster kaputt sind und überall Wasserschaden in den Räumen. Aber das Haus steht jetzt noch, wenn auch inmitten von Trümmern. – Möge Euch allen das Schicksal gnädig gesinnt sein! Verzeiht meine langen Ausführungen, – aber Ihr wißt – ich habe mich nie kurz fassen können. Herzlich denkt an Euch alle

Euer alter Paul

Ihr Geliebten,

nun ist der Krieg schon eine ganze Weile vorbei und doch nicht vorbei, und wir alle nähern uns mittlerweile der Mitte der Dreißiger und damit der Mitte des Lebens. Man könnte sagen dem Zenit. Freilich werden für die wenigsten diese Zeiten Höhepunkte sein, sondern im Gegenteil tiefe Täler bedeuten. Aber Gott sei Dank sind wir ja noch immer jung genug, um auf ein besseres Morgen zu hoffen und daran zu bauen.

Nun muß ich aber zur Sache kommen. Im November 44 habe ich das letztemal in dies Buch geschrieben. Sehr vergnügt berichtete ich von unsrer bildschönen Dresdner Wohnung und daß es uns fast friedensmäßig gut ginge. Ach, ja, das waren noch schöne und glückliche Zeiten, wenn auch das große Weltgeschehen immer bedrohlicher und drückender wurde. Am 12. Februar verließ ich mit der damals zweijährigen Tochter Dresden, um meiner Schwägerin in Greiz zu helfen, die ihr drittes Kindchen erwartete. Unbeschreiblich der Dresdner Bahnhof zu dieser Zeit, als die nahende Front Unmengen von Menschen aus dem Osten heranschwemmte. Mit Rucksack, Handtasche und Kind auf dem Arm gelang es mir immerhin, nach Greiz zu kommen. In der nächsten Nacht prasselten die Bomben auf Dresden – innerhalb von 36 Stunden vier Großangriffe! Was übrig blieb von dieser schönen geliebten Stadt – es ist zum Weinen! Daß unsere Wohnung restlos dahin war, wurde belanglos durch die Tatsache, daß mein Mann unversehrt blieb, und wir dies ganze Grauen nicht mitzuerleben brauchten. Ja, da glaubte man dankbar an ein Behütetwerden durch eine gütige höhere Macht! Gleichzeitig kam auch von meinem jüngsten Bruder die Nachricht, daß er noch in letzter Minute mit einem Lazarettzug aus Thorn herauskam (sein Bein brauchte übrigens doch nicht abgenommen zu werden, es ist nur ziemlich versteift). Aber da geschah das Unfaßbare, für das wir heute auch noch kein «ja» haben: meine älteste Schwester kam in Meiningen bei einem ganz kleinen Bombenangriff ums Leben, obwohl die äußeren Umstände 99:1 für sie standen! Schicksal! Wir alle haben ja inzwischen lernen müssen, daß das Leben unendlich viel schwerer und unbegreiflich viel grausamer sein kann, als man es sich je ausdenken konnte: daß es anmaßend ist, sich einzubilden und sozusagen zu erwarten, daß sich für uns Deutsche noch alles zum Guten wenden könnte.

Mein Mann kam Mitte Mai zu uns nach Greiz, körperlich und – wenn er es sich auch kaum merken ließ – seelisch krank mitgenommen durch die Geschehnisse zu Kriegsende und den Untergang der deutschen Herrlichkeit. Ende Juni fuhren wir auf geborgten Rädern zu meiner Mutter, die derweil trotz ihres Alters die drei nun mutterlosen Kinder meiner Schwester behütete. Wir meinten, der russischen Besatzung auf diese Weise zu entgehen, denn in Thüringen waren ja die Amerikaner. Aber siehe da – die gingen weg und die Russen folgten ihnen auf dem Fuße! Ich hatte genug Arbeit mit den 4 Kindern – Karla fügte sich schnell ein in den «Geschwisterkreis». Aber mein Mann suchte sich eine neue Tätigkeit und glaubte sie schließlich in einem kleinen Kreisstädtchen in der Niederlausitz gefunden zu haben – aber nach kurzer Zeit verschwand er von dort hinter dem undurchdringlichen eisernen Vorhang, vermutlich bei einer der Razzien, die die Russen ja überall mehrmals gemacht haben und bei der sie alle möglichen Leute mitnahmen, meist Mediziner. Seit über zwei Jahren habe ich nichts gehört und weiß nicht, ob mein Mann überhaupt noch am Leben ist. «Kampf den Verbrechen gegen die Menschlichkeit»! Aber die anständigen Deutschen müssen wohl den Weg zu Ende gehen, den sie mit ihrem besten Wollen und ihren besten Kräften begonnen haben; wenn es auch noch so bitter für uns ist!

Ich arbeite nun wieder wie einstmals als Schwester, nachdem mein Schwager wieder geheiratet und seine Kinder zu sich genommen hat. Inzwischen mußten wir auch unser schönes ‹Kurhaus› gegen eine 2-Ziegen-Bauern-Wohnung vertauschen, da die Bodenreform das Gut schluckte und besagter Bauer ins Gutshaus einzog. Ich lebe mit Mutter und Tochter zusammen. Mutter macht den Haushalt, und ich helfe ihr, so viel wie ich kann, wenn ich früh um halb neun von meinem Nachtdienst im Krankenhaus zurückkomme. Meine Arbeit macht mir wieder rechte Freude. Ich habe drei Stationen zu bewachen, habe also meine eigene Verantwortung und im allgemeinen wirkliche Krankenpflege, nicht das viele Staubgeputze und Gehetze, das einem als Tagesschwester das Leben sauer macht. Aber erschütternd sind immer wieder die Menschenschicksale vieler Kranker, in die man hineinsieht – der größere Teil der Patienten sind Vertriebene aus dem Osten. Da lernt man immer von neuen dankbar zu sein für das, was man selbst noch hat. Und da steht im Mittelpunkt mein Karlinchen, das nun schon fünf Jahre alt ist, ein gesundes frisches Kerlchen. Wie könnte es auch anders sein bei der Mutter! Aber ein Schnatterlieschen ist sie – im Gegensatz zu mir.

Wie mag es nun Euch allen ergangen sein? Ich hätte so gern mal jemand von Euch wiedergesehen. So bin ich neulich nach langer Zeit mal wieder in Erfurt gewesen. Das Haus von Evas Eltern zerbombt. Das Haus von Ilses Eltern zerbombt. Die Post, in der Ursels Eltern wohnten – ohne Dach. Das Elternhaus einer alten Freundin rot beflaggt und garniert und jetzt Russenvilla. Auch das Realgymnasium, in dem Hildes Vater Direktor war, voller roter Transparente und Stalinbilder. Mir war, als wäre unsre Schulzeit zwei Menschenalter her. Schließlich fand ich Katharina in ihrem einstmals so schönen Haus – fast wie Spitzwegs armen Poeten mit Regenschirm im Zimmer, denn überall waren Risse und Löcher in Decken und Wänden. Käthe drückte mir dies Klassenbuch in die Hand. Es läge schon lange bei ihr – sagte sie – aber sie sei nicht in der Lage, hineinzuschreiben. So will ich hier kurz von ihr berichten: sie hat während des Krieges noch Medizin studiert. Examina und Doktorarbeit waren durchs Kriegsende und die wechselnde Besatzung (erst Amis, dann Russen) besondere Probleme. Jetzt hat sie ihr eigenes medizinisches Laboratorium, das ihr genügend Arbeit gibt. Käthe schien mir ganz dieselbe wie einst und ich hoffe, sie gibt sich später mal einen Ruck und schreibt ihre Geschichte hier noch selbst.

So, meine Lieben – mehr hab ich heute nicht zu berichten. Aber seht zu, daß dieser Klassenrundbrief rund läuft, durch gute und schlechte Zeiten. Ich wünsche jeder von Euch, daß trotz allem Schweren das hinter uns und bestimmt auch noch vor uns liegt, doch noch so manches Gute, Schöne und Frohe zu berichten sein wird. So viel äußeres

Glück ging in Scherben, umso mehr muß nun das innere wachsen und ausstrahlen und unserem Leben Inhalt und Wert geben.

Ich grüße Euch in alter Verbundenheit

Eure Änne

Ihr Lieben alle,

das war riesig nett von Änne, daß sie mir das Klassenbuch zum Geburtstag schickte. Ein schöneres Geschenk hätte mir nicht gemacht werden können; so wart Ihr alle bei mir zu Gast, und ich konnte einen Blick in Euer Leben tun. Es klingt aus allen Zeilen trotz der vielen Schwierigkeiten so viel Mutiges und Tapferes, daß einem das Herz froh wird beim Lesen. Es ist 12 Jahre her, daß ich dies Buch in Händen hielt. Damals war ich noch ganz dem Schmerz um das geliebte Kind hingegeben, aber Ihr wißt ja alle, daß uns inzwischen wieder ein Bub geschenkt wurde. Und der ist nun auch schon 10 Jahre alt. Das «Klassenkind» Mareile wird im Oktober schon 17. Ich kann es selbst kaum fassen. Im Frühjahr besuchte sie schon die Tanzstunde. In zwei Jahren wird sie – so hoffen wir – Abitur machen. Sie ist mir eine große Hilfe im Haushalt, und ich bin – verzeiht mirs – manchmal richtig stolz auf meine große Tochter. Sie ist übrigens wirklich fast einen Kopf größer als ich.

Wir leben nun schon fast 15 Jahre in unserem Waldwinkel. Mein Mann war sechs Jahre Soldat, und ich hatte während des Krieges viel Gemeindedienst zu leisten. Alle 14 Tage hielt ich Lese-Gottesdienst, gab Religionsunterricht und Konfirmandenstunden, versammelte die Frauen zur Frauenhilfe, und habe auch, als kein Pfarrer von auswärts kommen konnte, beerdigt. So wuchs man innerlich mit seiner Gemeinde fest zusammen. Und ich glaube wohl, daß wir unser Amtsleben hier in dem kleinen Dorf beschließen werden. Die Sorgen um die Dinge des Lebens sind hier in unserem kleinen Bergdorf genauso schwer wie in der Stadt. Um sich nicht von ihnen verschlingen zu lassen, muß man sich seine eigene Welt bauen. Und so versuchen wir uns selbst und unsere Kinder immer wieder hinzuführen zu den Quellen wahren Seins und stehen dankbar vor so viel Reichtum, der uns noch geblieben ist, wenn wir nur bereit sind, ihn zu sehen. Es ist ein bescheidenes stilles Leben ohne große Einwirkung von außen, aber ich habe das Gefühl, daß gerade diese Jahre trotz aller Mühsal schöne Jahre gewesen sind. – Ich

grüße Euch alle mit den herzlichsten Wünschen

Eure Anneliese

Ich schließe mich meiner lieben Vorrednerin an; auch ich habe die harten Jahre, die ich mit dem Sammeln von Holz, Tannenzapfen, Pilzen und Beeren, ja sogar mit dem Fällen von Bäumen verbracht habe, mit zufriedenem Herzen verlebt. Alles, was man tat, war absolut notwendig, um zu überleben, und die völlige Abgeschlossenheit oben in unserem Thüringer-Wald-Dorf erlaubte einem, jede freie Minute mit guten Büchern allein zu sein. Ich schließe mich Annelieses Ausführungen umso lieber an, als ich neulich bei ihr gewesen bin im stilvollen Pfarrhaus, wo man in einer ganz eigenen selbstgeschaffenen Welt zwischen Musik und den Reproduktionen bedeutender Kunstwerke völlig vergißt, in welcher Abgeschiedenheit man sich befindet.

Als ich das letztemal in dieses Buch schrieb – 1939 – standen wir grade am Anfang des großen alles verändernden Unglücks; heute – drei Jahre nach Kriegsschluß – noch nicht an seinem Ende. Wie soll ich kurz zusammenfassen, was in den neun Jahren geschah? Am Anfang ging es uns noch gut. Wir konnten jeden Sommer nach Bayern fahren zu den Schwiegereltern und von da aus ein bißchen in die Berge. Mein Mann kam aus Griechenland, meldete sich zum Militär und wurde den Oberammergauer Gebirgsjägern zugeteilt. Es folgten vier herrliche Wintermonate, die wir dort quasi gemeinsam verleben konnten, Monate in denen trotz bitterster Kälte unveränderlich die Sonne schien, die uns das Skilaufen zur Wonne machte und unseren kleinen «Wicht» in seinem Bettchen am Fenster ganz braun knusperte.

Als mein Mann dann an die Dolmetscherschule versetzt wurde, ging ich mit dem Kind zurück zu meinen Eltern. Um nicht dienstverpflichtet zu werden, arbeitete ich als Volontärin am Erfurter Museum an der Inventarisierung von Grafik. Im Jahre 43 kam dann eine kleine brünette Bettina zur Welt, die von Anfang an bemüht schien, es ihrer großen Namensschwester zumindest im Temperament gleich zu tun.

Als das Leben in der Stadt für die Kinder nicht mehr tragbar war, weil man jede Nacht mehrmals in den Keller mußte, zog ich mit ihnen hinauf in unser liebes altes Gehlberger

Das Klassenbuch

Die Sechzehnjährigen in der Untersekunda

Die Sportriege der Luisenschule, aus den verschiedenen Klassen zusammengesetzt

Die Abiturientinnen mit ihren Lehrern im Schuleingang...

...und auf dem Schulhof

Aufführung von «Die Laune des Verliebten» von Goethe durch vier Unterprimanerinnen. Im Rokokosaal des
Erfurter Museums

Fasching im Landheim Hahnenklee im Harz. Mit der Parallelklasse

Eva, Ursel, Lotte und Hilde auf dem Schulweg

Erika als Gärtnerlehrling

Die Eva

Klärchen mit einer Freundin in den Ferien

Ilses erste Hochzeit

Pauline, die Kriegsbraut

Hilde und ihre Familie

Ursel und ihr Mann auf Italienreise

Klassentag der alten Damen bei Klärchen in München

Büdchen, das Ihr ja alle kennt. Es war eng dort für drei Personen, und wenn mein Mann aus Griechenland, wohin er mittlerweile als Dolmetscher geraten war, auf Urlaub kam, wars noch enger. Und die Winter waren hart; es schien, als sei das Thermometer für Monate auf − 13 Grad festgestellt. Daher verbrachte man den Sommer im Grunde mit der Holzvorsorge. Aber es sind schöne Jahre gewesen, die ich dort ganz allein mit den Kindern war, immer von einem Urlaub zum andern hinlebend.

An Bettinas erstem Geburtstag – im November 44 – wurde unser Erfurter Haus zerstört; darüber habe ich Euch damals berichtet. Mit Mühe fand ich für die Mutter eine passende Wohnung im Haus eines befreundeten Arztes. Die Leipziger Großmutter hat den Umzug dorthin nur um einige Tage überlebt; zwei Ausbombungen innerhalb von wenigen Monaten sind zu viel für sie gewesen.

Für uns oben im Thüringer Wald spielte sich das Leben wieder ein. Französische Kriegsgefangene machten mir das Winterholz, sodaß wir nicht zu frieren brauchten. Und als der April allmählich verging und wir jenseits des Waldes dauerndes Motorenge-

räusch hörten – das konnten nur die Wagen-
kolonnen der Sieger sein – waren wir überzeugt, daß wir eingenommen waren, ohne es
zu bemerken, und wir waren glücklich darüber. Bis der Bürgermeister des Dorfs eines
Mittags eine Kanone am Ortseingang aufstel-
len ließ, – direkt vor unsrer Nase; und zur
«Verteidigung der Einwohner» wurde ein
paarmal gefeuert. Es dauerte nicht lange, bis
die Antwort kam! Der Beschuß begann mittags, als wir gerade beim Essen saßen; alle
Fenster und Türen knallten sofort nach innen. Wir eilten in den Keller in der Annahme,
daß das ja nicht lange dauern könne, aber es
dauerte 48 Stunden. Wir haben sie in einem
engen niedrigen Kellerraum verbracht auf
einer alten Decke, die ich über den breit ge-
schaufelten Koks gebreitet hatte. Das gab
Platz für die Kinder und mich und zwei alte,
aus dem Rheinland evakuierte Damen,
Freundinnen meiner Mutter. Die Haus-
mannsfrau hockte auf der untersten Trep-
penstufe. Am Ende des ersten Tages kamen
die Nachbarsleute dazu mit drei kleinen Kindern; ihr Haus stand in hellen Flammen. In
der nächsten Nacht fielen die beiden Glas-
hütten in Schutt und Asche. Den hellen sin-

genden Ton, mit dem die Geschosse ankamen, werde ich nie vergessen. Und dann das Getöse des Einschlags, – wo? Ich habe nicht geglaubt, daß wir da lebend herauskommen würden.

Als es endlich still war und uns das Leben ganz offenbar geschenkt, gingen wir vorsichtig nach oben; da war Sonne und Frühling! Und zwei sehr große, blonde Männer schlenderten, scheinbar unbewaffnet, mit den Händen in den Hosentaschen die Dorfstraße hinauf. Das waren die Sieger. Und unter Tränen hängten wir weiße Tücher über die Balkonbrüstung. – Die Amerikaner haben sich bei uns gut benommen; sie stellten uns sogar eine Wache vors Haus, da – außer mir – ja nur alte Leute und kleine Kinder darin waren. Aber in den Wohnungen, die sie beschlagnahmten und bezogen, haben sie dann wie die Vandalen gehaust. – Das Leben war schwer für uns nach diesem «Endkampf». Für mehr als ein halbes Jahr saßen wir dort oben ohne Bahn, Post oder Auto, sogar ohne Licht, und die Ernährung wurde schwierig. Selbst das Brot mußten wir 12 km weit aus dem Tal herbeiholen – 12 km hin und 12 km zurück. Das wurde leichter, als mein Mann zu Fuß, als Pole aufgemacht, vom Militär heimkam. Es war ihm Gott sei Dank gelungen, der Gefangenschaft zu entgehen. Diese erste Zeit nach dem Kriege, als er noch keine Tätigkeit hatte, sondern beim Abspülen, Himbeer-Suchen und Möhren-Schnitzeln half, – als wir unser Leben so gemeinsam führten, wie es ja normalerweise niemals zu sein pflegt, war wundervoll, und ich denke oft sehnsüchtig daran zurück. Im Winter 45 zogen wir dann wieder hinunter in die Stadt, und mein Mann begann endlich wieder, wissenschaftlich zu arbeiten. Es ist ein großes Glück, daß grad bei ihm wissenschaftliche Grabungsergebnisse und Fotonegative erhalten blieben, die überall anderswo der Krieg zerstört hat. Aber das alles sind nun schon tempi passati. Die Amerikaner hatten es uns ja schon gesagt, daß sie nach drei Monaten abziehen würden, das sei so ausgemacht; sie gäben Mitteldeutschland für die Sowjets frei, gegen die Präsenz in Berlin. Aber wir haben das nicht glauben wollen. Als es dann doch so eintraf, begann eine wilde Flucht. Mit Rucksäcken, Bündeln, Handkarren und Kinderwagen begaben sich die Menschen auf die Landstraße. Wir hatten dazu keine Lust, und wir sind geblieben. Wir haben sogar zwei Razzien, bei denen alle Häuser durchgekämmt wurden, unbeschädigt überstanden. Nur unseren Hauswirt, den freundlichen Arzt haben sie mitgenommen, – sie nahmen viele Ärzte mit in jener Nacht. Das ist nun schon Jahre her, und man hat nichts mehr von ihm gehört. So ist das Haus unter städtische Verwaltung gekommen und man muß sehen, wie sich das auswirken wird. So leben wir nun also im russischen Teil der Welt, und ein Archäologe wie mein Mann hat hier wenig Aussicht. Außerdem wäre er hier von seinem Arbeitsgebiet Griechenland völlig abgeschnitten. Daher hat er sich entschlossen, nach Hamburg zu gehen, wo das Haus und die Buchhandlung seines Großvaters zunächst eine Lebensmöglichkeit bieten, von der aus man dann weitersehen kann. Nun sind wir also wieder getrennt, und wenn ich auch schon einige Male «schwarz» drüben war, so ist das doch immer sehr aufregend, anstrengend und viel zu kurz. Er bemüht sich, für uns Wohnmöglichkeit und Zuzug zu erhalten. Und dann ist noch immer die Frage, wie man hinauskommt, denn seit der Währungsreform ist der eiserne Vorhang ja eigentlich gefallen.

Bei meinen Grenzüberschreitungen bin ich schon mehrfach gefangen worden. Neulich mußte ich stundenlang Baracken reinigen, weil die Russen Wachwechsel hatten. Ich arbeitete mit Schrubber und Scheuereimer, während ein Soldat mit aufgepflanztem Bajonett zum Aufpassen dabei stand. Und immer wenn ich fertig zu sein glaubte, sagte er njet. Schließlich hat mir in einem unbewachten Moment ein «Mitgefangener», der Rußland gut kannte, zugeflüstert, man müsse im hintersten Raum den ganzen Eimer ausgießen und dann das Wasser bis zum Ausgang vor sich hertreiben. So war es richtig, und ich konnte gehen. – Nun, da es keine Umsiedlungsgenehmigungen gibt, dürfte es für uns schwer werden, nach Hamburg zu kommen. Die Kinder natürlich denken daran nicht und freuen sich einfach auf die Veränderung. Rüdi will sich von seinen gesparten «goldenen» Groschen ein Segelschiff kaufen. Er schmiedet Zukunftspläne und neigt außerdem zu Filosofie. «Ich heirate mal nicht», sagte er mir neulich, «ich überlasse mich lieber meinem Schicksal».

Überlassen wir uns alle unsrem Schicksal! Was können wir heute noch anderes tun?

Und lenken wir's ein wenig, soweit es sich durch guten Willen und reine Absichten lenken läßt.

Eure Eva

2 Monate später

Ich habe dies Buch der *Lotte* gegeben, die grad einige Tage bei mir war. Aber Ihr wißt ja, sie ist ein bißchen schwierig, und sie weigerte sich standhaft, hineinzuschreiben. So will ich kurz berichten, was ich von ihr weiß: Sie arbeitet noch immer – wie von Anfang an – in einem Heim für schwer erziehbare Kinder, jetzt in Moschwig bei Bad Schmiedeberg. Es ist landschaftlich sehr schön dort, und das Heim hat auch eigene Landwirtschaft. Äußerlich ist es also wie eine ewige Sommerfrische. Und auch der Menschenkreis scheint sehr reizend zu sein. Ich habe den Eindruck, daß Lotte sich dort vollkommen glücklich fühlt. Nur ist sie leider sehr viel krank. – 1939 und 41 starben die Eltern, so ist sie also recht heimatlos, und es ist gut, daß sie in Moschwig so eine Art Heimat hat.

Ihre Zwillingsschwester ist auf der anderen Seite der Welt, arbeitet als Auslandskorrespondentin in Stuttgart, und sie sehen sich nun nur noch einmal im Jahr. Das ist sehr schade, denn jetzt «im Alter» verstehen sie sich sehr viel besser als früher.

Mehr fällt mir zu diesem Thema nicht ein.

Noch von einer anderen früheren Mitschülerin muß ich Euch berichten, weil ich vielleicht die einzige bin, die ihre Geschichte gehört hat. Erinnert Ihr Euch an Marianne? Sie war keine besondere Schülerin und nicht besonders lustig, eigentlich ganz farblos. Aber plötzlich in der Tanzstunde stellte sie uns alle in den Schatten. Plötzlich fiel auf, daß sie sehr hübsch war. Alle Jungens mochten sie; sie war eine fantastische Tänzerin. Mit einemmal spielte sie eine Rolle. Und in den zwei Jahren, die noch bis zur «mittleren Reife» blieben – dann ging sie ab – hat sie uns allen große Dienste erwiesen. Erinnert Ihr Euch an die Ohnmachten? Das ging nur bei Teichkater – jeder andere Lehrer hätte es gemerkt. Aber sowie die Englisch-Stunde langweilig wurde, – na, so einmal die Woche – wurde ein Zettel rumgereicht «11 Uhr 10 fällt M. in Ohnmacht.» Sie saß in der letzten

Reihe; hinten an der Wand waren die Kleiderhaken, sie fiel also weich. Wir warteten gespannt und guckten dauernd auf die Uhr. Plötzlich tat es einen erstickten Seufzer da hinten, und man hörte einen leichten Fall. Gegen die Mäntel! Damit war die Stunde dann abgewürgt; na, Ihr erinnert Euch wohl!

Nun – diese nette Marianne hat zu Beginn des Krieges in Leipzig geheiratet, irgendeinen Kaufmann; sie selbst war Sekretärin geworden. Der Mann wurde drei Wochen später eingezogen. Und sie ist beim ersten Angriff auf Leipzig bei lebendigem Leibe verbrannt.

Dabei fällt mir ein, daß ich in meinem eigenen Lebensbericht weiter oben ganz vergessen habe zu schreiben, daß beim Angriff auf Magdeburg die gesamte Familie meines Vaters, Mutter, Geschwister, Neffen, Nichten, fernere Angehörige, – im Ganzen 13 Personen – ums Leben gekommen sind. Sie sind im Keller des Familien-Hauses erstickt. Mein Vater lag schwer verletzt im Erfurter Krankenhaus, als dies geschah.

Nur eine kurze Notiz!

Ich bin für ein paar Tage bei meinen Eltern und fahre morgen zurück. So habe ich wirklich nur ein paar Minuten Zeit, um wenigstens einen Gruß in unser gutes Klassenbuch zu schreiben. Wir haben Glück, – wir sind ja in Oldenburg, wo mein Mann eine Tätigkeit hat, und wir haben seit April zu unserem Helmut auch noch eine kleine Tochter. Nur eine Wohnung haben wir noch immer nicht – nach so vielen Ehejahren! Mein Mann wohnt am einen Ende von Oldenburg in einem möblierten Zimmer, ich mit den Kindern sehr beengt am anderen. Da will einem manchmal der Mut sinken. Das halbe Leben vergeht im Provisorium. Aber schön ist natürlich, daß auch Erika mit ihrer Familie hier in Oldenburg lebt. Wir sehen uns oft. Sie hat immer mächtig viel zu tun, alles muß selber gemacht werden, denn wie überall ist das Geld sehr knapp. Die Kinder sind munter und schon erstaunlich groß. Von Hertha aus Mexiko hört sie jetzt regelmäßig. Auch die muß sehr schuften, um Mann und vier Kinder in dieser schwierigen Zeit zu versorgen.

Mehr zu sagen, bleibt mir im Augenblick keine Zeit. Ein andermal! Sehr herzlich grüßt Euch

Eure Hilde

Obwohl diese Klassenkorrespondenz ja nun schon 15 Jahre dauert, kommt doch noch ein neuer Name ins Spiel: von *Klärchen*. Sie war das einzige Kind eines Polstermeisters und konvertierte zu unsrem Staunen in der Prima zum Katholizismus. Und es zog sie südwärts. Gleich nach dem Abitur verließ sie unsre Stadt und tat etwas sehr Mutiges, was niemand dem stillen Kind zugetraut hätte: Sie ging – nicht viel über achtzehn Jahre alt und nur wenige Brocken Italienisch sprechend – nach Mailand und suchte sich dort eine Arbeit, um die Sprache im Land zu erlernen. In Bayern machte sie später ihr Dolmetscherexamen, arbeitete in ihrem Traumberuf und heiratete schließlich einen Studienrat.

Sie hat in ihrer Ehe sieben Kinder großgezogen, und alle sind etwas Ernsthaftes geworden: Mediziner, Lehrer, Geistliche; selbst eine Nonne ist darunter, die aber vor kurzem – nach fünfzehnjährigem Klosterdasein – wieder entsprungen ist.

Klara lebt in München – mittlerweile verwitwet – aber aktiv wie eh und je, interpretierend und als Dolmetscherin führend beschäftigt. Ruhig und ohne Nervosität und von gleichbleibender Freundlichkeit – ja, so war sie schon in der Schule. Ein Kind mit dunklem, lockigem Haar und schwarzen, sehr wachen und neugierigen

Augen. Mit solchen Augen schauen auch einige ihrer Kinder aus den Fotografien. Bei Klara ist mit den Jahren ein Ausdruck von Güte hinzugekommen.

Ich erinnere mich, daß sie in der Schule einmal ein sehr fleißiges Referat übernommen hatte, das zum Vortragen mehrere Geschichtsstunden in Anspruch nahm; irgendein Überblick über Ereignisse im alten Rom. Und nach jedem Abschnitt kam wie ein Refrain: «Mommsen sacht darüber» – damit leitete sie ein Zitat ein. Wobei sie die vielen M eindrucksvoll im Munde anhäufte und gewissermaßen gebündelt wieder ausstieß. Immer wenn ich an Klärchen denke, habe ich «Mommmmsen» im Ohr.

Erfurt, den 3. 5. 49

Meine lieben Ehemaligen,

mehr als 10 Jahre war ich nicht in Erfurt und hatte nichts von Euch gehört. Umso vergnügter war ich, gleich am Tag nach meiner Ankunft Ilse auf der Straße zu treffen. Von ihr erhielt ich dieses Klassenbuch. Wie oft hatte ich an Euch alle gedacht und mir gewünscht, etwas von Euch zu hören.

Ich habe Ende 1938 geheiratet nach einer Ausbildung und Tätigkeit als Dolmetscherin (für Französisch, Englisch, Italienisch). Mein Mann ist Neuphilologe für dieselben Sprachen, Studienrat am Gymnasium in Dillingen an der Donau. Dort also wohnen wir. Im Krieg war er Dolmetscher, geriet in amerikanische Gefangenschaft und kam im August 45 glücklich heim. Als er ging, hatte er drei Kinder, als er heimkehrte fünf. Denn am 19. März wurden unsere Zwillinge Christina und Rosa geboren. Und im Mai 46 schenkte uns Gott noch einen Buben, sodaß wir jetzt von 6 Kindern umgeben sind. Daß mein Tag mit dieser lustigen Gesellschaft voll ausgefüllt ist, könnt Ihr Euch denken. Manchmal wünsche ich, ich hätte gründlicher kochen und nähen gelernt, damit mir die Arbeit flinker von der Hand ginge. Aber unsere sechs sind gesund, und wir leben glücklich in unserem Donaustädtchen, das während des Krieges und mehr noch danach zum Asyl vieler Heimatloser geworden ist. Dillingen wurde glücklicherweise von den verheerenden Bomben verschont, und unsere Donaubrücke ist als einzige zwischen Ulm und Passau erhalten geblieben.

Die Landschaft ist nicht gerade großartig, dafür entschädigt uns die Donau. Mein Mann paddelt gern, und so fahren wir an schönen Tagen weite Strecken donauabwärts. Bei größeren Touren gehts bis Regensburg. Für diese Sommerferien ist eine Altmühlfahrt bis zur Mündung geplant, vorausgesetzt, daß die Altmühl genug Wasser hat.

Wer von Euch im Westen lebt oder nach Bayern reist, versäume nicht, uns zu besuchen. Bei uns halten jetzt sogar Eilzüge. Und Platz für liebe Gäste und irgendwas zu essen ist immer da. Nur eines muß man natürlich auch mitbringen: gute Nerven um all die Tollheiten des kleinen Volkes zu ertragen. Von den vier Jüngeren lege ich ein Bildchen bei, ebenso eins von den beiden «Großen». Alle sechs auf einem Bild ist technisch fast unmöglich. Daß die Kinder nicht gerade immer sanft zueinander sind, könnt Ihr Euch denken. So belegen zum Beispiel die Zwillinge ihr kleines Brüderchen mit dem Schimpfwort «Dippelaffscheck.» Ich bin gespannt, was sie sich während meiner Abwesenheit alles geleistet haben. Ich habe ja hier in Erfurt nur den Ältesten bei mir. Die Reise war eine furchtbare Strapaze. Zudem mußte ich sie zweimal machen. Im März wurde ich trotz Aufenthaltsgenehmigung und Interzonenpaß an der Grenze zurückgeschickt. Nun wünsche ich Euch alles Glück für die Zukunft und grüße jede einzelne herzlichst.

Euer Klärchen

Niemand kann erklären, wo sich dies Dokument die neun Jahre seit Klärchens Eintragung herumgetrieben hat. Eines Tages wurde mirs per Post geschickt, doch ohne Absender. Offenbar wollte die Schuldige, die es verschlampt hatte, es nicht gern zugeben. Nun müssen wir versuchen, es schnell in die Runde zu schicken. Denn wenn es überall 9 Jahre hängen bleibt, dürfte ich es ja erst in 100 Jahren wieder erwarten! Und wir müssen auch sehen, daß das Buch mal die schlimme Grenze überschreitet, denn die meisten scheinen jetzt «drüben» zu sein. Außer mir, Anneliese und Ilse. Zwei alte Klassenkameradinnen habe ich hier im Thüringer Wald aufgetan. Sie sind beide mit der sogenannten mittleren Reife abgegangen. Karla, die eine von ihnen – könnt Ihr Euch an sie erinnern? Sie ist Haushaltslehrerin geworden, hat das auch trotz Ehe und drei Kindern weiter ausgeübt. Ihr Mann war Lehrer, mußte aber, nach dem Krieg aus politischen Gründen seinen Dienst quittieren, und sie bekam glücklicherweise seine Stelle. Sonst würden sie in rechte Not geraten sein. Die andere, die ich traf, ist Elli. Ihr werdet sie als stilles bescheidenes etwas blasses und immer ein wenig bedrückt wirkendes Mädchen im Gedächtnis haben. Sie schrieb mir neulich: «Erinnerung ist das Paradies, aus dem uns niemand vertreiben kann. Wie oft denkt man zurück an die ferne schöne Jugendzeit, die einem damals gar nicht so schön erschien, da man ja hoffte, noch viel Schöneres zu erleben.» Nun – sie hat nicht sehr viel Schöneres erlebt. Sie ist nach mancherlei Zwischenstufen – zum Beispiel Arbeit in Kinderheimen, – Berufsschullehrerin geworden und hat sehr angespannt zu arbeiten. Sie hat sich, als sie mich neulich besuchte, gleich in dieses Buch vertieft und läßt Euch alle herzlich grüßen.

Ich las neulich das Märchen von der Altweibermühle, die jeden wieder jung macht, der unterschreibt, daß er sein ganzes bisheriges Leben noch einmal genauso verbringen will. – Unser Rundbrief kommt mir fast so vor wie eine solche Altweibermühle: man liest und ist plötzlich wieder 18 Jahre und mittendrin in unsrer alten Klasse, voller großer Pläne und Ideale. Und dann geht man so seine und Eure Lebenswege noch einmal mit, bis man wieder bei seinem jetzigen Leben ankommt: über 45 Jahre sind wir nun schon – wie uralt kam uns das damals vor, als unsre Lehrer so alt waren! Wir könnten Silbernes Abitur feiern! Aber da wir jetzt niemanden zusammenkriegen, müssen wir uns zum 30. Jahrestag bestimmt zusammen finden, am besten in Erfurt. Denn die von «drüben» können ja kommen, während wir nicht hinaus können. Das wäre doch schön, wenn daraus was würde. Hat vielleicht jemand von Euch ein Klassenbild, das er vorn ins Buch hineinkleben könnte? Ich besitze ja nichts mehr; es ist alles verbrannt. Seht zu, daß Ihr Euch weitertastet, daß jeder von Euch eine andere Mitschülerin ausfindig macht, bis wir sie wieder vollzählig beisammen haben, und schreibt die Adressen auf die erste Seite.

In meinem Leben hat sich nicht viel verändert in den letzten 10 Jahren. Freilich die Nachricht, daß mein Mann schon im Januar 47 im Lager gestorben war – ich erfuhr es erst anderthalb Jahre später – machte allen Plänen ein Ende. Ich lebe nun also mit

Mutter und Tochter zusammen und für sie beide, ja und für meine Arbeit als Schwester. Vier Jahre war ich Nachtschwester im Schmalkaldener Krankenhaus. Dann wurde hier in unserem Ort eine Poliklinik-Außenstelle eingerichtet, und ich bekam darin eine Tätigkeit. Wir wohnen in einem kleinen dörflichen Hause im 1. Stock, im Erdgeschoß sind die Praxisräume, in der ein Arzt zweimal wöchentlich zur Sprechstunde kommt. Alles übrige bleibt mir überlassen: erste Hilfe, Verbände, Bestrahlen, Ausgabe von Medikamenten, Hausbesuche. Und natürlich den Arzt zu rufen, wenn es dringend ist. So gelte ich als «halber Doktor», doch leider fiel der Arzthelferkursus aus, den ich mitmachen wollte, um ein bißchen gründlichere Kenntnisse zu bekommen. Meine Tochter ist inzwischen 15, 1,74 groß und geht in die Schmalkalder Oberschule. Sie ist also größer als ich und natürlich auch viel fortgeschrittener. Sie geht gerne zu dörflichen Osterbällen, Kleiderfragen sind ihr riesig wichtig – Perlonkleider, Petticoats – das muß man einfach haben, wenn man zu den Vollmenschen gerechnet werden will. Was für schlichte

Kleidchen hatte man zu unsrer Zeit in der Tanzstunde an. – Den ganzen Schulkram mache ich wieder mit; die Logarithmen kann ich noch, wenn ich mich hinein vertiefe. Englisch und Französisch ist gut bei mir. Russisch habe ich nach kurzem Versuch mitzulernen aufgegeben. In Deutsch liest sie jetzt eine dicke Schwarte von Ostrowski «Wie der Stahl gehärtet wurde». Ist das deutsche Literatur? Gegenwartskunde geht sowieso über meinen bescheidenen Horizont, und Geschichte wird von einer ganz anderen Warte gesehen. Jedenfalls erlebe ich in meiner Tochter eine zweite Jugend mit, aber ganz in dem Bewußtsein, vollkommen überholt zu sein.

Aber ich muß Schluß machen, denn ich habe Gelegenheit, dies Buch jemandem «auf die andere Seite» mitzugeben (schicken kann mans wohl nicht). Und ich freue mich schon darauf, es eines Tages wieder zu bekommen und von vielen von Euch zu hören. Was mich anbelangt, so kann ich versichern, daß ich hier zwar klein und bescheiden und in dörflicher Stille lebe, aber daß mir mein Leben hier vollauf genügt. Ich bin dankbar für vieles Schöne und Glückliche, das ich

habe erleben dürfen und gehe nun halt meinen Weg weiter, wie er mich auch führt.

Ich grüße Euch alle in herzlicher
Verbundenheit

Eure Änne

Von Herzen grüße ich Euch,
Ihr lieben Ehemaligen!

Neun Jahre hat dies Buch irgendwo geruht;
es hat erstaunlicherweise überlebt, was
man nach diesem Kriege bei Menschen und
Dingen ja als kleines Wunder empfindet.
Ich habe voll Erschütterung all Eure Eintragungen gelesen, und jeder stand greifbar
vor meinen Augen.

Von uns kann ich nur berichten, daß es
uns in jenen Jahren viel herumgetrieben
hat, aber jetzt endlich sind wir in Freiburg
heimisch geworden. – Ich habe mit den Mädels die letzten Kriegsjahre in Erfurt bei
meinen Eltern verbracht, wo auch mein
drittes Kind, ein Junge namens Eberhardt
zur Welt kam. Als die Amerikaner kamen,
gingen wir zu lieben Freunden auf ein Gut
bei Sömmerda. Aber dann kamen die Russen, und die armen Freunde wurden enteig-
net, und so mußten wir zu meinen Eltern
zurück.

Um zu sehen, wer von alten Bekannten
die Katastrophe überlebt hatte, machte ich

eine abenteuerliche Reise (meist auf den Ladeflächen von LKWs) in den «Westen», und zufällig fand ich am Bodensee meinen Mann, der dort als Flüchtling bei Bekannten untergekrochen war. Zurückgekehrt setzte ich nun alles daran, aus dem Osten herauszukommen, und das gelang mir im Laufe des Jahres 46. Einen kleinen Rest von Möbeln fanden wir in unsrer Mansarde im Rheingau noch vor, luden es auf einen Lastwagen und brachten es in den kleinen Ort 15 km vor Freiburg, wo mein Mann ein kleines Institut für Pflanzenzucht bekommen hatte. Wir wohnten prächtig in einem alten Schloß, Riesenräume – aber keine Küche, kein Wasser, Eulen, Mäuse und viel Ungeziefer, das die Truppen hinterlassen hatten. Aber Platz für Gäste hatte man genug, herrliche Aussicht und ländliche Ruhe. Erika hat mich öfter besucht, wenn sie in Freiburg bei ihren Eltern war. Die Schulfrage war schwierig. Als Inge in die Oberschule kam, mußte ich in Freiburg eine Gastfamilie für sie suchen. Auch fürs Fahrrad war die Entfernung von uns zu groß. Erst 1950 kriegten wir Busverbindung. Seitdem war das Leben leichter. 1953 endlich haben wir eine Wohnung in der Stadt gefunden, schön gelegen und groß genug, ein wirkliches Glück. Beide Mädels, die sich gleichen wie Zwillinge und sich noch immer blendend verstehen, haben nun Abitur gemacht. Die Ältere war zum Jurastudium ein Jahr in den USA, besucht jetzt aber eine Dolmetscherschule. Die Jüngere will wie ich Bibliothekarin werden. – Beruflich haben wir allerhand Sorgen gehabt, vor allem, als mein Mann die Radioaktivität in den Lebensmitteln feststellte und diese Ergebnisse veröffentlicht wurden. Inzwischen haben sich diese Sorgen geglättet – er ist nun am radiologischen Institut der Freiburger Universität und wird wohl dort bleiben.

Mein Vater ist leider nicht lange nach dem Krieg gestorben, und seit wir eine Wohnung haben, ist meine recht einsame Mutter zu uns gezogen. – So – das ist so das äußere Gerüst. Dazwischen liegen viele Sorgen, Krankheiten, aber auch vieles Schöne wie die Auslandsreisen der Kinder, Wanderungen im unerschöpflichen Schwarzwald, Begegnungen mit alten Freunden. Auch Ihr alle seid von Herzen bei mir eingeladen! Wenn schon dies Buch den Weg in den Westen gefunden hat, sollte es den Schreibenden doch auch mal möglich sein!

Sehr herzlich grüßt Euch alle

Eure Jutta

Ihr Lieben nah und fern,

wie schön, daß unser liebes altes Buch von Änne wieder auf die Reise geschickt wurde und daß es gelungen ist, es «auf die andere Seite» zu bugsieren. – Jetzt, wo unser Ältester Oberprimaner ist, finde ich unsere Mitteilungen besonders interessant.

Wir haben mittlerweile drei Kinder, der Jüngste – im Jahre 49 geboren, ist im dritten Volksschuljahr. Er geht gern zur Schule, hat aber die Arbeit nicht erfunden und fände das Leben ohne Schulaufgaben viel netter. Im übrigen ist er ein kleiner Frechdachs, laut und lebhaft. Rosemarie ist nun schon ein großes Mädchen von 10 Jahren und geht seit Ostern aufs Mädchengymnasium. Über sie ist nicht viel zu sagen. Sie ist son richtiges kleines ein bißchen albernes Schulmädchen, aber durchaus nicht schwierig. Der Ruhigste ist der große Helmut, ruhig und fleißig. Sein Liebstes ist ihm seine Konzertflöte, und es ist eine Freude, ihm zuzuhören.

Als ich das letztemal in dieses Buch schrieb, war mein Mann noch in Gefangenschaft in Afrika. Und ich in Erfurt bei meinen Eltern. Als er heimkehrte, ging er nach Oldenburg, wo er ja schon vor dem Krieg einen Posten gehabt hatte. So schnell wie möglich suchte ich in Erfurt nach Oldenburg hinauszukommen mit den Kindern, aber da erwarteten uns neue Schwierigkeiten. Um Anwärter auf eine Wohnung zu sein, mußten wir für Monate ins Flüchtlingslager. Wir bezogen also mit dem älteren Jungen und dem Säugling einen Teil eines großen Barackenraums. Außer uns hausten in diesem Raum noch zwei andere Familien, Männlein, Weiblein, Kindlein, alles durcheinander. Wohnraum, Schlafraum, Waschraum, Eßraum, alles in diesem einen Raum. Und die ewige Unruhe – das war nicht leicht. Aber unsere unglücklichen Zimmergenossen waren nette Menschen, und es gab wenigstens keinen Streit bei uns wie in allen übrigen Räumen des Lagers.

Im März 49 bekamen wir schließlich in einer neugebauten Siedlung eine winzige Dreizimmerwohnung mit etwas Garten, aber sehr hübsch im Grünen, und uns erschien es wie ein Paradies.

In Oldenburg hat mein Mann in einem Architekturbüro gearbeitet. Im März 1950 ging sein Chef nach Köln zu den Ford-Werken und nahm meinen Mann mit. Er arbeitet nun dort in der Bauabteilung. Ein Jahr später bekamen wir auch dort eine Wohnung, leider mit vielen Schattenseiten: ein Vorort mit viel Industrie, vierte Etage, Wände schräg, und die Wohnung ist im Ganzen zu eng. Aber was soll man machen! Wenigstens ist sie gut heizbar.

Übrigens ist jetzt auch meine jüngste Schwester nach Köln gekommen und arbeitet hier als Operationsschwester. Im Frühjahr machten mein Mann und ich vier Tage lang eine wunderschöne Fahrt – Ziel war ein Treffen in Rothenburg – ein Treffen von Freunden aus der Gefangenschaft in Afrika. Bei der Gelegenheit habe ich in Nürnberg die Ursel gesehen. Das war eine Freude! Zum erstenmal nach 25 Jahren! Wir verlebten einen reizenden Abend in ihrem gemütlichen Zuhause, konnten tüchtig in Erinnerungen kramen, und unsere Männer verstanden sich prächtig. Auf unseren Sommerreisen an die Ostsee haben wir stets Station in Oldenburg gemacht und sind ein paar Tage bei Erika geblieben, die da in alter Frische herumwirtschaftet. Ihre Kinder sind schon ganz groß, die Bärbel schon eine richtige kleine Dame. Und es waren immer reizende Tage, die wir miteinander hatten. So ist es doch schön, wenn eine Jugend-, ja eine Kinder-Freundschaft niemals abreißt.

Ich bitte jeden von Euch, der durch Köln kommt und es möglich machen kann, doch bei uns einzuschauen. Obwohl der Krieg alle und alles so heftig durcheinander gewirbelt hat, hoffe ich doch von Euch allen Gutes zu lesen, wenn ich dies Buch das nächstemal erhalte. Sehr herzlich grüßt Euch alle

Eure Hilde

Liebe alte Kampf- und Leidensgenossen!

Zeit wirds, daß ich meinen Pflichten nach-
komme und Euch so kurz als möglich von
meinem weiteren Ergehen berichte. Von
Änne habt Ihr gehört, daß ich zu meiner
Schwester nach Dresden gegangen war – wir
haben uns dort dann und wann gesehen. Der
entsetzliche Angriff auf Dresden zerstörte
die Wohnung dort natürlich restlos. Daß wir
mit den Kindern – das kleinere meiner
Schwester war fünf Wochen alt – mit dem
Leben davonkamen, verdankten wir der
günstigen Wohnungslage direkt am Elbufer.
Eine ganz abenteuerliche fünf Tage wäh-
rende Reise in den mit Flüchtlingen völlig
überfüllten Zügen brachte uns nach München. Fünf Tage! Wenn die Kinder mal
«mußten» wurden sie zum Fenster hinaus
gehalten. In meiner Münchner Wohnung war
gottlob wenigstens die Küche bewohnbar.
Nach und nach konnten wir die Zimmer in
Ordnung bringen. Und als wir wieder Fenster hatten und im Wohnzimmer sitzen
konnten, fühlten wir uns ganz fürstlich. Aus

Gardinen, Tisch- und Wolldecken schneiderten wir Kleider und Mäntel, denn wir besaßen ja nichts mehr! Und nach vielen Mühen waren wir ganz fesch beieinander. Im August 45 kam mein Schwager aus der Gefangenschaft zurück. Mit welchen Gefühlen ich dies Glück mit ansah, könnt Ihr Euch denken. Ein Jahr später hatte diese Familie dann auch eine eigene Wohnung; sie zogen aus und ließen mich allein. Für mich kamen nun sehr schwere und belastende Jahre. Seelisch war ich völlig auf dem Hund; die Wohnung nun voller Untermieter; steter Streit in der Küche. Eine Pension wurde mir nicht gezahlt, denn mein Mann war «belastet». So kamen zu allem übrigen noch schreckliche Geldsorgen. Um was zu verdienen, ging ich fünfmal in der Woche zu einer Baronin in den Haushalt. Sieben Jahre habe ich das getan. Obwohl sie eine ziemlich schwierige Frau war, war es doch zum Aushalten. Sie schätzte in mir den Menschen und hatte Verständnis für vieles. Manches gute und interessante Gespräch haben wir miteinander geführt. Sie ist Anthroposophin, und meine weitere Entwicklung ist von ihr nicht ganz unbeeinflußt.

Gretel, meine Tochter, hatte ich, um eine gute regelmäßige Erziehung zu gewährleisten, in das geradezu vorbildliche städtische Waisenhaus getan. Sie hatte mir Schwierigkeiten gemacht, die natürlich zum Teil durch meine damals noch sehr schwer genießbare Persönlichkeit zum Ausbruch gekommen waren. In der gleichmäßig ruhigen behüteten Atmosphäre des Heimes mit seinen großartigen modernen Erziehungsmethoden entwickelte sie sich zu einem prachtvollen Menschenkind, das ein nützliches Glied der menschlichen Gesellschaft zu werden verspricht. Daß mein Verhalten einer scharfen Kritik von so mancher Seite ausgesetzt war, mußte ich in Kauf nehmen. – Ich habe inzwischen, wenn auch sehr spät, gelernt meinen eigenen Weg zu gehen, meine Entschlüsse aus inneren Eingebungen heraus zu bilden. Vorigen Oktober nun mußte ich – es war wohl an der Zeit – die Gretel nach Hause nehmen. Es fügte sich auch so, daß ich grade ein Zimmer frei hatte. Sie besucht nun die Mittelschule und will ihren alten Plan verwirklichen, das Kindergärtnerinnenseminar zu besuchen. Die KB-Rente, mit ihrer allmählichen Aufbesserung, bessere Einnahmen durch Vermieten, etwas Büroarbeit, das alles zusammen gewährt mir nun ein etwas sorgenfreieres Leben. Eine Rentennachzahlung finanzierte mir vor einigen Jahren eine herrliche Italienreise. Wobei – wenigstens für mich – das Schönste Südtirol gewesen ist und wohl immer bleiben wird. Überhaupt die Berge! Das muß hier noch hinein! Vor sechs Jahren entdeckte ich sie erst richtig, vor allem eben die Dolomiten. Und ich entdeckte nicht nur die Berge sondern auch meine eigenen bergsteigerischen Fähigkeiten. Damit begann ich zu gesunden an Leib und Seele, aber es war noch ein beschwerlicher Weg. Jahr um Jahr habe ich meinen Urlaub nun dort verbracht, äußerlich sehr bescheiden, am liebsten in einem schönen Tiroler Bauernhaus bei guten Menschen. Um alles Städtische schlage ich dann einen großen Bogen. Nur die Berge sind wichtig. Alles andere, auch das Essen ist nebensächlich. Bewaffnet mit einem Spirituskocher und einem Kochtopf und im übrigen gut ausgerüstet gehts per Anhalter los. Und dann verlebe ich Wochen, um die mich die Götter beneiden könnten. Bis auf die eigentlichen Hoch- und Gletschertouren mache ich all meine Touren allein. Was ich dabei an Überwältigendem, Großartigem und machmal auch Gefahrvollem, an Heiterem und Erfreulichem erlebe, das zu schildern, ist unmöglich. Aber die Bergnarren unter Euch werden mirs nachfühlen. Eine tiefgreifende Wandlung in meinem ganzen Denken, Fühlen und Wollen setzte vor dreieinhalb Jahren ein, als ich mich – durch besondere Anforderungen dazu getrieben – in die Behandlung einer Frau begab, die auf dem Gebiet der Menschenbildung sehr große Fähigkeiten besitzt. Sie begann mit Atem-Massagen, dann kam die Atemgymnastik dazu, und im Laufe der Jahre wurde so aus dem gänzlich verkrampften, angespannten, verhinderten Wesen Pauline schließlich ein wirklicher Mensch. Ein Mensch mit Körpergefühl, mit einem Wissen um die Wunderkraft des Atems, der Entspannung, der Versenkung. Mit welchen Opfern an Zeit und Geld, mit welchen Krisen, die eben durchgestanden werden mußten, dieser dornenvolle Weg zu sich selbst gepflastert ist, davon hat nur der eine Ahnung, der Ähnliches durchlebt hat. Als absolut folgerichtige Fortsetzung nehme ich seit Ende Oktober an wunderbaren Stunden im Yoga-

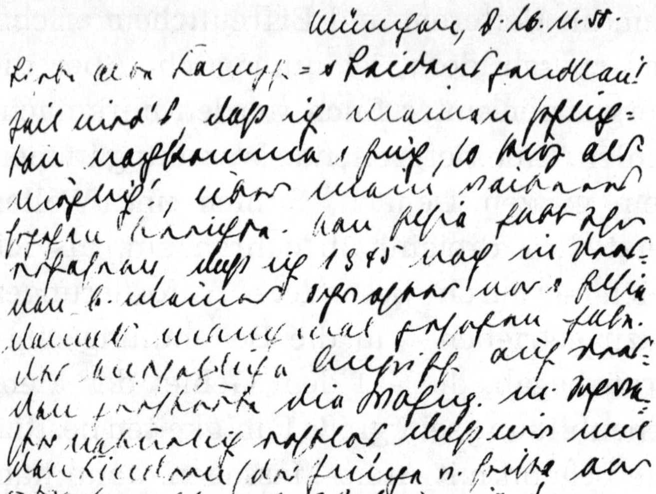

München, d. 16. 11. 50

[handschriftlicher Brief in alter deutscher Schrift, weitgehend unleserlich]

Pauline Scheibler

Zentrum teil, die von einer großen Persönlichkeit aus Zürich hier gegeben werden. Es ist noch ein weiter Weg bis zur inneren Ruhe und Gelassenheit, aber man kann es unbedingt erreichen. Ist man einmal so weit, dann hat man auch die stete Heiterkeit gewonnen, und nichts in der Welt kann einen mehr aus dem Gleichgewicht bringen. Ich verzichte auf eine elegante Wohnung – wie schnell man alles verlieren kann, haben wir ja erlebt – ich schränke mich bis zum Äußersten ein, um mir das alles zu ermöglichen, denn es ist das Wesentliche, und es kommt nicht nur mir selbst zugute, sondern auch meiner Umwelt, jedem Lebewesen, das mit mir in Berührung kommt. Wohin mich das alles noch führen wird, ob es sich eines Tages auch nach außen in etwas Materielles umsetzen läßt, weiß ich heute noch nicht. Es liegt nicht allein in meiner Hand. Ich werde es wissen, sollte es einmal dazu kommen. Bis dahin heißt es Geduld, Geduld, Geduld, und noch einmal Geduld. Ich, der ungeduldigste aller Menschen habe Geduld lernen müssen, wollte ich nicht untergehen. – Ihr seht – an äußeren Tatsachen kann ich kaum etwas berichten, der Schwerpunkt ist nach innen verlagert.

Etwas ungewohnt in heutiger Zeit, wo sich alles nur um das Äußere dreht. Manchmal kommt man sich wie ein armer Irrer vor. Es ist schwierig, hinter all dem aufdringlichen Getue das Wirkliche im Geist zu spüren. Sind einem aber die Sinne dafür erwacht, kann man nicht mehr zurück. Man muß den Weg nach innen weiter gehen, wenn er auch unbequem ist. Ich finde es herrlich, älter zu werden, und nie, nie wieder möchte ich jung sein müssen.

Es grüßt Euch in alter Verbundenheit

Euer Paul

Ihr Lieben, in alle Winde verstreuten,

ich grüße Euch alle herzlich und freue mich, dies Buch, das uns miteinander verbindet, wieder mal nach so langer Zeit, in Händen zu halten. Ihr habt mich zum Buch-Verwalter im Westen ernannt, vielen Dank für die Ehre! Für den Osten soll weiterhin Änne die Verwalterin sein. Hoffen wir, daß die Reise «rüber und nüber» auch immer gelingen kann.

Ihr wißt ja, daß wir in Oldenburg zu Hause waren und sind. Das Kriegsende sah für uns mehr als abenteuerlich aus. Mein Mann als Arbeitsdienstführer und Adjutant des hiesigen Generalarbeitsführers setzte sich am 12. 4. 45 mit dem Rest seines hiesigen Haufens in Bewegung nach Osten mit seiner und der hohen Führung Absicht, mit diesen allerletzten Resten des Reichsarbeitsdienstes den Krieg noch in letzter Minute zu gewinnen.!! Na, wir sahen ja schon lange pechrabenschwarz, vor allem durch die ewigen feindlichen Einflüge. Unser Städtchen hatte seltsamerweise relativ wenig darunter zu leiden. Immerhin ging am 17. 5. 45 die gesamte Nachbarschaft in die Binsen, was mich veranlaßte, mit meinen drei Senkern und dem vierten, das im Anrollen war, Deckung im benachbarten Arbeitsdienstbunker zu suchen. Dadurch daß unsre Wohnung weder Fenster noch Türen hatte, wurden wir dann wenigstens davor verschont, daß uns der einmarschierende Tommy an die Luft setzte. So haben wirs relativ gut überstanden, auch das werdende Baby. Und Mitte Juni schon konnten wir unsren Vati, – der als gelernter Landwirt als einer der ersten mit aus dem Holsteiner Internierungslager entlassen wurde, zwar etwas derangiert aber gesund begrüßen. Nun begann trotz besten Willens eine maßlos schwere Zeit. Das vierte Kind, ein kräftiger Junge, kam im September zur Welt. Unsre Heide war inzwischen drei Jahre alt, und zwei Tage nach der Geburt des Brüderchens brach bei ihr die Zuckerkrankheit in beängstigender Weise aus. Bloß einem geflüchteten ukrainischen Arzt, der bei uns ein Zimmer gemietet hatte, verdanken wir, daß sie durch seine Umsicht am Leben blieb. Insulin zu bekommen war eine Glücksache. Auch dazu verhalf uns der gute Doktor durch die Kunst und sonstige ‹Organisation›.

Mein Mann schlug sich nun durch alle greifbaren Berufe durch, die ihm eben in die Finger kamen. Teils war er beim Tommy, teils ging er stempeln mit irgendwelchen Nebenverdiensten, denn er wurde ewig nicht entnazifiziert (welch ein Wortungeheuer!) und das Konto war bis auf ein Minimum gesperrt. Im Frühjahr 46 starb unser kleines Brüderchen an Lungenentzündung trotz aller ärztlicher Kunst. Es gab eben keine wirksamen Medikamente und noch kein Penicillin. Die drei anderen, besonders Heidi, beanspruchten aber ihre Mutter so heftig, daß ich meinen Kummer ganz energisch in mich einsperrte. Auch der älteste Bruder meines Mannes war gerade zu dieser Zeit aus der Gefangenschaft in Frankreich zu uns gekommen, weil noch keine Transporte in die Ostzone entlassen wurden. Er war sehr pflegebedürftig und mußte hochgepäppelt werden. So heilt Arbeit und Zeit die Kümmernisse und Wunden. Wir bekamen ganz schreckliche Menschen in unser beschlagnahmtes Zimmer, Mutter und Tochter aus Odessa gebürtig (heim ins Reich). Sie haben uns sieben Jahre lang das Leben mehr als schwer gemacht noch neben der alltäglichen Sorge, daß man für die große Familie das Nötigste zusammentragen mußte. Heidi schwankte in den Jahren bis zum Schulbeginn sehr mit ihrer Gesundheit und jagte uns oft großen Schrecken ein durch Schocks und andere erschreckende Äußerungen ihres Leidens. Vom Schulbeginn an fing sie sich und ist nun ein ganz kräftiges Mädel von wachem Verstand und großer Warmherzigkeit. Aber täglich zwei Insulinspritzen muß sie bekommen, und seit ihrem achten Lebensjahr spritzt sie sich selbst.

Unsre älteste Tochter hat nach der mittleren Reife die Handelsschule besucht, und grad zu dieser Zeit kam Hertha mit ihrem Mann aus Mexiko auf Europa-Urlaub. Stellt Euch vor: sie lud unsre Bärbel für ein halbes Jahr nach Mexiko ein mit allem drum und dran; Überfahrt erster Klasse in einem schönen neuen Frachtdampfer der Hapag von Bremen aus. Wie dankbar wir Hertha sind, könnt Ihr Euch gar nicht vorstellen. Bildete doch ihr Mexiko-Aufenthalt durchaus die Grundlage für ihren späteren Beruf als Auslandskorrespondentin. Nachdem sie, erfüllt von allem Geschehenen zurückgekommen war, spendierte ihr der gute Großvater in Freiburg noch die nötige Ausbildung auf der Berlitz-Schule. Und nun hat sie schon ihre erste Stelle in Bremen in einer Firma der Baumwollbörse.

Unseren Sohn konnten wir nicht studieren lassen. Er ging nach der mittleren Reife als Lehrling in eine Fabrikation von Signalanlagen und Ampeln, dort muß er dreieinhalb Jahre lernen. Dann möchte er auf die Seefunkerschule, wo er in zwei Semestern das Seefunkzeugnis zweiter Klasse bauen kann. Er ist ausgesprochen praktisch veranlagt und fleißig, ohne große Illusionen. So sind unsre drei Kinder herangewachsen, und wir selbst sind in dem Alter, wo man seine Eltern alt fand. Und ein bißchen alt und verkalkt sind wir ja auch, zum Beispiel, wenn wir nicht verstehen können, wie man das sauer verdiente Lehrlingsgeld in eine Eintrittskarte für Louis Armstrong stecken kann!

Unser Leben wurde seelisch gesehen etwas ruhiger, als mein Mann endlich nach endlosen Irrfahrten durch alle möglichen Verdienstmöglichkeiten im Jahre 53 eine Stelle beim hiesigen Versorgungsamt bekam, die er

Insulin zu bekommen, war eine Glücksache.
Auch dann verhalf uns die gute Dokter durch die hm
u. sonstige Besorgnahmen. Mein Mann schlug
sich mit durch alle greifbaren Berufe durch, die
ihm eben in die Finger kamen. Teils war er beim
Bauern, teils suchte er Stempels mit irgendwelchen
Webereialiewes, denn er wurde ja nicht entnazifiziert (welch Wortungeheuer) u. das Brot war
bis auf ein Minimum gesperrt. Im Frühjahr 46
starb unser kleines Bröckchen an Lungenentzündung trotz aller ärztlichen Kunst. Es gab eben keine
wirksamen Medikamente u. noch kein Penizillin.
Die 3 Anderen, besonders Heidi, beanspruchten als
ihre Mutter so heftig, dass ich meinen Kummer
ganz eingehüllt in mich einsperrte! Und als alle
alse Bande meines Mannes war gerade zu dieser
Zeit aus d. Gefangenschaft in Frankreich zu uns
gekommen, weil noch keine Transporte in die
Ostzone entlassen worden. Er war sehr pflegebedürftig u. musste hochgepäppelt werden. So heilt
Arbeit u. Zeit die Kummerwunde u. Kinden

Erika Hausmann

heute, Gottlob unkündbar, noch inne hat. Fürstlich ist unser Einkommen nicht, aber wir leben doch nach all den schweren Jahren etwas sorgloser und sind zufrieden, ohne große Ansprüche zu stellen. Wenn alle drei Kinder einmal ihren Beruf haben, dann kann man ja auch, so Gott will, an sich selbst denken. Vorläufig heißt es noch, viele Wünsche zurückzustecken und sparsam sein. Aber wie dankbar müssen wir sein, daß wir friedlich und einträchtig zusammen leben, denn häuslicher Frieden geht doch über Geld und sogar über Gesundheit.

So – das wären unsere Neuigkeiten. Aber – kummervoll sehe ichs – das Buch geht zuende. Was sollen wir tun? Sollen wir es einem geschickten Buchbinder geben, der was nachheftet und einen neuen Einband macht? Was meint ihr dazu? Denn einen zweiten Band zu beginnen, fände ich unsinnig. Es soll doch im Ganzen beieinander bleiben, unser liebes Zeitdokument. Denn das ists doch inzwischen wirklich geworden.

1962 – das ist gar nicht mehr lang – müssen wir einen Klassentag planen. Der kann natürlich nur «drüben» stattfinden. Denn unsre Freundinnen von dort können ja nicht

heraus. Arbeitet nur alle mit an diesem schönen Plan! Grotesk sich vorstellen, daß einige
von uns dann schon «silberne Ehefrauen»
sein werden! Wo blieb die Zeit!

In alter Herzlichkeit grüßt Euch

Eure Erika

Liebe Leute!

Vor einiger Zeit meldeten sich bei mir telefonisch «zwei Damen aus Erfurt» an. Sie wollten ihre Namen nicht sagen, erklärten aber auch gleich, daß ich sie nicht kenne. Als sie dann kamen, entpuppten sie sich als zwei sehr junge Damen, und sie waren an der verblüffenden Ähnlichkeit mit ihren Müttern Jutta und Erika sofort zu identifizieren. Sie brachten dieses Klassenbuch.

Es war furchtbar nett, von vielen von Euch so vieles zu hören. Und nun muß ich so kurz wie möglich auch über unsere letzten zehn Jahre berichten. – Wir sind vor zehn Jahren hier nach Hamburg gekommen; unter ziemlich abenteuerlichen Umständen haben wir nach mancherlei fehlgeschlagenen illegalen Versuchen (schließlich wollten wir doch endlich wieder zu unserem Familienvater!) den Osten mit einer Umsiedlungserlaubnis verlassen und haben dabei sogar das meiste, was uns lieb war, mitnehmen können. Die ganze Umzugsprozedur hat vier Monate gedauert und mir eine Reihe von Verhaftungen eingetragen. In der kritischsten Phase war sogar unser ganzer Besitz beschlagnahmt und für Wochen in Polizeigewahrsam. Das Gräßlichste waren die dauernden Verhöre – immer nachts.

Aber schlafen konnte man ohnehin nicht, weil die Holzpritschen im Flutlicht lagen, einem so hellen Licht, daß es einem tief in die geschlossenen Augen drang. Trotzdem – meine Beharrlichkeit im Stellen von Anträgen, deutsch wie russisch, und meine täglichen Bittstellergänge nach Weimar haben schließlich doch zum Erfolg geführt. Wir durften ausreisen und wurden mit Rückkehrern aus dem Osten auf Pferdewagen in der Rhön über die Grenze geschleust.

Meine Eltern sind drüben geblieben, und mein Vater führt noch immer das dort etwas aufregende und arbeitsreiche Dasein eines freien Kaufmanns. – Wir konnten in Hamburg draußen in Klein-Flottbek in das Haus der Familie meines Mannes ziehen, das Elternhaus meines Schwiegervaters, eine gründerzeitliche Villa, in der meines Mannes Großmutter ganz allein gewohnt hatte, seit sie Witwe war. Jetzt waren die beiden oberen Stockwerke von zwei Familien bewohnt. Im

Erdgeschoß waren wir die sogenannten «Hauptmieter», aber außer uns gab es in der Wohnung noch 8 weitere Personen. Für den gewissen Ort waren also 14 Anwärter. Wenn ich die große Küche abrechne, in der ja alle miteinander wirtschaften mußten, hatten wir in den anderthalb Zimmern 35 Quadratmeter Wohnraum. Als der kleine Christoph 1951 auf die Welt kam, konnte sein Bettchen nur draußen im Flur stehen, woanders war dafür kein Platz. Aber herrlich war der große alte Garten, 3000 Quadratmeter groß und stellenweise wild – ein wundervolles Spielfeld für die Kinder. Und auch für die Erwachsenen ein Paradies. Unter der riesigen alten Buche feierten wir Feste mit den Studenten bei Lampionbeleuchtung, und selbst, wenn es zu regnen begann, konnte man dort im Trocknen sitzen bleiben. – Nachdem wir den zermürbenden Kleinkrieg im Hause sieben Jahre ertragen hatten und sich keine andere Lösung anbot, bauten wir schließlich am Stadtrand mit Blick auf Felder und Wald ein Holzhaus, in dem wir nun sehr glücklich leben. Für mich ist es mit über 40 Jahren die erste eigene Wohnung meines Lebens. Jedes der drei Kinder hat nun ein zwar kleines aber eigenes Reich, was sie so lange haben entbehren müssen. Wenn einer in des anderen Zimmer erscheint, brüllt der Besitzer: «Sieh zu, daß Du Land gewinnst!» Es wird auch in jedem Zimmer ein anderes Instrument geübt, und das ist manchmal etwas aufreibend.

Aber nun die Vorstellung der drei Kinder:

1.) Rüdiger, 19 Jahre alt. Hautenge Hosen und Haarschnitt wie der junge Nero. Klarinettenspieler in einer «Band». Hat aus Faulheit die Schule aus Obersecunda verlassen und arbeitet in einem Verlag, um wahrscheinlich Lektor zu werden. Er besitzt einen schneeweißen Motorroller, den er an besonders klapsigen Tagen nachts in seinem Zimmer neben dem Bett stehen hat.

2.) Bettina. Fünfzehn Jahre. Gerade konfirmiert, ist ganz süß eigentlich und gut in der Schule (Untersecunda). Spielt Banyo in Rüdis Band. Und liest am liebsten E. Th. A. Hoffmann.

3.) Christoph. Acht Jahre. Zweitklässler und außerordentlich pfiffig. Dazu haben wir einen Vater, der Archäologe ist und an der Universität Vorlesungen hält. Jeden Herbst ist er ein paar Monate bei den Ausgrabungen auf Samos.

Der fünfte im Bunde bin ich. Mädchen für alles. Für Familie, Haus und Garten. Außerdem schreibe ich für Zeitungen Ausstellungs- und Theaterkritiken und alles mögliche andere. Das macht mir immer noch Spaß und ist auch sehr nötig. Es finanziert für den Ältesten die schwarzen Cordhemden und hilft beim Erwerb eines Musikinstruments. Für Bettina hilft es, daß ein schöner Stoff gekauft werden kann, zu dem sie sich ein Kleid ausdenkt. Und für den Christopher finanziert es die Steifftiere und die Modellautos.

Sechste Person im Haus ist Mohrchen, der Kater, von allen so verwöhnt, daß er viel zu degeneriert ist, um Mäuse zu fangen.

Unser Leben hat ganz feste Gewohnheiten. In den Osterferien fahren wir regelmäßig zum Skilaufen ins Hochgebirge auf eine Skihütte, auf der wir spartanisch leben und selbst wirtschaften, aber es ist jedesmal ganz herrlich. Wir sind eben gerade von Garmisch wiedergekommen. Im Sommer müssen wir 14 Tage zu meinen Eltern nach Erfurt und beim Obsternten im Garten helfen. Die Gehlberger Wohnung hat man ihnen leider genommen, worüber sie sehr unglücklich sind, denn es ist kaum möglich für alte Leute, irgendwo einen Ferienplatz im Thüringer Wald zu bekommen. Die zweiten 14 Tage pflegen wir an die Ostsee zu gehen, wo die Schwester meines Mannes wohnt – mit fünf Kindern, sodaß es Gesellschaft genügend gibt. Und ab und zu habe ich das Glück, daß ich im Herbst für eine Weile mit nach Griechenland fliegen kann. Das hängt natürlich vor allem auch davon ab, ob wir jemanden zum Einhüten finden.

Ich hoffe, daß alle, die nach Hamburg kommen, uns hier in unserer Holzbude aufsuchen. Wir würden uns riesig freuen.

Ich muß noch ein paar Zeilen über die Lotte anfügen. Mir scheint, sie ist endgültig verschollen! Zuletzt ist sie in einem Heim in der Nähe von Spandau gewesen. Aber die Post, die meine Mutter dorthin richtete, kam nie zurück, wurde aber auch niemals beantwortet. Vor Jahren schon – in einer ihrer letzten Nachrichten nach Erfurt schrieb sie, sie hätte Krebs. Ob dies nun Tatsache oder Einbildung war, – Tatsache ist wohl, daß sie schwer nervös und ziemlich zerrüttet war, schon damals und hauptsächlich von starkem Kaffee und Zigaretten lebte. Vielleicht ist sie, die hochmusikalische, für diesen schweren Beruf eben doch zu sensibel gewesen und hat ihn auf die Dauer nicht ausgehalten.

Wenn ich im Sommer in Erfurt bin, werde ich meine Fühler nach den dort noch Wohnenden ausstrecken. Anneläuschen habe ich regelmäßig gesehen. In ihrem Haus ist es immer unbeschreiblich reizend.

Und nun wünsche ich Euch allen das Allerbeste

Eure Eva

Ihr Lieben!

Als ich zu Anfang des Monats nach Deutschland kam, hielt Erika, die gute Seele, als
Überraschung für mich dies Klassenbuch
bereit, aus dem ich nun endlich mal etwas
über Euch alle erfahren konnte. Es ist ja wie
ein Wunder, daß dies Buch zufällig Ausbombungen und Vernichtung überstanden hat.
Ich bewundere Euch alle, was Ihr tapfer in
all den Jahren überstanden habt; im Vergleich dazu haben wir in Mexiko kaum etwas
erlebt.

Die ersten beiden Kriegsjahre verliefen für
uns vollkommen ruhig. 1940 wurde unser
drittes Kind, wieder ein Junge geboren, und
ich hatte mit dem Finca-Haushalt und den
kleinen Kindern mehr als genug zu tun. Die
Kriegsereignisse verfolgten wir am Radio.
Der Wendepunkt trat ein, als die USA in den
Krieg eintraten und kurz danach auch Mexiko. Deutscher Besitz wurde beschlagnahmt, alle Deutschen mußten nach der
Hauptstadt und durften sie bis Kriegsende
nicht verlassen. Wir verließen unter wenig

erfreulichen Umständen die Finca und kamen mit drei kleinen Kindern und ein paar Handkoffern, die das Nötigste enthielten, in Mexiko-Stadt an. Freunde halfen uns über die ersten Schwierigkeiten hinweg, und ganz allmählich normalisierte sich unser Leben. Die mexikanische Regierung, die ja den deutschen Besitz übernommen hatte, zahlte uns eine kleine Rente, und damit es zum Leben langte, mußte mein Mann durch Vertretungen etwas dazu verdienen. Von Deutschland waren wir völlig abgeschnitten. Nur ein oder zweimal erhielten wir Nachricht von den nächsten Angehörigen über das Rote Kreuz. 1945 als der Krieg zuende und für uns verloren war, zahlte die Regierung keine Rente mehr, und an eine Rückgabe des Besitzes war auch nicht zu denken. Obendrein wurde unser viertes Kind, wieder ein Junge, geboren. Zum Glück hatte mein Mann inzwischen in einer Großgärtnerei ein schönes und selbständiges Arbeitsfeld gefunden und verdiente genügend, um die große Familie zu erhalten. Persönlich sind die Mexikaner stets freundlich und entgegenkommend gewesen, sie haben uns nicht als Feinde betrachtet. Für uns bedeuteten die Kriegsjahre eine

Nervenprobe und die Nachkriegsjahre noch mehr durch die wirtschaftliche Unsicherheit und die finanziellen Schwierigkeiten. Im Herbst 1950 erfolgte dann ganz überraschend die Rückgabe deutschen Besitzes, nachdem wir gar nicht mehr damit gerechnet hatten. Mein Mann ging sofort auf unsere Finca, und die nächste Zeit war recht schwer für ihn. Achteinhalb Jahre war sie schlecht oder überhaupt nicht verwaltet worden, und ohne Geldmittel mußte sehr schnell ein Aufbau geschafft werden. Ich blieb in Mexiko-Stadt wohnen mit den Kindern. Alle vier gingen zur Schule und konnten nicht mit in die Wildnis ziehen. Damit begann wieder ein neuer Abschnitt in unserem Leben, unsere Pflichtenkreise, die meines Mannes und die meinen lagen nun 2000 Kilometer voneinander entfernt. Und das ist bis heute so geblieben. In den letzten beiden Jahren war es allerdings möglich, daß unser Familienoberhaupt alle fünf bis sechs Wochen für kurze Zeit in die Hauptstadt kam. Und ich bin auch einigemale auf der Finca gewesen, wenn es mir gelang, eine Vertretung im Hause in Mexiko zu finden. Im Sommer konnten wir uns einigemale längere Ferien leisten und haben sehr schöne Reisen gemacht. 1953 brachten wir unseren Ältesten in ein College in Canada, damit er dort sein Abitur macht. Wir fuhren im Wagen quer durch die USA bis Toronto, sahen die Niagara-Fälle, Michigan-See und vieles andere. 1954 sind wir zum erstenmal nach dem Krieg wieder in Deutschland gewesen. Damals lebten unsere beiden Eltern noch. Wir nahmen das Flugzeug über New York nach Bremen, blieben aber einige Tage in New York, um uns diese Riesenstadt anzusehen. Unser Ältester kam direkt von Canada nach Deutschland. Er hatte Ferien und lernte nun endlich seine Heimat kennen und die beiden Großelternpaare. Diese waren aus dem Osten in den Westen gekommen für einige Wochen. – Bis zum Jahre 59 war dann keine Europa-Reise mehr möglich. Auch unsere Tochter, die zwischendurch zwei Jahre in Deutschland zur Schule gegangen war bis zum Abitur, ist nun auf einer kanadischen Universität. Als wir sie dorthin brachten, sind wir durch den Westen der USA gefahren, haben Kalifornien mit seinen Redwoods und den Nationalparks gesehen und waren sehr beeindruckt. Aber in diesem Jahr zog es uns doch ganz mächtig nach

Deutschland, und wir haben bei der Gelegenheit endlich auch Kopenhagen kennen gelernt. Es ist ja nur gutes Wetter in diesem Sommer, und wir finden die Heimat herrlich. Wir hatten ganz vergessen, wie schön es doch hier ist.

Ihr werdet vielleicht fragen, ob ich glücklich bin dort drüben überm Wasser? Ja, das bin ich. Seit ich bewußt denken kann, habe ich dort gelebt, dort ist mein Pflichtenkreis und alles, woran im Grunde mein Herz hängt. Wenn wir dann und wann in die alte Heimat kommen können, ist das für uns ein köstliches Geschenk. Am 25. 8. werden wir zurück nach Mexiko reisen, bis New York mit dem Schiff. Unsere drei Jungs warten schon. Der Älteste will Diplom-Ingenieur werden, der zweite Chemiker, der Kleinste geht noch zur Schule. Unsre Tochter ist in Bremen und möchte dort auch bleiben.

Leider habe ich außer Erika niemanden von Euch gesehen während meiner Deutschland-Tage. Vielleicht das nächste mal!

Sehr herzlich grüßt Euch

Eure Hertha

Ihr Lieben,

nun bin ich also an der Reihe, Bericht über die vergangenen fünfzehn Jahre – fast ein Drittel unseres Lebens! – zu geben. Nach allem, was ich von Euren Schicksalen gelesen habe, wird mir erst so recht bewußt, welch guter Stern während dieser Zeit über meiner Familie und mir gestanden ist. Wir haben das Kriegsende und die Nachkriegsjahre doch ganz gut hinter uns gebracht. 1946 kam unser dritter Sohn zur Welt. Zwar verloren wir zum Schluß des Krieges in Reichenhall noch nahezu all unser Hab und Gut, weil unter anderem auch unsere Wohnung als Festplatz für die Siegesfeier der Besatzungssoldaten – vorwiegend Marokkaner – ausersehen wurde. Die Möbel wurden so demoliert, daß sie unbrauchbar waren, und alles bewegliche Gut wurde zu anderer Verwendung abtransportiert. Die Wohnung blieb gleich beschlagnahmt. Das war eine schlimme Zeit. Denn mit meinen Buben wollten acht Personen – lauter ausgebombte Verwandte mit Kleinkindern –

mit dem Nötigsten versorgt werden. Dazu war ich über ein halbes Jahr ohne Nachricht von meinem Mann. 1959 wo wir praktisch mit jedem Ort auf der Erde telefonieren können und nach wenigen Stunden erfahren, wie die Rückseite des Mondes aussieht, ist die Vorstellungsgabe dafür fast verloren gegangen, daß man 1945 monatelang nichts über Verbleib und Ergehen der nächsten Angehörigen erfuhr. In unserem wieder zum südöstlichen Zipfel Deutschlands gewordenen Berchtesgadener Land blieben wir durch erhebliche Bahn- und Straßenzerstörungen lange von der Umwelt abgeschnitten, was sich besonders nachteilig in der Lebensmittelversorgung ausdrückte. Vor lauter Sorge ums tägliche Brot für die große Familie kam man zum Glück gar nicht zum Nachdenken und Grübeln über das, was morgen sein könnte. Seit dieser Zeit kann mich materielle Not nicht mehr schrecken. Ich habe damals gelernt, zu improvisieren, und das «do it yourself» hat sich bis heute bestens bewährt, angefangen beim Bäume-Fällen in 1000 Meter Höhe, dem dramatischen Abtransport; das Selbstbauen von Möbeln, das Polstern von

Sesseln und das Stricken von Kleidungsstücken aus zerschnittenen Mullbinden.

Aber im Herbst 1945 kam mein Mann aus der Gefangenschaft zurück und nahm mir nun die Verantwortung ab. Allerdings konnte er seinen Wunsch sich in freier Praxis niederzulassen, damals nicht verwirklichen. Eigene Räume und Instrumentarium waren nicht mehr vorhanden, stattdessen richtete er mit Unterstützung der Behörden in einem ehemaligen Lazarettgebäude ein weiteres internes Krankenhaus ein, für das bei dem einsetzenden Flüchtlingsstrom dringender Bedarf bestand. In diesem Haus fanden wir eine Notunterkunft im Keller. Wenigstens war er zentralbeheizt durch sämtliche Rohrleitungen, die durchliefen. Und wir lebten in einer großen Gartenanlage im schönsten Teil der Stadt, unsere Kinder wuchsen in herrlicher Natur und guter Luft auf. So jung sie damals waren, so bekamen sie doch sehr eindringliche Begriffe davon, wie tragisch Krankheit ins menschliche Schicksal eingreifen kann, und welche Aufgabe zu helfen zu jeder Tages- und Nachtzeit an Arzt und Krankenschwester gestellt wird. Ohne diese frühe

Schulung hätten sich unsere Söhne in den folgenden Jahren nicht so einsichtig mit den völlig veränderten Lebensverhältnissen abfinden können.

1950 lief die Konzession für das Krankenhaus ab, und mein Mann wollte sich nun endlich als Internist selbständig machen. Da es mir als Folge der Hungerjahre kreislaufmäßig in dem ewigen Föhnklima dort gar nicht gut ging, entschlossen wir uns schweren Herzens, unser geliebtes Reichenhall zu verlassen. Aber ein Arzt kann ja nicht so einfach dort, wo es ihm gefällt, eine Praxis anfangen, er braucht dazu die örtliche begrenzte Niederlassungsgenehmigung und Kassenzulassung, die namentlich für uns die wirtschaftliche Voraussetzung für einen Start geben mußte. Wir wären gern irgendwo in Oberbayern geblieben, aber überall türmten sich die Schwierigkeiten, während sie sich bei dem «Projekt Nürnberg» einschließlich der so wichtigen Wohn- und Praxis-Raumbeschaffung in Nichts auflösten. So fuhren wir zur schönen Sommerzeit ins Land der Franken, aber nicht wie weiland der Scheffel weinselig sondern ziemlich trübselig. Wir kamen in eine halb zerstörte Stadt und in eine scheußliche Fabrikgegend ohne jedes Grün. Ruinengrundstücke waren nunmehr der Spielplatz unserer Kinder. In unserem Familienleben änderte sich nun so ziemlich alles. Von gemeinsamen Spaziergängen oder gar Wanderungen konnte nicht mehr die Rede sein. War ich als Nur-Hausfrau ohne Hilfe mit Arbeit schon reichlich versehen gewesen, so wurde ich jetzt in erster Linie Arztfrau. Wenn mir dieser Beruf nicht stets als *das* Ideal erschienen wäre und ich heute noch völlig darin aufgehe, hätte ich das nicht alles schaffen können, was in den nächsten Jahren getan werden mußte. Wir besaßen ja keinerlei Vermögen als Fond zur Praxisgründung, es mußte alles aus dem Nichts erarbeitet werden, und mein Mann ist unermüdlich tätig. Die Praxis wuchs sehr schnell, und es mußte viel investiert werden (EKG-Apparat, Röntgen usw.). Jahrelang war ich die einzige Sprechstundenhilfe, das Röntgenlabor und die Buchhaltung sind noch immer mein Ressort. Unsre Söhne schalteten sich rührend und für Mannsbilder außerordentlich geschickt in den Arbeitsprozeß mit ein, aber als Kehrseite der Medaille litten die Schulleistungen sehr unter dem unruhigen Leben.

Seit drei Jahren nun hat sich unsere Situation entscheidend gebessert, als wir die Praxis ins Stadtzentrum verlegen konnten und die Wohnung davon getrennt haben. Wir wohnen jetzt im Grünen am Stadtrand in einem modernen Wohnblock. Unsre Wohnung ist so praktisch, daß ich sie gut ohne Hilfe schaffen kann, und in die Praxis gehe ich stundenweise. So kommt die Hausfrau in mir wieder etwas mehr zu ihrem Recht und das ist gut so, denn stellt Euch vor, was meine Männer täglich zusammenfuttern! Neben den großen Söhnen von 1,98 und 1,97 wirke ich langes Laster wie ein Zwerg.

Unser Ältester ist ein ruhiger Philosoph; er will auch Arzt werden. Mathe ist ihm ein Greuel, und in allen Kfz-Fragen ist er Fachmann. Sein Bruder Gerhard ist dagegen temperamentgeladen und in allem das Gegenteil. Als sie jünger waren, stellten sie uns gelegentlich vor Erziehungsprobleme, weil man den einen zu etwas zwingen mußte, was dem anderen energisch verboten wurde. Gerhard will unbedingt ins Ausland, als Industriekaufmann oder so etwas. Zur Zeit bereitet er sich auf eine Dolmetscherprüfung vor. Sicher wird er den richtigen Beruf gewählt haben.

Das ist doch für die Eltern sehr beruhigend, wenn die Kinder den ihrer Veranlagung und Begabung gemäßen Weg einschlagen und begeistert davon sind. Denn Idealismus sollte doch immer dabei sein. Unser Nesthäkchen Georg ist nun auch schon ein strammer Haken und sehr um Gleichberechtigung mit seinen großen Brüdern bestrebt. Seine Berufswünsche gehen vom Arzt (aber ohne Nachtbesuche) bis zum Taxifahrer. Weil man dann keine lateinischen und griechischen Vokabeln lernen müßte.

Alle drei sind musikalisch, lieben und spielen Cello und Geige, sind aber natürlich auch Jazz begeistert und begehrt als gute Tänzer.

Ein gemeinsames Hobby aber hat die ganze Familie: das Reisen. Es ist schon fast eine Leidenschaft. Zu einer Zeit, wo der Begriff Camping bei uns in Deutschland noch kaum bekannt war, zogen wir schon mit Zelt los und haben im Lauf der Jahre herrliche Gegenden kennen gelernt.

So, nun wißt Ihr Bescheid über mein Ergehen und begreift mein Glück. Es erscheint mir immer wieder wie ein Wunder, in einen Lebens- und Pflichtenkreis gestellt zu sein, der meinen Wünschen und Neigungen so völlig entspricht.

Wie ich für uns den Fortbestand der inneren Harmonie im Familienleben in Gesundheit und Schaffenskraft erhoffe, so wünsche ich es Euch allen auch von ganzem Herzen.

Eure Ursel

Ihr Lieben,

das war ein richtiges Adventsgeschenk, daß das Klassenbuch mich erreichte, und ich nun endlich mal von den meisten was erfuhr. Nur von Herzchen steht nichts drin – immerhin eine Adresse. Falls es mich mal je in jene Gegend verschlägt, werde ich nach ihr suchen.

Nach Erfurt bin ich seit dem Jahre 51 nicht mehr gekommen – da starb meine Mutter, der Vater war schon zwei Jahre zuvor davongegangen. Nun hält mich ja dort nichts mehr. – Meine Familie – das heißt mein Mann und alle Kinder sind im Jahre 55 von Dillingen nach München gezogen, wo mein Mann am Gymnasium unterrichtet. Wir haben eine sehr große Wohnung und günstig gelegen – mit Blick auf die Isar, sodaß wir den Millionenstadt-Betrieb nicht so spüren.

Die Kinder wachsen heran. Gottlob ist Fränzi jetzt so groß, daß sie mir im Haushalt helfen kann. Ludwig ist beim Militär – alle anderen gehen zur Schule, die Kleinste ist sechs. Dank der tüchtigen Hilfe von Fränzi ist mein Leben jetzt ein bißchen freundlicher, und ich kann auch mal mit meinem Mann ausgehen. Wir sind Mitglied der Theatergemeinde, und so werden wir jeden Monat in ein anderes Theater geschickt. Das finden wir sehr amüsant. Aber besonders gern gehen wir ins Gärtnertheater hinüber, da haben wirs nämlich nur 5 Minuten zu Fuß. Hin und wieder haben wir uns auch mal ohne die Kinder einen Omnibus-Ausflug ins Gebirge geleistet. In den großen Ferien findet man uns immer vollzählig zeltend am Staffelsee. Da dies Buch heute gegen Abend abgeholt wird, um mit einem Reisenden in den Osten hinüber zu wechseln, kann ich mich jetzt nicht ausführlicher verbreiten. Nur eine herzliche Einladung an alle, die mal nach München kommen, möchte ich aussprechen. Adresse, Telefonnummer und einen Straßenbahn-Plan hab ich zu den Adressen der anderen an den Anfang des Buches geschrieben. Laß Euch alle herzlich grüßen

Euer Klärchen

Ihr Lieben!

Es ist tatsächlich zwölf Jahre her, seit ich dies Buch in Händen hielt. Ich freue mich, daß es gerade die Eva zu mir brachte – sie kam nach Erfurt zum Besuch ihrer Eltern. Ja, sie zu sehen, war eine wirkliche Herzensfreude. – Ja, wenn ich so überdenke, was ist alles geschehen seit 1948? – Marie hat Abitur gemacht, studierte 8 Semester Theologie und heiratete gleich nach dem ersten Examen einen jungen Vikar. Wir haben eine fröhliche Hochzeit gefeiert, und Änne als die Patentante ist auch dabei gewesen. Im selben Jahr – denkt Euch, haben wir «Alten» unsre Silberhochzeit gefeiert. Wir kamen uns richtig komisch vor! Ganz still für uns allein. Da habe ich sehr an Euch gedacht, Ihr Lieben! Wißt Ihr noch, wie Ihr damals, als wir heirateten, alle miteinander die Französisch-Stunde schwänztet und zur Trauung in die Kirche kamt?

Unser Schwiegersohn – wie das klingt! – bekam sehr bald eine eigene Pfarrstelle in Nordthüringen. An einem Maiensonntag des

folgenden Jahres wurde Maria Zwillings-
mutter! Gottes Güte hatte ihr einen Seba-
stian und eine Barbara geschenkt. Und mich
zur glücklichen Großmutter gemacht. Acht
Wochen hatte ich die kleine Gesellschaft in
unserem Hause, und alles, was ich tat, mußte
ich gleich doppelt tun, aber es war eine herrliche Zeit! Es blüht einem da ein neues Le-
benslicht strahlend auf, und die eigenen
Kinder werden einem gleichsam noch einmal
geschenkt. Nun war die geliebte blaue
Wiege, in der schon unsre drei Kinder gelegen hatten, wieder bevölkert, und diesmal
gleich doppelt. Es sah ganz reizend aus. Und
nach zwei Jahren mußte sie zwangsweise
schon wieder geräumt werden für ein drittes
Kind. Wir haben die Enkel oft bei uns, um
Maria zu entlasten, die in der Gemeinde
hilft, und ihr fröhliches Lachen erfüllt unser
altes Haus, das noch sehr viel älter ist, als es
das Thüringer Pfarrhaus gewesen ist. Vor
anderthalb Jahren sind wir von dort fortgegangen. Mein Mann wurde in Erfurt Pfarrer
für Altersheime und Krankenhäuser. Drei
Krankenhäuser und 600 Alte in sieben verschiedenen Altersheimen. Da gibt es viel zu
tun, aber es ist eine schöne und dankbare

Aufgabe, bei der ich ihm auch gut helfen kann. Kommt es doch häufig nur darauf an, daß einmal am Tage jemand so einen Alten und Einsamen aufsucht, nur um ihm gut zuzureden oder etwas zu besorgen. Allerdings – und darüber klagt mein Mann – gibt es auch häufig Begräbnisse! Immerhin freuen wir uns, wieder im lieben alten Erfurt zu sein, dessen viele verborgene Schönheiten mich immer wieder neu beglücken.

Ich lade Euch alle herzlich hierher ein zu dem großen 30-Jahre-Treffen im Jahre 64. Wir wohnen sehr günstig hier, denn das alte Haus ist nur teilweise belegt. Leer stehen die Gesellschaftsräume der Waidjunker, und ich könnte Euch alle unterbringen. Das wäre wundervoll.

Irgendjemand von Euch hat das Abitur-Foto ins Buch geklebt, und ich habe mir grade unsre guten alten Pauker betrachtet. Den Direx haben wir gelegentlich gesehen. Er ist ein Bundesbruder meines Mannes; er war ja auch Theologe. Käterchen sieht man immer im Konzert, er ist ein rührender alter Opa geworden, Ihr wißt, daß er mit 60 Jahren geheiratet hat? Eine viel jüngere Frau! Der alte Hagestolz! Der Musiklehrer hat in zweiter Ehe eine Modeschöpferin geheiratet – ganz apart! Und «Elli» gibt Griechisch und Latein am katholischen Priesterseminar; vor einigen Jahren ist sie konvertiert. Mir dämmert, daß sie im Grunde nicht nur komisch sondern eben eine unglaublich tüchtige Person war und ist. Man kann immer nur sagen: «Wißt Ihr noch?» Hiermit bin ich ja das reinste Wochenblättchen geworden. Und dabei habe ich ganz meinen Sohn vergessen. Er wurde trotz bester Zensuren als Pfarrerskind nicht zum Studium zugelassen und wurde zunächst Autoschlosser. Aber auch nach der Gesellenprüfung bekam er wieder eine Absage, und da hat er sich über Nacht ohne unser Wissen nach West-Berlin abgesetzt. Es war für uns ein großer Kummer. Zunächst haben wir ihn vier Jahre nicht gesehen. Aber dann beschloß er, ein Mädchen von hier zu heiraten (wir mögen diese modernen Studentenehen nicht!). Aber zu seiner Hochzeit durfte er kommen, er konnte so sein neues Elternhaus kennen lernen, und sein Vater traute das junge Paar. Die Frau bleibt zunächst hier. Sie sehen keine andere Möglichkeit. Der Riß geht ja nicht nur durchs Vaterland, er geht fast durch jede einzelne Familie, das bedrückt doch sehr. Aber auch darin wird wohl ein uns verborgener Sinn liegen.

Laß Euch alle sehr herzlich grüßen mit vielen lieben Wünschen

Eure Anneliese

Da ist es wieder – das Klassenbuch. Es hat in mehr als drei Jahren immerhin einmal die Runde gemacht. Das ist anzuerkennen. Es fehlt nur das Herzchen. Und die Ilse, die sich doch früher hier schon mal eingetragen hatte. Ach, ja – Käthe, die Apothekerin! Die fehlt ja auch! Von Katharina werden wir leider so schnell nichts wieder hören. Sie war Ärztin geworden, wie Ihr wißt, mit Schwerpunkt auf Labor-Arbeit. Aber sie ist seit einiger Zeit gemütskrank, wie mir ihre Schwester sehr traurig erzählte, und sie lebt in einem Heim. Wahrscheinlich sind die harten Dinge, Irrenhaus für Männer, Lazarette usw. die sie sich in so sehr jungen Jahren zugemutet hat, doch zuviel für sie gewesen.

Das Buch ist ja sehr umfangreich zu mir zurückgekehrt. Irgendeine gute Seele hat es nachheften und neu binden lassen. Jetzt braucht man fast ein Lesepult dafür! Aber Ihr habt auch alle entsetzlich große Schriften und verbraucht viel Platz. Daß ich weiter die «Zentrale» sein darf, freut mich sehr. Das bedeutet, daß mir ab und zu jemand schreibt, wo das Buch steckt, und daß ich auf diese

Weise öfter von Euch hören werde. Das freut den Menschen, der hier doch ein bißchen einsam und abseits sitzt. Auf das dreißigjährige beginne ich mich schon sehr zu freuen. Das soll ja in Erfurt stattfinden. Am besten wohl zur Pfingstzeit? Das Klassenbuch brachte mir Eva, und das war eine Freude, mal wieder einen Menschen aus der «anderen Welt» da zu haben. Und wir merkten mal wieder, wie bescheiden doch unser Horizont geworden ist. Aber denkt Euch, ich habe Eva nicht gleich erkannt. 27 Jahre sind eben doch eine lange Zeit. Aber nach kurzem Gespräch war alle Fremdheit verschwunden, und sie war immer noch ganz die alte. Es war so richtig schön, und meine Mutter genoß es dankbar mit. Und Karla, soweit sie Zeit hatte, denn sie steckte im Abitur. Das Schriftliche hat sie schon gut überstanden, in vierzehn Tagen steigt das Mündliche. In fünf Fächern kann man dran kommen; wenn man Glück hat nur in zweien. Dann kommen vierzehn Tage Arbeit in einem Betrieb ohne Verdienst, um ein wenig von der Dankesschuld für die genossene Bildung und Erziehung abzutragen. Sie will dann ein praktisches Jahr als Schwesternhelferin in einem Krankenhaus machen, um Kontakt mit den Kranken überhaupt zu bekommen, ehe sie das Medizinstudium beginnt. Angeboten wird den Studenten sehr warm zwei Jahre Studium im befreundeten Ausland, Moskau, Prag, Kiew. Unterbringung in Internaten, ausreichendes Stipendium. Aber komischerweise haben die jungen Leute wenig Lust dazu. Und trotz acht Jahren russischen Unterrichts sprechen sie alle besser englisch und französisch. Das liegt uns eben irgendwie näher. Aber ins kapitalistische Ausland kann natürlich niemand zum Studium. Das ist klar.

Von mir gibt es nichts Neues zu berichten. Ich mache fröhlich meine Arbeit in unserem Dorf weiter. Zehn Jahre sind wir nun schon hier, und die Leute, die früher sehr gut ohne Medikamente auskamen, klingeln mich jetzt nachts aus dem Bett, nur weil sie Kopfschmerzen haben. Dafür versichern sie mir häufig, wie sehr sie mich schätzen und lieben. Das macht einem das Leben erfreulich, und so bin ich gar nicht neidisch auf all' die, die in der großen Welt leben und es «herrlich weit gebracht» haben! Meine Mutter ist 74 und noch immer die treue Stütze meines Haushalts. Hoffentlich bleibt sie noch recht lange gesund und frisch. Ich träume manchmal davon, es gäbe keine Zonengrenzen und ich könnte mich wie in alten Zeiten auf mein Fahrrad schwingen und losgondeln, dann würde ich Euch der Reihe nach besuchen kommen. Es gäbe eine nette Rundreise: Hannover – Oldenburg – Köln und runter bis Freiburg, München und Nürnberg! Nur zur Hertha nach Mexiko könnte ich natürlich nicht gelangen. Ilse – hörte ich grade – soll nach Berlin gezogen sein?

Kommt doch mal zu mir auf mein Dorf! Es liegt gar nicht so weit aus der Welt. Eva hat es doch grad ausprobiert und kann es Euch bestätigen. Auch für Söhne und Töchter würden wir ein Plätzchen finden. Ich denke herzlich zu Euch allen hin.

In alter Verbundenheit

Eure Änne

Ihr lieben Mit-Fünfzigerinnen,

denn das seid Ihr ja wohl alle, auf ein Jahr
darüber oder darunter kommt es in diesem
«hohen Alter» ja wohl nicht mehr an. Doch
es wird Euch wie mir gehen, was früher
furchtbar alt war und klang: für uns gilt es
nicht, denn unsere Kinder, unser Beruf und
die ständigen Anforderungen der Zeit erhalten uns jung und lassen uns noch mitten im
Leben stehen. Das spürt man ja auch aus all
den Eintragungen, die dieses dicke Buch inzwischen zu einem wahren Zeitdokument
werden ließ.

Die Lektüre hat mich gefesselt wie kaum je
ein Roman. Man kennt ja alle «Figuren», und
das Leben, das sie formte und führte, war
auch der eigene Lebensabschnitt. Und wenn
auch viele Ideale, die mit so beneidenswerter
Sicherheit im ersten Teil des Buches aufge-
stellt werden, nicht Wirklichkeit werden
konnten, so kann man doch in jeder Lebens-
linie ablesen, wie konsequent die Entwicklung einer jeden ging und daß manches
Schwere sich ins Positive verwandelte.

Genau 18 Jahre ist es her, daß ich zum letzten Mal einschrieb – eine Spanne, die sich kaum auf kurz bemessenem Raum nachtragen läßt. Es kann nur summarisch werden, und so bitte ich mir diese ungewöhnliche Schreibweise mit der Schreibmaschine zu verzeihen, denn mit der Hand würde ich das nicht schaffen. (Nehmen wir es gleich voraus, dann ist wenigstens die Frage, wie es mir geht auch beantwortet: das dicke Buch erreichte mich im Krankenhaus, wo ich 4 Wochen mit einer sehr unangenehmen Nervenentzündung lag. Arme und Rücken wie gelähmt vor Schmerzen, ein akuter Ausbruch der seit 12 Jahren vorhandenen, verstärkten Nervenschmerzen. Folgen von Überarbeitung. Darum behielt ich das Buch auch so lange, weil es mir bisher unmöglich war, mich an so langes Schreiben zu wagen). Aber mal muß es ja geschehen, damit das kostbare Stück weiterwandern kann.

Ab 1944: das heißt – noch ein Jahr Krieg, zerbombte Wohnung (die Möbel konnte ich zum Glück zum großen Teil bergen, ebenso die Bücher!), in vier Jahren achtmal umziehen innerhalb Erfurts; das heißt – Rückkehr meines Mannes, den Ihr ja als «Wölfchen» kennt, Zusammenbruch der Illusion, die ich unbewußt (zuletzt wohl schon recht bewußt) mit meinem Idealismus zu halten versucht hatte, entschuldigend mit Trennung und Krieg, was doch innnere Entwicklung, bzw. Auseinanderentwicklung war, und sich nun, wenige Monate nach Kriegsende als unerträglich und unwürdig erwies. Mit der Scheidung zugleich Verlust jedes materiellen Rückhaltes, denn das Geschäft im zerstörten Geschäftshaus in der Meyfarthstraße wurde Deutsche Handelszentrale. Wolf führte dann in Kassel die dortige Filiale weiter – ohne meine Beteiligung.

Doch ich hatte meine Ursula, hatte als unvergleichlich verständnisvolle Freundin meine Mutter (mein Vater starb 1944) und ich hatte bald einen neuen Lebensinhalt, ein klares, reines Ziel, das zu erkennen wohl alle Dunkelheit zuvor notwendig gewesen ist. Die Begegnung mit meinem jetzigen Mann gab meinem Leben eine neue Richtung und einen reichen Gehalt.

Anneliese ist wohl die einzige, die diese Entwicklung verfolgen konnte, denn ihr liebes Pfarrhaus war manchesmal Unterkunft auf Wanderungen und zugleich Raum für

Stunden mit Dichtung und Musik, die uns allen über die schwere Zeit hinweghalfen. Mein sehr viel jüngerer Mann studierte damals in Jena, an vielen Vorlesungen nahm ich teil, einen großen Teil der Pflichtliteratur las ich für ihn mit, und als er dann als Bibliothekar die Zweigstelle West der Volksbücherei Erfurts im alten Brühl eröffnete, half ich meinem Mann begeistert, bis Renate, im Oktober 1949 geboren, mich zunächst sehr in Anspruch nahm. Ursula war begeistert und fand, daß wir nun erst eine richtige Familie wären; sie liebte den neuen Vati vom ersten Tag an, spürte seine Wärme und Liebe und Anteilnahme, die ihr früher oft gefehlt hatte. Wir wohnten nun im alten Elternhaus, um meiner Mutter nahe zu sein, die viele Jahre schwer krank war und nicht allein bleiben konnte – eine liebe, innigst anteilnehmende Gefährtin bis 1955.

Unser gemeinsames Leben wurde immer reicher. Alle äußeren Schwierigkeiten, alle vielseitige Arbeit wurde geschafft aus der gemeinsamen Kraft und der großen Freude, die eben diese Arbeit gab. Vor allem die Jahre 1952–57, als mein Mann nach zweijähriger Tätigkeit in der Arnstädter Bücherei die wissenschaftliche Bibliothek im Pädagogischen Institut in Erfurt aufbaute, waren unheimlich turbulent. Vorträge in Arnstadt in der Volkshochschule, fortgesetzt dann in Erfurt im Kulturbund, hielten uns ständig in Trab. Alle 14 Tage fanden sich in der Arbeitsgemeinschaft Literatur unsere «Stammgäste» ein, immer größer wurde der Kreis, und jedesmal mußte ein neuer Vortrag erarbeitet sein. Ich wuchs immer mehr in diese Arbeit hinein; zunächst nur mitlesend und zuhörend, dann Leseproben übernehmend, schließlich mal einspringend, wenn er verhindert war, und endlich arbeitete ich selbst welche aus. Buchbesprechungen zunächst, kurze Dichterporträts dann, wie Thomas und Heinrich Mann, Anna Seghers und manches andere, über die es zunächst noch keine Literaturgeschichte gab. Ich fuhr viel in den Landkreis hinaus, machte Lesestunden in Altersheimen, sprang in der Schule, wo ich als Elternbeiratsmitglied vertraut war, ein, wenn ein Deutschlehrer fehlte. Es machte sehr viel Freude, wenn das Leben auch recht unruhig war; doch dieser Beruf ließ mich wenigstens in den Tagesstunden meist zu Hause sein, den Kindern erreichbar und die Zeit stets selbst disponierend. Ursulas Konfirmation wurde ein schöner Abschluß für unsere Erfurter Zeit, in jeder Beziehung, auch für mein früheres Leben, denn es war das letzte Mal, daß Wolf in Erfurt war. Ich hatte das Verhältnis zu ihm langsam zu einem klaren, freundschaftlichen werden lassen, Ursula zuliebe, die ich auch jedes Jahr zu ihm fahren ließ. Seine zweite Frau half sehr dabei, und so wurde es sinnvoll und tragbar. So war es möglich, diese Stunden mit beiden «Vätern» sehr harmonisch zu gestalten und unvergeßlich werden zu lassen, zumal Wölfchen dann im August 1958 in Kassel starb.

Abschluß der Erfurter Zeit, denn 1951 zogen wir nach Leipzig, wo mein Mann als Dozent an der Fachschule für Bibliothekare eine sehr interessante Tätigkeit fand. Ursula besuchte dort die Oberschule, Renate, lebhaft und innigst zärtlich, frech-fröhlich und doch sehr sensitiv (eine schwierige Mischung von meines Mannes Innerlichkeit und meinem Temperament!) stellte sich schnell um, wurde stämmiger, körperlich und seelisch, was in heutiger Zeit wohl nichts schadet. Ich arbeitete dort mit dem Paul-List-Verlag, für

den ich Korrekturen las, vor allem die hoch-
interessanten Werke von Stefan Heym – wieder eine Tätigkeit, die es mir ermöglichte, zu
Hause zu arbeiten und da zu sein, wenn die
Kinder aus der Schule kamen und Freude
oder Zorn auspacken wollten und mich
brauchten. Nur langsam bahnte sich mir
dort eine Vortragstätigkeit an, diesmal vor
allem vor Frauenkreisen in Betrieben u. ä.,
wo ich besonders über Kinder- und Jugend-
bücher sprach. Denn da mein Mann vorwiegend Kinderliteratur-Vorlesungen hielt,
machte sich diese Kategorie bei uns recht
breit, und so ist es auch nicht verwunderlich,
daß aus der Arbeit mit diesen Büchern bald
kleine Buchbesprechungen und Artikel entstanden, die mich zur Mitarbeit an der Zeitung führten.

Wieder war es ein gemeinsamer Weg.
Mein Mann hatte schon seit Jahren als Mitglied der CDU für die «Neue Zeit» (das ist
das Zentralorgan der CDU, so wie das
«Neue Deutschland» für die SED – dies nur
zur Erklärung für unsere Freundinnen außerhalb der DDR) Artikel geschrieben, und
als sich aus mancherlei Gründen die Arbeit
in Leipzig nicht so positiv wie versprochen

und erhofft entwickelte, folgte er dem Ruf, die Kulturredaktion dieser Zeitung in Berlin zu übernehmen. Der Entschluß nach Berlin zu gehen, 1959, in völlig ungeklärten Verhältnissen (die ja leider heute noch nicht «geklärt» sind) fort aus einer eben erst hergerichteten bildschönen großen Wohnung, fiel nicht leicht. Doch wir haben ihn nie bereut. Wir hatten das unwahrscheinliche Glück, schon nach 4 Monaten wieder beisammen zu sein: im Ringtausch fanden wir in Kleinmachnow ein «Traumhäuschen», mitten im Grünen, mit Garten, Birken, Kiefern und einer dichten Forsythienhecke um die große Steinterrasse. Wir kamen uns zunächst vor wie im Film, und noch heute, wo Kleinmachnow weltabgeschieden ist wie nie vermutet, sind wir glücklich über dieses Paradies, diese 4½ Zimmer im Häuschen ganz für uns!

Für Ursula war die Umstellung recht schwierig, in der 11. Klasse wechselt man nicht gern mehr Schule und Schulatmosphäre – denn vor allem diese hier war völlig anders. Die jungen Menschen hier fühlen sich alle schon wie sehr fertige Persönlichkeiten, da die Väter zumeist Künstler,

Filmregisseure, Autoren, Schauspieler oder so sind und der dicke Geldbeutel alles ermöglicht. Doch Ursula hat sich dann mit ihrer kameradschaftlichen Art gut eingelebt und das Abitur hier gemacht. Renate vertauschte das gräßliche Sächsisch binnen 24 Stunden mit einem frechen Berlinerisch, gegen das ich bereits bremsen muß. Sie sind beide, jeweils für ihr Alter, recht sicher und wissen genau, was sie wollen. Der Ton ist manchmal sehr burschikos, doch uns gefällt's, und dadurch ist ein ganz freundschaftliches Vertrauensverhältnis entstanden, das mir viel wertvoller ist als braves «Gehorchen». Ursula ist nun seit September in Leipzig, hat dort ein hübsches Zimmer bei einer sympathisch modernen Wirtin, nahe der Fachschule für Bibliothekare, wo sie also auf den Spuren des Vaters stapft, mit viel Freude und Interesse, eigenem Dazutun und auch natürlich viel Kritik – wie sich das gehört in diesem Alter und auch ansonsten. Das zweite Studienjahr wird sie im Praktikum in Potsdam verbringen, was sie aus mancherlei Gründen wünscht, denn sie hat schon sehr konkrete Vorstellungen von ihrem eigenen persönlichen Lebensweg.

Mein Mann hat mit dieser neuen Tätigkeit ein sehr vielseitiges, anregendes Aufgabengebiet gefunden, das ihn sehr befriedigt, aber natürlich auch über alle Maßen anstrengt. Jede Redaktion ist ein turbulentes Etwas, in dem es nie Ruhe und immer Aufregung gibt, auch in der Kultur. Und gerade die «Neue Zeit» legt ganz besonderes Gewicht auf die Kulturseiten, der Zusammensetzung ihrer Leserschaft entsprechend. Manches Schöne gab es dafür schon zum Ausgleich und neuer Anregung: die Weltfestspiele in Wien 1959, die Filmfestspiele in Karlsbad, eine Reise durch Polen, der jetzt eine nach Danzig folgen soll, Erlebnisse, über die ich mich für ihn sehr freue, da er doch durch Krieg und die schweren Jahre danach noch wenig rauskommen konnte. Die Farbfilme lassen uns dann immer daran teilnehmen und haben schon manchen Abend mit Freunden ausgefüllt.

Der große Freundeskreis, der sich in Erfurt vor allem durch unsere berufliche Tätigkeit zusammengefunden hatte, ist zwar in alle Winde zerstreut, besteht aber heute wie je. Und wenn sich doch einmal einer davon zu uns hinaus «wagt», wird das Gespräch fortgesetzt, als sei es nie unterbrochen. Gewiß, jetzt ist alles sehr erschwert: 35 Minuten mit der S-Bahn hatten wir von hier bis zur Redaktion in der Zimmer-Friedrichstraße. Jetzt brauchen wir 2¼ Stunden: Bus, dann Schnellverkehr mit dem «Sputnik», dann S-Bahn und noch 10 Minuten Weg. Mein Mann fährt meist mit einigen Kollegen mit dem Auto, ich selbst gab meine Stelle, die ich ab 1. 1. 60 in der Redaktion hatte, auf; ich könnte es weder gesundheitlich schaffen, noch dem Haushalt und vor allem Renate gegenüber verantworten.

Ich arbeite seitdem freiberuflich, bin also meist für Renate da und bin andererseits frei genug, um auf Reportagefahrten zu gehen, die mich oft zu sehr interessanten Aufgaben führen. Schließlich habe ich ja «meinen Chef» im Hause, wir beraten gemeinsam, was mir Spaß machen würde und was ich mit meinen persönlichen Wünschen verbinden kann. So liegen also – merkwürdigerweise – die meisten Arbeitsziele irgendwie auf der Strecke Leipzig–Erfurt, und ich bin öfter in den alten heimatlichen Gefilden.

So müßten wir uns doch eigentlich einmal sehen können. Schade, daß ich bisher immer erst hinterher durch Eure netten Grüße erfuhr, wenn wieder ein Klassentreffen war. Ich würde sehr, sehr gern einmal daran teilnehmen, nur müßte ich es sehr rechtzeitig wissen, da mein Terminkalender das reinste Labyrinth ist. Ob es wohl aus dem geplanten Ostertreffen etwas wird? An welchem Tag denn? Doch gewiß nicht am 1. Feiertag, da könnte ich unmöglich. Nun, das werde ich ja noch erfahren.

Lang und ausführlich habe ich jedenfalls jetzt von uns berichtet. Viel lieber würde ich noch auf die Eintragungen der einzelnen eingehen, aber das führte ja ins Uferlose. Die Bilder sind alle sehr interessant, ganz vertraut ist jede noch, und in der Tochter sehen wir meist die alte Klassenkameradin nochmals in natura, bei so viel verblüffenden Ähnlichkeiten. Von meinen beiden Töchtern wird zwar das Gegenteil behauptet. Ich werde versuchen, einigermaßen gültige Fotos herauszusuchen.

Nun will ich mich aus diesem großen Gespräch wieder zurückziehen, wartend auf Wiederbegegnung und auf das, was das Buch weiter aufzeichnen wird. Wir wollen es sehr hüten in dem Trubel und der Ungewißheit unserer zerrissenen Welt.

Ich wünsche Euch von Herzen alles Gute!

Eure Ilse

Ihr Lieben,

endlich, endlich habe ich Gelegenheit, den sogenannten «Brief» auf «die andere Seite» mit hinüber zu geben. Und als «Zentrale» schreib ich noch ein paar Worte hinein. Unser geplantes und erhofftes Treffen im nächsten Frühjahr hier in der DDR werden wir wohl aufgeben müssen. Aufenthaltsgenehmigungen müssen ziemlich erkämpft werden, wenn man hier keine Verwandten ersten Grades hat. Und die meisten schrecken davor zurück. Leider! Es wäre so schön gewesen. Und andersrum können wirs ja ohnehin nicht machen, da wir nicht raus dürfen. Umso wichtiger ist die briefliche Verbindung und Verbundenheit.

Meine Karla ist noch im Studium. In Leipzig. In den Ferien arbeitet sie in der Mark. Es gibt keine obligatorische Pflicht für die Studenten, irgendwo in der Mark drei Wochen lang Entwässerungsgräben auszuheben, aber es wird jedem Studenten ein Zettel zur Unterschrift vorgelegt: «Ich betrachte es als meine obligatorische Pflicht, drei Wochen freiwillig bei den Entwässerungsgräben zu helfen.» So tut sies also und ich sehe sie wenig. Ich selbst studiere allerdings auch, und das auf meine alten Tage. Ich möchte Arzthelfer – das ist Schmalspurarzt – werden für unser Dorf. Vorigen Winter war ich sechs Monate in Weimar auf der Medizinischen Fachschule, jetzt mache ich ein halbes Jahr Praktikum im Krankenhaus für Internistik, im Oktober geht dasselbe noch mal für Chirurgie los. Am Schluß der zwei Jahre denke ich dann hier in unserem Dorf als Schmalspurarzt eingesetzt zu werden – für einfache Fälle eben. Komplizierteres muß man an Kundigere weiterreichen. Aber ich traue mir schon zu, das zu entscheiden. Das Lernen war recht schön und wirklich erholsam gegen die umfangreiche praktische Arbeit, die ich vorher hier hatte. In Latein habe ich natürlich meine alte 1 bekommen, und ich segnete das Andenken unsres mittlerweile seligen Krausulus. Meiner Mutter geht es Gott sei Dank immer noch leidlich, obwohl der Winter ohne mich nicht sehr schön für sie war. Ich konnte nur jedes Wochenende heimfahren; jetzt ist es besser, daß ich wieder auf sie aufpassen kann, damit sie nicht übermütig wird und etwa meint, sie könnte noch immer wie früher. «Gehorsame Mütter sind die Freude ihrer Kinder» pflegen wir in unsrer Familie zu zitieren.

Nun lebt recht wohl, laßt es Euch gut gehen, wo Ihr auch seid! Und seid in alter Verbundenheit auf das herzlichste gegrüßt

von Eurer Änne

Gründelhardt, den 29. 12. 1963

Meine lieben Kameradinnen!

Aus dem sibirischen Teil von Württemberg, meiner 2. Heimat, sende ich Euch alle meine herzlichsten Grüße, verbunden mit den besten Wünschen für ein Neues Jahr, auch für Eure Familien. Möchte uns vor allem der Frieden erhalten bleiben.

Im Juni 1964 werden es 10 Jahre, daß ich in Gründelhardt als prakt. Ärztin niedergelassen bin. Als Flüchtling baute ich meine Praxis mit einem staatl. Darlehen auf. Es gab viele Schwierigkeiten zu überwinden. Meine Praxistouren machte ich zunächst mit dem Fahrrad, – Geschenk einer Arztwitwe aus der Stuttgarter Gegend, bei der ich die Praxis des verstorb. Mannes ½ Jahr lang geführt hatte, – dann mit einem Moped, schwieriges Kapitel, Pannen genug. Im Herbst 1955 konnte ich mir dann nach Erhalt des Darlehens einen VW kaufen, jetzt habe ich seit 3 Jahren den 2., mit Sonnendach, herrlich im Sommer!; 50000 km habe ich schon drauf. Eine eingebaute Heizung sorgt im Winter, dem schlimmen, dafür, daß die Scheiben nicht zufrieren. Mit wieviel Schwierigkeiten hat doch ein Landarzt zu kämpfen im Winter! Vereiste Wege, tief verschneite Wege, auf denen noch kein Schneepflug gefahren ist u. s. w. – Anfangs kamen mehrere Ärzte aus dem Umkreis in mein Gebiet, die Gemeindeschwester, inzwischen versetzt, beeinflußte manchen Patienten, der zu mir wollte, sich von den anderen Ärzten behandeln zu lassen. Inzwischen hat sich viel geändert. Ich habe die Konkurrenz aus dem Felde geschlagen. Nur eine Kollegin, die schon seit langem einen kleinen Patientenkreis in Gründelhardt hat, kommt nach wie vor. Mein Verhältnis zu ihr ist gut. Ich rechne jetzt etwa 300 Kassenscheine im Vierteljahr ab. Dazu kommt noch die Privatpraxis. Es ist natürlich eine kleine Praxis, aber ich kann davon leben. Ich mache alles allein, ohne Sprechstundenhilfe. Eine Putzfrau besorgt die Reinigung meines netten, kleinen weißen, gemieteten Hauses, das umgeben ist von einem Gärtle. Eine nette Nachbarsfamilie u. einige andere Leute bewachen das Telefon, wenn ich unterwegs bin. Meine langdauernden intensiven Bemühungen, einen guten Hausgeist zu engagieren, schlugen bisher fehl. Aber ich bin froh, daß ich eine tüchtige Putzfrau habe, die auch für mich wäscht, bügelt und flickt und den Garten besorgt. Ihr seid alle herzlichst bei mir eingeladen, wenn Eure Reise je über Crailsheim geht (Bahnstation), empfehle Euch jedoch im Sommer zu kommen. Im Winter ist es zeitweise entsetzlich kalt hier, auch in meinem Hause, dem, damit es gemütlich wird, noch einige Öfen fehlen. Ich muß halt alles nach und nach anschaffen. Weil das Haus so verwahrlost war, mußte ich einige tausend Mark investieren für die Erneuerung der Fußböden (Linoleum), für Waschbecken m. fließ. Wasser u. a. m.

Ich habe einen sehr netten Patientenkreis. Die Leute, kleine Bauern, die z. T. in der Stadt in Fabriken zusätzlich arbeiten oder im Wald, sind noch so urwüchsig. Sie werden sehr alt! Gründelhardt ist eine Gemeinde mit Teilorten, hat i. g. etwa 1300 Einwohner. Ich komme auch in eine Nachbargemeinde, Oberspeltach. Meine Praxisfahrten sind sehr schön, führen oft durch den Wald. Ich möchte nicht in der Stadt leben. Crailsheim ist das Kreisstädtle. Ich fahre ab und zu hin zum Einkaufen v. Leb.mitteln, die ich in

Grdhdt. nicht bekomme, auch um dest. Wasser in der Apotheke zu holen u. s. w. Im übrigen sause ich ab und zu mal nach meinem geliebten Stuttgart, das ich während meiner Ludwigsburger Zeit – ich war 1942–45 als Ass. Ärztin in einer Chir. orthopäd. Kinderklinik mit Säuglings- u. Infekt.abt. – genossen habe, Gemäldeausstellungen, Oper und Theater. Ich habe liebe Bekannte in der Stuttgarter Gegend, mit denen mich eine tiefe Freundschaft verbindet. Die Stuttgarter Schwaben sind ganz besonders nett. Auch hier in Crh. besitze ich einige gute Kolleginnen und Kollegen mit denen ich zusammenkomme. Musik ist meine große Passion. Ich habe einen Musikschrank und schöne Schallplatten. Meine guten Eltern, denen ich mein Lebensglück, meinen schönen Beruf verdanke, leben beide nicht mehr. Mutti starb plötzlich 1959 an einer Embolie bei grippalem Infekt, mein Vater 1958 an einem Herzinfarkt. Meine älteste Schwester Elfriede lebt auch im Westen mit ihrer Familie. Ihr ältestes Kind, Ute, ist bereits verheiratet, hat einen netten Jungen. Michael, das 2. Kind, absolviert z. Zt. seine Soldatenzeit. Sieglinde und Gudrun, meine jüngeren

Schwestern leben beide in Gebesee mit ihren Familien. Bitter ist die Trennung. Anläßlich der Bestattung unseres Vaters haben wir uns zuletzt gesehen.

Zum Schluß möchte ich Euch noch die Selbstbetrachtungen des Kaisers Marc Aurel (Reklamausgabe), ein kostbares Büchlein, empfehlen.

Stets Eure Hertha genannt «Herzchen»

Ihr Lieben alle in Ost und West!

Endlich hat das Herzchen sich gemeldet. Man merkt nachträglich, daß es eine Art Sorgenkind in unserer Klasse gewesen ist, nicht wahr? Und nun ist sie eine so tüchtige und unternehmende Ärztin. Kaum zu glauben!

Bei uns Meyers ist es sehr viel ruhiger geworden seit meiner letzten Eintragung; die Sprößlinge sind ausgeflogen, und nun ist es eine große Freude, wenn sie mal hereinschauen und ein wahres Fest, wenn sie alle zur gleichen Zeit da sind. Das kommt nicht mehr oft vor, denn unser Sohn ist jetzt Funkoffizier bei der Handelsmarine geworden und führt das ruhelose Leben eines Seemanns. Dieser Beruf ist für ihn das einzig Richtige, denn ein unruhiger Geist war er immer. Seine Reederei ist in Bremen. Sie befahren Mittelmeerländer, Afrika, Vorderen Orient und Schwarzes Meer. Neben der Funkerei versieht er noch die Verwaltung es gesamten Schiffes, wofür er eine extra Besoldung bekommt. Diese jungen Leute verdienen eine Menge Geld, müssen dafür ja aber auch ein sehr «unbürgerliches Leben» in Kauf nehmen. Er spart und hat so seine bestimmten Pläne für die Zukunft. – Barbara, die Älteste ist ja nun seit fünf Jahren in der gleichen Hamburger Firma als Auslandskorrespondentin und Sachbearbeiterin. Es ist ein unheimlich großes Im- und Exportunternehmen, wo sie sich mit Zähigkeit von Sprosse zu Sprosse emporgearbeitet hat. Sie hat wohl Heiratsabsichten; aber das ist ein dornenreicher Weg! Der junge Mann ist nämlich wesentlich jünger als sie und hat seine Ausbildung als Pastor eben erst begonnen. Aber zum einen ist unsre Tochter ein geduldiger und ausgeglichener Mensch, zum anderen gefällt uns der Junge so gut, daß wir diesen Plänen nicht im Wege stehen.

Ob wir unserer Jüngsten, die es ja durch ihre Diabetes am schwersten gehabt hat, eine Ausbildung für einen Traumberuf würden bezahlen können, macht uns immer Kopfschmerzen, denn es ging uns doch recht mager. Da veränderte plötzlich eine Gesetzeserweiterung unser Leben. Und zwar in der Form, daß mein Mann plötzlich mit in den Kreis der 131er Versorgten gehörte, was er im Leben nicht zu hoffen gewagt hatte. Er

wurde also pensionsberechtigt. Da er als An-
gestellter im Versorgungsamt weit weniger
verdiente, als seine Pension ausmacht, bekommen wir nun zusätzlich die Differenz
dazu. Das war ein ganz großes Glück, das nur
der zu begreifen weiß, der wie wir lange
Jahre was Ehrliches rumgekrebst hat, um allen in der Familie gerecht zu werden. Nun
konnten wir unsrer Jüngsten die Kurse bezahlen, die sie als Arzthelferin braucht; sie
schaffte, obwohl sie nur Volksschule hat, alles besser als die Konkurrentinnen mit Abi
und war ganz stolz. So ganz nebenbei hat sie
sich dort noch einen jungen Apotheker gean-
gelt, und vermutlich wird sie als erste von
den dreien heiraten. Der künftige Schwiegersohn ist Apotheker in einem Industriebe-
trieb in Karlsruhe, und unsre Heide hat eine
Stelle als Arzthelferin beim Leiter von vier
Versuchslaboratorien in einem kleinen Ort
südlich von Ulm. Sie ist sehr begeistert von
ihrer Arbeit, dem Betrieb, dem Städtchen,
der Gegend. Und ab und zu können die beiden sich sehen.

Von mir selbst ist weiter nichts zu berichten, als daß man eben immer für alle in der
Familie da ist, Nöte auszubügeln hat, Wogen

glätten muß, Ratschläge erteilen, wobei man sich garantiert in die Nesseln setzt; neue Familienmitglieder hat man möglichst ohne Umstände und reibungslos in die eigene Familie einzugliedern, und aus allem Scheußlichen muß man immer noch ein Quentchen Positives herausfinden. Na, usw. usw.

Sehr bekümmert hat mich, daß aus Ännes schönem Plan eines Erfurter Treffens nichts hat werden können. Ich seh es ein – es machte einfach zu große Schwierigkeiten. Aber ich will mal versuchen auf eigene Faust eine Reise nach drüben zu machen, um die dort noch Lebenden aufzusuchen. Sorgt, daß das Buch nirgends jahrelang ruht, und gebt mir ab und zu Bescheid, wo es ist.

Und damit Gott befohlen

Eure Erika

Es wird dem aufmerksamen Leser aufgefallen sein, daß Käthe, die Apothekerin, die im ersten Teil dieses Buches so oft berichtete von ihren Erfolgen und ihrer sie so sehr befriedigenden Tätigkeit, seit langem nichts mehr hat von sich hören lassen. Sie lehnte jeden Bericht ab, obwohl sie in Erfurt geblieben war und die treue Buchverwalterin Änne sie ab und zu aufforderte. Ihre Ehe mit dem Besitzer einer kleinen pharmazeutischen Fabrik war fehlgeschlagen – sie hat niemals erklärt, warum –, und sie war in ihre Apotheke zurückgekehrt. Zufrieden oder unzufrieden – niemand erfuhr das. Sie war sehr schweigsam. Aber immer noch von dem eigentümlich weichen Charme, der schon das junge Mädchen ausgezeichnet hatte. Plötzlich, mit etwa 40 Jahren, heiratete sie wieder; einen sehr jungen Mann von auffallend hübschem Äußeren und dem, was man ein «einnehmendes Wesen» zu nennen pflegt. Eine Art Charmeur war er und viel auf Reisen; Vertreter für irgendwelche Handelsartikel. Als Käthe 42 Jahre alt war, bekam sie einen kleinen Sohn, der sie sehr beglückte und völlig ausfüllte. Wenn man sie sah, sprach sie vor dem Kind nur über dieses Kind. Es hatte ganz ungewöhnliche Vorzüge und Begabungen (wir übrigen fanden es schlichtweg ungezogen). Und es war auffallend, daß Käthe in einem miserablen nervlichen Zustand war. Sie sprach viel und schnell und brachte für ihr Gegenüber keinerlei Interesse mehr auf; Gespräche mit ihr kamen eigentlich nicht mehr zustande.

Unsere treue Verwalterin Änne teilte uns allen mit, daß die wirtschaftlichen Lebensbedingungen der Familie unglaublich schlecht seien, auch ihre Wohnbedingungen. Wir alle, die wir im Westen lebten, sollten ihr doch bitte abgelegte Kleidung schicken, vor allem auch Kindersachen, und das taten wir. Als ich einmal im Sommer zum Besuch meiner Eltern in Erfurt war, besuchte ich sie. Sie ließ mich aber nicht ein. Es sei nicht aufgeräumt bei ihr, erklärte sie, und wir setzten uns zu einem Schwatz miteinander auf die Treppenstufen.

1964 – der kleine Bub kam gerade ins dritte Schuljahr – wurde der Vater eines Tages verhaftet. Unterschlagungen, Urkundenfälschungen, ja offene Diebstähle – vieles hatte sich angehäuft. Das alles erfuhren wir aber erst später. Zunächst gingen Klassenkameradinnen, die in der Stadt waren, mehrfach zu Käthe, trafen sie aber nicht an; fragten die Mitbewohner im Haus – seit Tagen hatte niemand sie gesehen; fragten in der Schule – da hatte der Kleine seit Tagen unentschuldigt gefehlt. Darauf benachrichtigte man den «Abschnittsbevollmächtigten» und dieser seinerseits die Polizei. Man öffnete die Wohnung und fand Käthe und das Jungchen erhängt vor. Niemand konnte es fassen. Sie hatte wohl die Schande nicht ertragen ... als Schande empfand sie es. Und sie wollte diesem Manne ihr Kind nicht lassen. – Wegen der schrecklichen Ereignisse entließ man den Mann für einige Tage aus der Haft. Er holte sofort alles Bewegliche und Brauchbare aus der Wohnung heraus und verkaufte es. Zwei Paketbenachrichtigungen lagen im Postkasten – von Freundinnen seiner Frau aus dem Westen geschickte Dinge. Er hatte die Frechheit, liebenswürdige Dankesbriefe zu schreiben im Namen seiner Frau, die nach einer schweren Gallenoperation für Wochen im Krankenhaus wäre und der es noch gar nicht gutginge. Er bäte um weitere Unterstützung, denn er persönlich säße geschäftlich gerade in einer Flaute.

Ich sehe sie noch im Garten sitzen während der Lateinstunde, ihr reizendes Gesicht der Sonne zugewandt; ich sehe sie mit pfiffigem Gesicht und den Allüren einer Zauberkünstlerin Mixturen in Reagenzgläsern herstellen. Wie schade, daß sie es nicht fertiggebracht hat, sich von diesem Mann zu lösen und wieder auf eigene Füße zu stellen. Jeden Tag hätte sie zumindest halbtägig wieder in einer Apotheke anfangen können, um sich und das Kind über Wasser zu halten. Wir bewahren ihr ein mitleidendes Andenken.

Oldenburg, Oktober 1965

Erika über Jutta

Ihr Lieben, – mehr als drei Monate hat dies Buch bei Jutta gelegen. Sie hat es mir jetzt zurückgereicht mit dem Bemerken, daß es ihr unmöglich sei, zur Zeit etwas über sich selbst zu sagen und daß ich es doch bitte für sie tun möchte. Denn dadurch, daß ich meine Eltern regelmäßig in Freiburg besuche, sehe ich ja auch sie von Zeit zu Zeit. Es ist bei ihr wie überall – die Kinder sind in der Ausbildung und kosten Geld. Der Mann ist Chemiker, und im allgemeinen sind Wissenschaftler keine Krösusse. So hat sie also tapfer mit verdient. Sie haben eine große Wohnung, und sie hat die irgend entbehrlichen Zimmer an ausländische Studenten vermietet, gleich mit voller Pension, was etwas einbrachte, aber auch viel Arbeit gemacht hat. Aber für die Kinder war es natürlich im Hinblick auf die Sprachen eine ganz vorzügliche Schulung.

Die Arme ist viel krank gewesen. Meist schien es die Galle zu sein. Und sowie sie zu viel Arbeit hatte, ging es ihr schlechter als zuvor. Sie mußte sehr auf sich aufpassen. – Nun ist im letzten Herbst bei einer Routineuntersuchung auch noch Krebsverdacht hinzugekommen, und sie mußte sich in der Universitätsklinik einer ausgiebigen Strahlenbehandlung unterziehen. Es scheint Gottlob von Erfolg gewesen zu sein; jetzt ist sie zur Erholung im Schwarzwald.

Niemand, der sie in letzter Zeit gesehen hat, hätte geglaubt, daß sie so krank ist. Ihr Sohn studiert ja in München, und sie hat ihn vor kurzem noch besucht – ehe sie in das Sanatorium ging! Sie hat bei Klärchen gewohnt, und diese war zutiefst beeindruckt von Juttas Haltung – sie sprach überhaupt nicht über ihre Krankheit. Sie hat tagelang mit ihrem Sohn Museen angesehen; war aufgeschlossen und erstaunlich unternehmungsfreudig. Wir wollen hoffen, daß sie die Quälerei nun überstanden hat und sich wieder ihres Lebens freuen kann.

Was uns anbelangt, so hab ich nichts zu berichten. Ich schreibe hier nur anstelle von Jutta. Und bin mit vielen Grüßen an alle

Eure Erika

Auf der nächsten Seite ist ein schwarzgeränderter Brief eingeheftet. Es ist die Todesanzeige von Jutta. «Sie ist von ihrem schweren Leiden erlöst worden. Um uns ist eine große Leere.»

Meine Lieben!

Jetzt habe ich unser Buch schon über 2 Monate und muß mich leider von ihm trennen, obwohl es immer wieder zum Lesen verlockt. Am reizvollsten ist es, von hinten anzufangen, da ist man dann zum Schluß richtig wieder jung geworden – problemlos und sorgenfrei.

Trotzdem bin ich froh, Euch berichten zu können, daß sich bei uns in den vergangenen 7 Jahren nichts Außergewöhnliches ereignet hat. Zwar habe auch ich durch Erkrankungen meine Familie in Aufregung versetzt, aber mein Leibarzt konnte mir immer bald wieder auf die Beine helfen. Wir leben nur noch zu dritt mit dem Vor-Abiturienten Georg im gewohnten häuslichen und beruflichen Bereich. Unsre im doppelten Sinne großen Söhne (der Jüngste ist mit seinen 1,89 immerhin zehn Zentimeter kleiner als sein Bruder) haben sich nun schon ihren eigenen Lebenskreis geschaffen; der eine als angehender Psychologe in Freiburg betreibt ein «Breitbandstudium» und wird sich noch nicht so bald von seiner alma mater trennen. Der andere – in Erlangen, beschäftigt sich als Systemanalytiker mit den Möglichkeiten der elektronischen Datenverarbeitung für die Betriebsorganisation. Beide haben – obwohl sie noch studieren, im vorigen Sommer geheiratet und uns damit endlich die Töchter ins Haus gebracht, die wir selbst nicht bekamen. Nur glauben wir, daß unsere weiblichen Eigenprodukte dann bestimmt nicht so tüchtig, klug, charmant und vor allem lieb ausgefallen wären wie diese beiden Mädchen Ute und Elisabeth. Daß unsere Söhne diese nach dem Beruf wichtigste Lebensentscheidung unbeeinflußt von den Eltern ganz in unserem Sinne getroffen haben, betrachten wir als großes Geschenk, das wir dankbar genießen.

Sonst führe ich nach wie vor das Leben einer vielbeschäftigten Arztfrau. Ich bin zwar mit der gleichen Begeisterung wie früher in der Praxis tätig, nur fällt es mir leider nicht mehr so leicht, und der Haushalt will dabei ja auch noch versorgt sein. Da sich auch mein Mann von der Pflicht der Verantwortung den Patienten gegenüber immer weniger lösen kann und dazu wegen seiner

Klinikfälle nur schlecht abkömmlich ist, spüren wir das ständige Angehängtsein sehr, zumal die Sorgen um die körperlichen und seelischen Nöte der Kranken wie ein unsichtbares Gepäck in den privaten Bereich mitgeschleppt werden. Es ist wundervoll, wenn alles aus einer erfüllten Gemeinschaft erlebt und getragen wird, kann aber dazu führen, daß man sich nicht nur wie zwei vergnügte Laubfrösche den Platz oben auf der Leiter teilt, sondern ebenso gemeinsam erschöpft zu ihren Füßen hockt. Dagegen gibt es nur Urlaub als wirksames Rezept. Den haben wir zwar nicht allzu häufig, aber immer in der richtigen Dosierung von körperlicher Erholung und geistiger Bereicherung. Leider kann ich Euch nicht im einzelnen schildern, was ich alles Herrliches auf unseren Reisen in die europäische Geschichte gesehen und erlebt habe.

Seit die Söhne selbst motorisiert sind, ziehen wir Alten nicht mehr mit dem Zelt durch die Lande, aber wir verbringen so manche Nacht auf den Liegesitzen im Auto, um den Zauber eines Ortes bis zum letzten auszukosten. Es ist zum Beispiel ein besonderes Erlebnis bei Sonnenaufgang auf dem leeren

Petersplatz aufzuwachen. – Wir haben einen Horror vor der Masse Mensch und ziehen gern abseits der großen Heerstraßen. Auch Griechenland und seine Inselwelt haben wir Gott sei Dank noch zu einer Zeit kennengelernt, als es noch nicht im Programm jedes Reisebüros stand. Wenn ich jetzt an Zukünftiges denke, so ist es ein Klassentreffen in Hannover, das Ihr Euch netterweise ausgedacht habt als in der Mitte zwischen Norden und Süden liegend. Natürlich freue ich mich darauf und werde alles daran setzen, dabei zu sein. Alles weitere mündlich. Von Herzen grüßt Euch

Eure Ursel

Nürnberg Ende März 67

Meine Lieben!

Jetzt habe ich unser Buch schon über 2 Monate und muß mich nun leider von ihm trennen, obwohl es immer wieder zum Lesen verlockt. Am reizvollsten ist es, von hinten anzufangen, da ist man dann zum Schluß richtig wieder jung geworden – problemlos und sorgenfrei.

Trotzdem bin ich froh, Euch berichten zu können, daß sich bei uns in den vergangenen 7 Jahren nichts außergewöhnliches ereignet hat. Zwar habe auch ich durch Erkrankungen meine Familie in

Ursula Kleiner

Das Klassentreffen fand am 4. Mai 67 statt, und es waren sieben «Ehemalige» anwesend. Auf verblüffende Weise unverändert und jugendlich. Als achte hatte das «Herzchen», die tüchtige Ärztin, zugesagt. Aber sie war nicht gekommen. Wir alle bedauerten das sehr, denn niemand von uns hatte sie wiedergesehen seit dem Kriege. Wir schrieben ihr an diesem Tage einen gemeinsamen Brief und fragten bekümmert, warum sie denn nun doch nicht erschienen sei? Es war doch schon traurig genug, daß von den östlichen Freundinnen keine dabeisein konnte. Aber das Herzchen antwortete nicht. Auch nicht auf eine spätere zweite Anfrage. Darauf schrieb Erika an den Bürgermeister des Orts. Die Antwort kam umgehend: Auf Ihre Anfrage teile ich Ihnen mit, daß Frl. Dr. N. am 7. 3. in dem von ihr gemieteten Haus tot aufgefunden wurde. Über die besonderen Umstände beziehungsweise die Todesursache Näheres mitzuteilen, bin ich leider nicht befugt. Hochachtungsvoll der Bürgermeister.

Die Frage nach den Ursachen dieses so plötzlichen Selbstmords ist nie beantwortet worden – sie hatte keine Zeile hinterlassen. Ob vielleicht doch die Feindseligkeiten der einheimischen Ärzte ihr das Leben schwergemacht hatten? Es war in ihrem Brief ja ein wesentlicher Punkt gewesen. Oder vielleicht war sie eben doch viel einsamer, als sie in ihrem Bericht zugegeben hatte? Wie traurig – dies fleißige, ehrgeizige, zielbewußte Kind! Wie schade um so viel vergebliche Mühsal!

Kronach, 20. 11. 67

Ihr Lieben,

Erika schickte mir vor einigen Tagen unser liebes Klassenbuch, damit ich über meinen «neuen Lebensabschnitt» etwas hineinschreibe. Ich darf damit nicht zögern – bei so viel Zeit! Aber es fällt mir schandbar schwer. Ihr wißt ja, daß mein Mann mit Beginn dieses Jahres in Pension ging; Ihr wißt ja, daß er 12 Jahre älter ist als ich und ich ein kleines Schulmädel war, als ich einen amtierenden Pastor heiratete. Nun, – ich kann mich in diesen neuen Lebensabschnitt absolut nicht finden, er hat unser Leben gar zu sehr verändert. Da wir unsere Wohnung ohnehin verloren hätten (Dienstwohnung) und kaum Aussicht auf eine entsprechende andere bestand, und da unser Sohn immerfort bat, wir möchten in seine Nähe ziehen, gaben wir nach und siedelten im Zuge der Familienzusammenführung in den Westen um. Wahrhaftig nicht um des «Wohllebens» willen, sondern nur, um dem Sohn näher zu sein. Da seine Frau nach dem Mauerbau zu ihm geflohen war, hätte er nie eine Erlaubnis bekommen, uns zu besuchen. Hier wohnen wir nur ein paar hundert Meter von der Zonengrenze entfernt in landschaftlich reizvollster Gegend im ersten Stock eines bescheidenen Landhauses. Unser Wolfgang hatte es für uns ausgesucht, weil es ihn so sehr an seine Kinderheimat im Thüringer Wald erinnert. Und es ist billig, sehr wichtig, denn wir haben nicht viel Geld. – Leider ist es weitab von jeglichem kulturellen Leben und auch ohne Aussicht, auf Menschen mit annähernd gleichen Interessen zu stoßen. Das macht uns sehr einsam und läßt uns schwer Wurzeln schlagen. Vielleicht gehören wir auch schon zu den oft zitierten alten Bäumen, die sich nicht verpflanzen lassen. Und Wolfgang ist immerhin 200 Kilometer entfernt als Diplomingenieur in einem Amt für Entwicklungshilfe. Allzu häufig sehen wir ihn nicht!

Der hiesige Amtsbruder, ein vergnügter junger Mann, interessiert sich sehr viel mehr für Beat als für Theologie, und da können wir beiden Alten leider nicht so ganz mit. Ich bilde ihm jetzt seinen Kindergottesdiensthelfer aus und habe auch selbst eine Kindergruppe. Es war so schön, daß ich in Erfurt im Fernunterricht noch sieben Semester Theologie studieren durfte. Ihr wißt ja, es war bei mir schon während der Schulzeit so: Religion 1 und Mathematik irgendeine Note jenseits von mangelhaft! Wir leben hier in einer Diaspora-Gemeinde. Die wenigen Evangelischen verteilen sich auf drei Dörfer.

Leider gibt's ja nun auch für uns wieder ein «drüben» – das ist unsre Tochter. Wir können einmal im Jahr hinüberfahren für 30 Tage. Sie kann ja nicht herkommen und die geliebten 4 Enkel noch weniger. Eine Woche waren wir dies Jahr alle beieinander, und dann haben wir die übrigen drei Wochen die Enkel gehütet, damit die lieben Eltern den ihnen so nottuenden Urlaub antreten konnten. Einen jungen Vikar hatten wir auch zu hüten und zu versorgen. Was war ich glücklich, wieder wirklich gebraucht zu werden. Allerdings begann mein Tag schon früh um sechs Uhr, und spät abends fiel ich todmüde ins Bett. Aber es war ein so fröhliches Leben mit der lebendigen Kinderschar. Die Zwillinge sind ja schon 12, das jüngste Kind 7 Jahre. Schwer wars durch das geliebte Erfurt hindurchfahren zu müssen und nicht aussteigen zu dürfen. Wir hatten die Aufenthaltsgenehmigung nur für den Zielort erhalten.

Wir haben uns nun vorgenommen, recht sparsam zu leben. Vielleicht können wirs uns doch leisten, wenigstens in die nächste Stadt zu ziehen. Auf die Dauer werden wirs wohl nicht aushalten ohne mal ein gutes Konzert oder wenigstens einen interessanten Vortrag. Dann – wenn das klappt – würde wieder ein «neuer Lebensabschnitt» beginnen.

Euch alle grüßt mit vielen lieben Wünschen Eure mittlerweile siebenfache Großmutter

Anneliese

Liebe alte Klasse,

ich habe ein ziemlich schlechtes Gewissen. Dies Klassenbuch schickte mir Annelaus kurz nach unsrer Übersiedlung nach Athen. Und dort habe ich es im Bücherregal völlig vergessen – mehr als zwei Jahre lang. Man konnte es ja auch nur persönlich mitnehmen – zum Schicken ist es zu schwer. Außerdem erregen handgeschriebene Dinge ja überall in der Welt den Verdacht des Zolls.

Uns hat es also auf unsre alten Tage wieder nach Griechenland verschlagen, und wir sind wirklich sehr glücklich hier. Mein Mann wurde im Jahre 66 für ca. 10 Jahre zum Ersten Direktor des Deutschen Archäologischen Instituts ernannt. Wir ließen unser Hamburger Häuschen, wie es war, und unser ältester Sohn zog hinein, um noch als Spätentwickler Germanistik zu studieren. Er war seinerzeit aus der Obersecunda lustlos davongerannt, und wir hatten ihn in eine Verlagslehre gegeben. Er war jahrelang selbständiger Hersteller in München, erst im Andermann-Verlag, dann bei Bechtle. Mit 23

Jahren bildete er Lehrlinge aus und hatte eine eigene Sekretärin. Er konnte Klischees aus dem Kopf korrigieren und alles mögliche andere. Und er war etwas unzufrieden, weil man eben trotz allem ohne akademischen Grad kein Lektor werden kann. So war uns allen gedient: er studierte noch, und wir haben jemanden, der unser Haus hütet. Denn die alten Biedermeiermöbel hätten wir ohnehin ungern über den Balkan ins Ungewisse geschickt. Und fremde Menschen darin wohnen zu lassen, gefiel uns auch nicht. Rüdiger – im Foto mit einem Günter-Grass-Bart ist natürlich nicht allein. Er hat eine sogenannte Lebensgefährtin bei sich, die in unserem Keller töpfert.

Was unsre Kinder anlangt, so geht ja nichts ganz glatt, und ich kann nicht als stolze Mutter von ungewöhnlichen Erfolgen berichten. Bettina, die zweite, war jahrelang eine Art Star-Kunsthistorikerin, bekam dann auch ein Doktorandenstipendium für Paris und schien mit Erfolg fertig zu werden. Da erlebte sie an der Seine den Studentenaufstand, wurde leidenschaftlich linksradikal und zog mit ihrem «Verlobten» nach Berlin. Dort wurden sie naturgemäß noch radikaler und erkannten folgerichtig, daß ein so ästhetisierendes Studium nicht zeitgemäß sei. Sie hingen von heute auf morgen alle beide ihre zu vier Fünftel fertige Doktorarbeit an den Nagel und meldeten sich an der Pädagogischen Hochschule an. Wenn nicht noch was Unvorhergesehenes passiert, werden beide übers Jahr fertige Lehrer sein.

Der Jüngste – Christoph – ist mit nach Athen gezogen und hat da die Deutsche Schule besucht, eine sehr gute Schule, die noch den besonderen Vorteil hat, daß die Klassen – Jungen und Mädchen – nur 4 oder 5 Schüler haben. Die Schwierigkeit ist nur, daß sie oft wechseln – die Botschaftskinder zum Beispiel bleiben ja immer nur zwei Jahre, – und daß sie aus den verschiedensten Nationen kommen. Eine kleine Perserin, deren Muttersprache zu Hause französisch ist, brachte dem Christoph plötzlich eine fünf in Franz. ein, weil der Lehrer sich verständlicherweise nach dieser guten Französisch-Schülerin ausrichtete. Der Knabe hat jetzt die Oberprima begonnen und wird im Mai nächsten Jahres Abitur machen. Er wird als weiterer Bewohner des Hamburger Hauses dort an der Uni Physik studieren.

Mein Mann hat am Athener Institut einen großen Aufgabenkreis und leitet außerdem die Ausgrabungen auf Samos und in Tiryns. Wir wohnen am Hang des Pentelikon in einem übermodernen etwas verrückten Haus, aber sehr schön, haben die Stadt zu Füßen und sehen an klaren Tagen auch das Meer und die Inseln. Der steile Garten hat einige Terrassen, auf denen sich herrlich Feste feiern lassen in warmen Sommernächten, was wir im Juni unentwegt getan haben. Denn natürlich gehört auch das «Repräsentieren» dazu. Der Sommer ist sehr schön dort oben, auch nicht zu heiß. Und wir haben es nur eine halbe Stunde nach Marathon zum Baden. Ich fahre jedesmal mit einigem Bedauern in den großen Ferien zwei Monate nach Deutschland, um in Hamburg nach dem Rechten zu sehen, meine Mutter in Erfurt zu besuchen und ihren Besuch in Hamburg zu erwarten. Natürlich ist der griechische Sommer heiß, aber herrlich ist es doch. Dieses Jahr kamen im Juli Rüdi mit seiner Angelika, und wir sind zu viert sehr planmäßig gereist in Griechenland. Überhaupt bilde ich mich allmählich zum Experten für «Unbekanntes Hellas» aus. Ich muß ja auch oft den Chauffeur spielen für Gäste aus Deutschland. Wenn es die Zeit erlaubt, bin ich im Herbst bei der Samos-Ausgrabung dabei gewesen. Im übrigen schreibe ich nach wie vor – es ist meine liebste Beschäftigung. Und ich warte immer auf Ungewöhnliches und Überraschendes – zumeist natürlich auf archäologischem oder altphilologischem Gebiet. Aber ich bespreche auch archäologische Bücher für ein Literaturblatt.

So sind wir alle sehr zufrieden, und wir hoffen, daß die 5 Jahre die wir noch in Athen leben können, sich recht in die Länge ziehen. Es ist ganz herrlich, in einem Lande zu leben, in dem die Technisierung die Natur noch nicht zerstört hat und in dem der Mensch noch ganz ungebrochen ist, zufrieden, harmonisch und mitteilungsfreudig. Außerdem bin ich natürlich auch sehr froh, dort mehr Zeit für die Schreiberei zu haben als je, denn Haushaltshilfen sind leichter und billiger zu bekommen als in Europa. Wenn wir dann schließlich nach Hamburg zurückkommen, werden wir dort unsre alten Tage beginnen. Leider hat sich dort auch viel verändert. Als wir dort bauten, war es Stadtrand mit Blick auf den Wald und auf Felder und reifes Korn.

Jetzt sind rings um uns auch Siedlungen entstanden und es gibt sogar Hochhäuser. Uns tröstet nur, daß wir auf einer Art Insel leben denn der Garten ist 2000 qm groß.

Der Athener ist kleiner, dafür aber lustiger, denn dort weiden die Schildkröten den Klee ab und genießen es, wenn gesprengt wird, und lassen sich naß regnen. Wenn es einen von Euch mal auf Reisen nach Athen führt, dann meldet Euch bitte. Annelaus und ihr Richard waren schon da, was riesig nett war.

Und nun grüße ich Euch alle sehr herzlich

Eure Eva

Ihr Viellieben überall.

Nachdem Eva reumütig bekannt hat, daß unser «Dokument» drei Jahre bei ihr vergraben lag – obwohl Ausgrabungen ihr Spezialgebiet sind! – und sie es nach Erfurt brachte, wo es ein weiteres halbes Jahr bei mir «reifte», will ich es hier weitergeben an Katharina und Ilse. Und dann wird sich wohl auch wieder einmal eine Gelegenheit bieten, es auf die andere Seite zu bringen. Ob wir es in zwei Jahren zum großen «Intertreffen» schaffen werden? Ihr könnt euch gar nicht vorstellen, wie ich darauf hinlebe. Es müßte doch zu machen sein! Der größte Teil von uns Übriggebliebenen ist doch ohnehin im Westen – hier bei uns gäbe es für Unverwandte doch sicher Schwierigkeiten. Und wir hier werden dann gerade 60 und haben die moralische Reife, um eine Reise in den kapitalistischen Westen unternehmen zu können; ohne seinen materiellen Lockungen zu verfallen und ohne Schaden für unsre marxistisch-leninistische Weltanschauung. Und wir sind ja dann unbeschränkte Herren über unsere Zeit!

Plant es nur schon, und schon jetzt werde ich jeden einzeln anschreiben, damit er sich seelisch darauf einstellt. Man weiß zwar nicht, wie weit es Übermut ist, aber bei uns hier wird *Planen* sehr groß geschrieben. Mein jüngster Neffe Christian, mathematisch erblich belastet, sagte an seinem 10. Geburtstag zu seiner Mutter: «Meine Frau ist jetzt fünf Jahre alt». Auf die erstaunte Frage meiner Schwester, wer denn seine Frau sei, errötete er: «Das weiß ich noch nicht, aber ich heirate mal eine fünf Jahre jüngere Frau; die ist dann 60, wenn ich 65 bin, dann können wir beide zusammen in den Westen reisen.» Das ist doch vorbildliche Planung! Nicht wahr?

Unser Klassenbuch liest sich eigentlich viel interessanter als ein Roman. Ich hatte jetzt den Roman «Das Klassentreffen» von Joho vor – da tat es mir beim Lesen leid, daß der gute Mann so wenig erfreuliche Typen bei seinem Klassentreffen nach 40 Jahren vorfand. Was sind wir dagegen doch für eine sympathische Gesellschaft, und unser Treffen wird bestimmt harmonisch und vergnügt werden.

Bei mir hat sich in den letzten Jahren so

manches verändert, und die so sehr glückliche Zeit als Arzthelferin in unserem Thüringer-Wald-Dorf ist leider vorbei. Ein besonderer Höhepunkt war noch die Hochzeit
meiner Tochter, die ja auch schon als Stu-
dentin einen Studenten geheiratet hat. Wir
haben in einer idyllischen Waldgaststätte
gefeiert mit viel Singen und einer hinreißend
dramatischen Pyramus und Thisbe-Auffüh-
rung, von den jüngeren Vettern und Kusinen
vorgeführt. Man schlief in den Holzhäuschen
im Walde, badete morgens im Teich. Aber am
Morgen nach der Hochzeit gab es einen Sturz
der übermütigen Braut von der Wippe, die
dort zur allgemeinen Belustigung stand.
Mein Bruder wollte sie «mal ordentlich
hochleben» lassen, und das endete mit einem
Schlüsselbeinbruch. Er ließ die sogenannte
Hochzeitsreise scheitern, befreite sie aber
auch vom studentischen Kartoffelernteein-
satz im September. Das Dorf hatte rührend
zu dem großen Fest beigetragen mit reichlich
landwirtschaftlichen Produkten. Unter anderem 12 großen runden echten Thüringer
Rahm-Kuchen!

Vor zwei Sommern habe ich zum erstenal-
mal seit langem mal wieder eine richtige Ur-

laubsreise gemacht mit meinem Bruder und dessen Familie. Unsre Welt ist ja nur nach dem Osten offen, aber was gibt es da doch auch für Herrlichkeiten! Prag «die goldene Stadt» ist eine Reise wert. Und die Hohe Tatra mit ihren 2500 m hohen Bergen, die man gut bekraxeln kann, und ihren herrlichen Wäldern und Bergseen ein guter Ersatz für die unerreichbaren Alpen.

Nach diesen Höhepunkten kamen nun etliche Tiefs: mit dem Beginn des Jahres 68 wurde mir meine so schöne und ausfüllende Arbeit als Arzthelferin in meinem Dorf auf wenig nette Art von heute auf morgen abgenommen. Man habe jetzt genug junge Ärzte für solche Arbeit. Wir Arzthelfer bekämen nun «Pionierarbeit» in der Prophylaxe des Betriebsgesundheitswesens. (Eine Arbeit, die die meisten Ärzte nicht gern machen wollen!) Es war ein gänzlich anderes Aufgabengebiet, in das sich meine zwei wesentlich jüngeren Kollegen schneller hineinfanden, da sie kürzere Zeit in der Arbeit waren und vorher einen technischen Beruf gehabt hatten. Wir mußten nun in den verschiedensten Fabriken die Arbeitsplätze auf gesundheitsgefährdende Einflüsse wie Lärm, Staub,

Gase, zu schwere Belastungen usw. überprüfen und diese auszuschalten versuchen. Mir wurden die nicht allzu weit von unserem Dorf liegenden Betriebe zugeteilt; eine Kammgarnspinnerei, eine Papierfabrik, Betonfabriken, Holz und Metallverarbeitende Betriebe und einige landwirtschaftliche Produktionsgenossenschaften. Es war schon interessant, diese Betriebe kennen zu lernen, aber meine Arbeit kam mir völlig unfruchtbar vor. Teils hieß es. «Das machen wir schon immer so und wollen es nicht ändern.» Teils fürchteten die Arbeiter, daß man ihnen dann die Erschwerniszulage streichen könnte. Von Seiten des Betriebs hieß es: «Das lohnt sich nicht zu ändern, in ein paar Jahren kommen neue Maschinen, da entfällt das sowieso.» Oder: «Es würde zu kostspielig, das abzustellen.» Alle Ermahnungen und Aufklärungen im einzelnen oder im größeren Kreis, daß man *jetzt* spätere Dauerschäden verhüten müsse und könne, schienen mir in den Wind geredet. Es ist halt noch ein weiter Weg, bis sich die sozialistische Arbeitsmoral und das Wissen um die innere Verpflichtung, sich für seinen Staat gesund und arbeitsfähig zu erhalten, überall durchgesetzt haben.

Meine Dörfler sahen gar nicht ein, warum ich ihnen nun plötzlich nicht mehr in jeder kleineren und größeren Not helfen sollte, wo ich sie doch nun seit 18 Jahren kannte, all ihre Krankheiten, Familien- und Arbeitsverhältnisse viel besser beurteilen konnte als die junge Ärztin, die sie immer erst aus einem Nachbardorf rufen lassen mußten. Es war eine höchst unbefriedigende Zeit für mich.

Mittlerweile hatten Tochter und Schwiegersohn ihre Staatsexamen gemacht und hatten das große Glück, beide an einem schönen Krankenhaus im Harz eine Anstellung zu finden und zugleich eine hübsche kleine Wohnung zur Verfügung gestellt zu bekommen. Als meine Mutter vor zwei Jahren starb nach fünf schmerzensreichen Wochen für uns alle – hielt mich in meinem Thüringer Dorf nichts mehr. Umso mehr als meine Tochter einen kleinen Sohn bekommen hatte, der unbedingt Betreuung braucht, da sie selbst ja sehr eingespannt ist. Ich habe das riesige Glück gehabt, am selben Krankenhaus zwar nicht als Arzthelferin, dafür aber als Schwester, die ich ja auch lange genug gewesen bin, eine Arbeit zu finden. Und zwar als Dauer-Nachtwache. Das ist ein guter Posten, weil man sich da in der Hauptsache um seine Kranken zu kümmern hat und sich aus allem Kleinkrieg und Gezänk heraushalten kann, das es auf allen Stationen doch so reichlich zu geben pflegt. Und außerdem kann ich nach einem gewissen Maß Schlaf den Goldsohn meiner Tochter hüten, wenn er mal krank ist und nicht in die Krippe kann. Ich bringe ihn auch schon morgens erst, wenn er ausgeschlafen hat dorthin, damit er – besonders im Winter – nicht bei Dunkelheit und Kälte aus dem Schlummer gerissen in die kalte Welt hinaus muß. Ich habe mein Zimmer im Schwesternwohnheim gemütlich eingerichtet mit eigenen Möbeln, zehn Minuten vom Krankenhaus entfernt und ebenso weit von Karlas Wohnung, sodaß ich schnell da sein kann, wenn man mich braucht und mich zurückziehe, wenn ich nicht überflüssig sein will. So lebe ich nun hier friedlich und glücklich, wenn auch mein Wirkungskreis klein geworden und gegen den von vielen unter Euch recht bescheiden ausschaut. Ohne Resignation, sondern voll Dankbarkeit sehe ich rückwärts: das Leben war doch – mit allem

Bitteren und Schweren – schön und gut. Und nun mags getrost ins Alter gehen – überflüssig sind wir noch lange nicht, und gerade die Kranken haben meist mehr Zutrauen zu einer alten Schwester als zu einer jungen. Und mein Enkelsohn liebt sein «Großchen» sehr und braucht es auch: zum Bilderbuch-Angucken, zum Märchen-Erzählen und zum Lieder vorsingen (aber da krieg ich schon oft einen Tadel von ihm: «Du singst das ganz falsch, Großchen!») Und da schweige ich dann lieber – wie einst in der Schule beim Zensurensingen, aber ich erröte nicht mehr so wie damals.

Während meines Nachtdienstes finde ich genug Zeit zum Lesen, zum Stricken und dabei Nachdenken über Gott und die Welt. Zum Briefeschreiben vor allem! Meine Mutter hatte ja eine Riesenkorrespondenz und hielt mit ihren immer erfreuenden Briefen die ganze Verwandtschaft und Freundschaft zusammen. Ich habe ein gut Teil als Erbe davon übernommen und bin deshalb auch in diesem stillen Winkel nicht einsam.

Nun Schluß! Entschuldigt den langen Erguß – ich wollte mich doch kurz fassen (zumal das Einschreiben eine beinahe akrobatische Arbeit ist bei der Dicke des Buchs). Aber die leeren Seiten wollen ja schließlich beschrieben werden.

Ich wünsche Euch allen – ob Ihr nun noch mitten im Strom des Lebens schwimmt oder auch schon in stilleren Gewässern treibt – ein immer fröhliches Herz! Und uns allen den edlen Frieden – in der Welt, im Lande und im engsten Lebenskreis.

Bleibt behütet mitsamt Euren Lieben, und gebs Gott – auf «Wiedersehen!»

Eure Änne

Ihr lieben Treuverbundenen,

nachdem ich nun auch vor einigen Tagen
(8. 2.) die Würde erworben habe, mich in den
Kreis der Sechzigerinnen einzureihen, will
ich den ersten möglichen Tag nutzen, um nun
auch wirklich dieser so schönen Pflicht
nachzukommen, und der Palette von Le-
bensbeschreibungen meinen eigenen Bericht
anzufügen.

Doch nicht dieses denkwürdige Datum
war der Grund, daß das kostbare Dokument
einige Zeit bei mir ruhen mußte. Zunächst
traf es in einer Zeit höchster beruflicher und
persönlicher Anspannung ein, seit August
ging es bei mir wahrhaft atemlos zu. Nach
der gewissen Sommerpause drängen sich die
Aufträge und Vorhaben, Tagungen und Konferenzen, im November dann absolvierte ich
meinen 14 tägigen Schöffeneinsatz (als
«gleichberechtigter» Richter agiert man als
Schöffe, das Jahr über lose mit dem Gericht
verbunden und durch Schulungen gefördert,
jeweils einmal jährlich in vollem Einsatz –
eine interessante, allerdings auch sehr an-

strengende und zeitraubende Tätigkeit) und unmittelbar anschließend erfreute uns der seit über einem Jahr erwartete Maler, um unsere Wohnräume zu verhübschen (was bei dieser Unzahl von Büchern in, auf und neben den Regalen einen wohlorganisierten Arbeits- und Helfereinsatz voraussetzt, zumal ich noch nie die beglückende Gegenwart einer «Putzfrau» genießen konnte; doch in solchen Fällen ist die Jugend ja mit besonderem Elan einsatzfreudig). Damit wären wir also beinahe schon bei Weihnachten angelangt und dem für diese Jahreswende erstmals geplanten Vorhaben, die «Kinder» allein zu lassen und in Prag bei sehr lieben Freunden und in interessanter Runde Silvester zu feiern. Leider wurde daraus nichts.

Am Tag nach Weihnachten hatte mein Mann eine «Herzattacke», wie wir es zunächst nannten, die sich einige Tage später beim EKG als Herzinfarkt erwies. Es war ein großer Schock für uns, zum Glück konnte er sogleich in der Charité bleiben, deren Herzstation ja einen besonders guten Ruf hat und auf neuesten Stand ausgerüstet ist. Über fünf Wochen wurde er dort behandelt, ich war täglich bei ihm, (was bei unserer jetzigen

Wohnlage jeweils mehr als drei Stunden Fahrzeit verlangte) und als ich selbst dann, im Zeichen der allgemeinen Grippe, zum Liegen kam, war er schon so weit, daß er aufstehen durfte und wir wenigstens telefonisch miteinander in Verbindung blieben. Zu unserem großen Glück ist er nun auf ambulante Weiterbehandlung gesetzt und natürlich noch für lange Zeit krankgeschrieben, wieder zu Hause; an meinem Geburtstag war es das schönste Geschenk, als er mir am Telefon sagte, ich könne ihn am nächsten Tag abholen. Nun leben wir also ein ganz geruhsames Rekonvaleszentendasein, und völlig unerwartet und ungeplant und bis dahin von allen ob meiner Vitalität und beruflichen Intensität belacht und für unmöglich gehalten, benehm ich mich also z. Zt. tatsächlich wie eine «Rentnerin», denn in dieser Zeit ist mir alles andere uninteressant, und nur die Pflege, Betreuung und Gemeinsamkeit sind von Interesse. Von Tag zu Tag, mit jedem Fortschritt seiner Gesundung, genießen und gestalten wir das bewußter, denn in den vergangenen Jahren haben wir manchesmal mit Sorge gefragt, ob wir, bei aller tiefen und unveränderten Verbundenheit, durch die Hektik des Berufes nicht doch zeitweise am Leben vorbeileben. Heute nun habe ich «freien Tag», wo ich vor allem rücksichtslos hämmern kann, weil er zur Untersuchung wieder einen ganzen Tag im Krankenhaus ist – hoffentlich bringt er gute und für die Zukunft beruhigende Befunde mit. Denn er ist ja erst 48. (Irgendwann schrieb ich in diesem Buch von meinem «weitaus jüngeren Mann»), und in diesem Alter möchte man ja erst so recht mit vollen Kräften aufgrund der immer reicheren Erfahrungen seinen Beruf ausbauen und vertiefen. Doch darüber wird nachher noch zu berichten sein, wenn ich irgendwie den Dreh gefunden habe, ins chronologische Berichten zu kommen. Eine Ergänzung zuvor noch: diese frappierend erscheinenden 12 Jahre Altersunterschied, die vor allem natürlich in den entscheidenden Monaten und Jahren unseres Zueinanderfindens, einen weiten Raum der Überlegungen und vor allem der «guten Ratschläge» und Warnungen ausmachten («bedenkt doch, wenn er … ist, bist Du schon …,» und das so auf Jahrzehnte vorausberechnet!) wir haben sie nie wirklich gespürt. Stets – so wurde zu jeder Zeit bis auf den heutigen Tag festgestellt «trafen wir uns auf der Hälfte», mein Mann seit je viel reifer wirkend, ich durch meine Euch ja schon von der Schule her bekannte Vitalität, wie behauptet wird und wie es Euch ja genauso geht, «jünger» wirkend. Und durch die jahrzehntelange sich stets steigernde berufliche Verbundenheit und gemeinsame Interessenbasis hat es bisher noch keine Stunde gegeben, in der wir es bereuten, dieses «Risiko» eingegangen zu sein.

Hier bietet sich ein guter Anschlußpunkt an meine letzte Eintragung, die genau 10 Jahre zurückliegt. Nehmen wir zunächst den äußeren Weg. Das «Traumhäuschen» in Kleinmachnow, noch heute in liebevoller Erinnerung, hüteten wir trotz aller Erschwernisse noch über drei Jahre. Immer belastender wurde der so weit und umständlich gewordene Weg in den Dienst, auch für mich, da ich doch immer einmal wieder als «Springer» der eben alle Abteilungen kannte, für Wochen oder Monate in der Redaktion aushalf. Außerdem war ich in dieser Zeit Mitglied der Gemeindevertretung in Kleinmachnow, was hierzulande sehr viel freie Zeit in Anspruch nimmt, oft drei bis vier Abende blockierte. Zwar war der Aufgabenbereich sehr interessant, da er innerhalb des großen Gebietes Volksbildung, Familie, Sozialwesen lag, einem Gebiet, das auch in meiner sonstigen beruflichen Arbeit vorrangig ist, und ich habe viel dabei gelernt. Aber ich war dann doch froh, daß dann 1965 durch unseren Wegzug diese Belastung aufhörte.

Endlich also hatten wir uns durchgerungen, dieses «einmalige Paradies», wie wir meinten, zu verlassen und eine Wohnung in Berlin zu suchen. Nach zermürbendem und nervenaufreibendem und immer wieder enttäuschendem Suchen fand sich dann überraschend eine so herrliche Tauschmöglichkeit, die alle Qualen ausglich und wettmachte: Eine große Wohnung in einem (äußerlich ziemlich ungepflegten, da von der Kommunalen Wohnungsverwaltung bis heute stark vernachlässigten) landhausähnlichen Haus direkt am See inmitten eines großen wilden Gartens!! Die Tauschpartner wollten aus mehreren Günden ins Randgebiet, scheuten weder die weite Fahrstrecke, die sie nicht täglich betraf, noch das Grenzgebiet – binnen vier Wochen waren wir hier, staunten von der Veranda aus auf Landschaft und Wasser, standen abends andächtig bei Vollmondschein, dessen Taler sich im Wasser spiegelten, auf dem Bootssteg und lauschten den Nachtigallen, gruben im Erdbeerfeld und im Steingarten, gewöhnten uns an die nächtlichen Geräusche, die Rufe der Bleßhühner und der Enten, dem ewigen Plätschern der Wellen, die den Bootssteg überschwemmten, wenn Motorboote vorbeijagten, und kamen uns vor wie im Urlaub! Noch heute nach 7 Jahren hat uns dieses Glücksgefühl nicht verlassen – und jeder Besuch, logischerweise, nährt es von neuem, wenn er, den riesigen Wohnraum betretend, verblüfft weiterschreitet, um von der breitvorgelagerten Veranda aus die Herrlichkeit der Landschaft zu bewundern, die immer schön ist, selbst im Dunst des Nebels, gerade auch im Winter, wenn durch das Filigran der Inseln die ferneren Ufer des Seddinsees hindurchleuchten und wenn die Trauerweide ihre tiefen Zweige mit den kleinen Eisglöckchen in den See taucht, bevor sich dessen Eiskleid schließt. Und im Sommer baden wir also direkt vom Garten aus und auch bei so wetterwendischem Wetter, wie es fast üblich geworden ist, sind wir ja nahe genug dran, um die erste Sonnenstunde sogleich zu nutzen.

Nun – habe ich genug geschwärmt? Vielleicht bewegt das doch die eine oder andere, sich bei einem Berlin-Besuch telefonisch zu melden und zu einer Plauderstunde zu uns zu kommen?!

Natürlich zahlen wir auch hier die herrliche Wohnlandschaft mit manchen Nachteilen, mit schlechten Einkaufsmöglichkeiten, (ich mache alles per Rad) vor allem im Sommer, wenn Tausende von Urlaubern See und Campingufer überschwemmen, mit einer immer noch weiten Anfahrt in die Stadt, aber doch in direkter 20-Minuten-Verbindung per Straßenbahn (bis Grünau) und S-Bahn, wobei wir insgesamt etwa 1–1½ Std. brauchen. Aber bald bot sich meinem Mann die Möglichkeit, über die Redaktion einen gebrauchten Wartburg sehr günstig zu erwerben, der alles sehr erleichtert, zumal die eigentliche Fahrstrecke ihm mit Benzinschecks bezahlt wird. Ich selbst war nun auch beruflich «näher dran». Nach wie vor in «freier Mitarbeit» suchte und fand und bekam ich immer interessantere Aufträge, Porträts, Interviews, Reportagen, Teilnahme an Konferenzen und Tagungen, Rezensionen vor allem auf dem Gebiet des

Kinderbuchs – alles auf dem weiträumigen Gebiet der Kultur und Familienerziehung. Oft war ich 4–5 Tage unterwegs, und wenn ich dann mit einem Block voll der verschiedenartigsten Notizen heimkam, war ich doch ziemlich «geschafft» und konnte das alles nur leisten, weil ich dann eben einen Ruhetag einlegen konnte und vor allem die Artikel selbst zu Hause schrieb. Nebenbei war ich 12 Jahre lang wissenschaftliche Sekretärin in einer Historikergesellschaft, wo ich einmal mindestens wöchentlich tätig war und vor allem die jährlichen internationalen Arbeitstagungen organisierte und während der Tage selbst das Tagungsbüro leitete. Das waren stets gewisse Höhepunkte in meinem beruflichen Leben, zumal von Jahr zu Jahr mehr Ausländer daran teilnahmen und ich vor allem unter den polnischen Historikern sehr viele persönliche Freunde gewann. Diese interessante Tätigkeit ist durch strukturelle Umgestaltung der Arbeitsgemeinschaft zwar seit einem Jahr abgeschlossen, die Freundschaften jedoch blieben.

Diese Verbindungen beeinflußten auch unsere Ferienunternehmungen der letzten Jahre. Zunächst mit der Bahn, später dann mit dem Wagen, lernten wir die Slowakei, die tschechische und polnische Hohe Tatra und weite Gebiete in Polen kennen, das europäische Warschau, das kulturell einmalige Krakau ebenso wie die nordpolnischen und z. T. ehemals deutschen Gebiete wie Torun (Thorn), Danzig, Marienburg und die dort auch so herrliche Ostseelandschaft. Von Ort zu Ort hatten uns die Freunde die Fahrt bzw. vor allem das Quartier (zumeist in irgendwelchen Gästezimmern, gratis, was bei der nicht immer reichlichen Devisenmöglichkeit recht wichtig ist) vorbereitet und in den vielfältigen Gesprächen bei den persönlichen Besuchen unser Verständnis für dieses Land geöffnet und bereichert.

Wenn mein Mann diese einschneidende Etappe des Krankseins erst einmal ganz überwunden hat, hoffe ich zuversichtlich, wird er mit etwas mehr Ruhe seinem Beruf nachkommen, denn seit einem Jahr ist er nicht mehr in der Hektik der Tageszeitung (die zweifellos auch der Grund zu seinem jetzigen Zustand ist!) sondern als Cheflektor in den Union Verlag berufen. Zwar ist auch dort ein gerüttelt Maß an Arbeit zu leisten, aber der tägliche Kampf um die Minute hat doch aufgehört, und die Arbeit hat an geistig-schöpferischer Tiefe und somit an Befriedigung gewonnen. Ich selbst werde ihm in diese Berufssparte nun wohl nicht auch noch nachklettern, wie es bisher ja stets war; ich bleibe meiner Zeitung treu und habe es selbst in der Hand, dort zu bremsen, wenn es mir zuviel wird. Aber aufhören möchte ich so bald nicht. Trotz meines vielfältigen beruflichen Einsatzes, der ja statt mit zunehmendem Alter abzunehmen, sich gerade in diesen letzten Jahren erst so richtig entfaltet hat, hat sich doch unser Familienleben nicht gelockert, im Gegenteil. Je größer die Kinder wurden, umso intensiver wurde die Gemeinschaft, umso mehr Freunde kamen ins Haus und wurden beinahe auch meine Kinder. Für Renate war der Umzug nach Berlin zunächst ja recht einschneidend. Gerade hatte sie die 9. Klasse, also die erste der Oberschule, hinter sich, neue Freundschaften gewonnen, da wurde sie herausgerissen. Aber es dauerte wirklich keine acht Tage, da war sie, mit einer anderen das einzige Mädchen bei 28 Jungen, «mitten drin». Ihre etwas burschikose, aber sehr kameradschaftliche Art half ihr dabei, und binnen kurzem wurde unser

«Haus am See» das Domizil für unzählige Freunde. Die große Wohnung, Garten und Wasser geboten förmlich, daß sämtliche «Fêten» bei uns stattfanden, daß ständig irgendwelche Freunde da waren, die ich dadurch alle kennenlernte. Das setzte sich mit Selbstverständlichkeit fort, als Renate dann 1968 auf der hiesigen Humboldt-Uni das Pädagogikstudium (Russisch / Englisch) aufnahm, und viele dieser Freunde und Kommilitonen besuchen uns auch jetzt häufig, wo sie schon seit letztem September selbst Lehrer sind.

Renate selbst hat dabei viel Glück gehabt, indem sie in eine neue Schule in einem großen Neubaukomplex kam, wo sie alle Klassen mit Englisch und ihre eigene, 5. Kl., mit Russisch unterrichtet. Es macht ihr − trotz aller Disziplinschwierigkeiten in den 9. und 10. Kl. − viel Freude, sie scheint sich einen guten und festen Stand erobert zu haben. Ihr Wolfgang sitzt über seiner Diplomarbeit, er hat ein Jahr längeres Studium an der TH Magdeburg. Sie kennen und lieben sich schon, seit sie sich gemeinsam durchs Abitur geboxt haben («biete Russisch gegen Mathe») und heirateten vor zwei Jahren, um auf der Wohnungsanwärterliste rechtzeitig zu erscheinen und damit Renate ihre erste Anstellung in der Stadt Berlin bekam (weil Wolfgang in einem hiesigen Werk schon seit dem Abitur einen Vorvertrag hatte). Das hat auch alles wunschgemäß geklappt, es war zwar eine Ehe auf Trennung, aber Wolfgang hat es sehr gut verstanden – wie wir behaupten – mehr hier als dort gewesen zu sein. Sie haben sich Renates Zimmer ganz eigen gestaltet und haben es somit weit besser als viele ihrer Freunde, die fast alle auch schon verheiratet sind und zumeist schon ein Kind haben. Unsere haben ihre «Familienplanung» so klug ausgearbeitet, daß sie, was ich sehr richtig finde, das Studium erst absolvieren wollten und Renate vor allem in ihrem Beruf Fuß fassen konnte. Ab Mai ist Wolfgang dann in einem hiesigen Großbetrieb als Dipl.-Ing. tätig, nun warten wir, wie es dann weitergeht.

Jedenfalls, Ihr lieben Gleichaltrigen, kann ich also nicht, wie viele von Euch es im Bilde tun, mit repräsentativen und schon sehr fertig wirkenden Schwiegersöhnen aufwarten. Meiner ist langhaarig, bärtig, mit Jeans und Pulli bekleidet, er läßt das Leben noch ein bißchen an sich herankommen und ist dabei ein lieber, kluger prächtiger Bursche mit «goldenen Händen», Hausmeister und Allerweltshandwerker für uns unpraktischen Leute, auf den stets eine Wunschliste der Schwiegermama wartet und der uns einmal sehr fehlen wird, wenn die beiden, was wir ihnen sehr wünschen, vielleicht doch noch in diesem Jahr eine kleine aber eigene Anfangswohnung erhalten. Allerdings hoffen wir, daß Garten und Wasser und die in meinem Keller eingerichtete Werkstatt sie doch des öfteren dann zu uns herauslocken werden. Sonst «werde ich alt», fürchte ich immer, wenn plötzlich die viele Jugend nicht mehr im Haus ist und zu uns kommt. Aber dann rücken ja die Enkelkinder nach – bzw. ich will nicht angeben, ich habe zunächst erst eins. Und damit kommen wir zu Ursula, die 1964 ihr Bibliothekarstudium beendete und für zwei sehr harte Jahre nach Mecklenburg kam, zwar in herrlicher Landschaft, an die Große Müritz, aber in ein Kaff von Kreisstädtchen, wo Kneipe und Suff höher standen als geistiges Interesse, und wo sie unverdrossen versuchte, gegen den Strom anzukommen. In beruflicher Beziehung hat sie wohl viel geschafft, persönlich blieb sie sehr einsam, gerade in diesen wichtigen Jahren, und es war gut, daß die Bezirksbibliothek in Potsdam, die sie aufgrund ihrer sehr gut beurteilten Praktikantenzeit eigentlich gleich hatte haben wollen, sie dann allen Bezirkskompetenzen und Bürokratien zum Trotz 1966 nach Potsdam berief, wo sie sich inzwischen zur Abteilungsleiterin für Kinderbuch hochgearbeitet hat und außerdem noch ein Fernstudium für Pädagogik und Psychologie aufnahm.

Etwas brachte sie sich und uns aus Mecklenburg mit: ihren kleinen Matthias, der dann im Mai 1967 in Potsdam geboren wurde. Aus dieser Verbindung jedoch konnte sie sich nicht zur Heirat entschließen, weil das gewiß keine dauerhafte Ehe geworden wäre – obgleich der junge Vater ein sehr lieber und anständiger Mann ist, aber eben nicht der wirkliche Partner, den sie sich wünschte. Selbstverständlich haben wir diese Entscheidung voll akzeptiert. Leider hat Ursula bisher auch nicht den richtigen Mann gefunden, das ist für sie oft recht schwer. Matthias dagegen hat bei uns sein zweites Zuhause, zum Glück ist Potsdam ja nicht allzu weit, und Ursula kommt, so oft sie nur kann, um hier Weiträumigkeit, Garten und Familie zu genießen. Wir beide sind unsagbar miteinander verbunden, das können ja viele von Euch nachempfinden, erwachsene Töchter können die besten und vertrautesten Freundinnen sein, und manchmal werden die Rollen nun sogar schon einmal vertauscht, wenn etwa die Tochter geeilt kommt, um mütterlich helfend da zu sein – so wie es jetzt grade der Fall gewesen ist.

Alles in allem gehts uns gut. Traurig bin ich nur, daß Ihr fürs nächste Jahr ein Jubiläumstreffen verabredet habt – und das in Süddeutschland. Wenn ich nach «drüben» kann (und eigentlich müßte es klappen) wird und muß es leider der nördliche Raum sein wegen dort schon Jahrzehnte wartender Verwandter und Freunde. Aber wenn wir nun 60 sind, können wir ja wieder zueinander. Also aufs nächste Mal!

Darauf freut sich

Eure Ilse

Liebe Gefährtinnen aus frühen Tagen,

ich bin nun kürzlich Witwe geworden, muß ich Euch sagen, aber glücklicherweise ist mir nach dem Tod meines Mannes keine Zeit zum Grübeln geblieben. Irgendetwas rührt sich immer in meiner großen Wohnung und in unsrer liebenswerten Stadt. Da kommen Kinder und Enkelkinder, Studenten und Nachhilfeschüler; Besuche, manche nur für ein paar Stunden, andre für Tage. Von Ostern bis Mitte Oktober mache ich dann als Dolmetscher die Führungen. Im Winter nur vereinzelt. Oft werde ich auch so zum Dolmetschen gerufen. Das mache ich immer mit etwas Herzklopfen, weil ich ja vorher nie weiß, um welch heikle Dinge es sich handelt.

September ist mein arbeitsreichster Monat. Da heißt es, den Kalender noch exakter führen als sonst, weil alle Fremdenführer im Einsatz sind und keine Vertretung zu bekommen ist. Trotz des regenreichen Sommers hatte ich dieses Jahr Glück mit den Tagesfahrten, während ich im vorigen Jahr in Linderhof und Neuschwanstein bis auf die

Haut naß geworden bin und monatelang Husten hatte.

Eine schöne Sizilienreise habe ich mit einer privaten Reisegesellschaft gemacht und konnte sogar zwei meiner Kinder mitnehmen. Meine Kinder: Bis auf die Jüngste sind alle im Beruf. Irene hat das medizinische Staatsexamen und muß die Doktorarbeit noch zu Papier bringen. Zunächst muß sie aber ihr zweites Kind zur Welt bringen. Ihr erstes Kind – Christian – ist häufig bei mir, wenn seine Eltern in die Uni müssen. Zwei meiner Kinder hatten sich fürs Lehrfach entschieden, und beide haben das Glück gehabt, im Münchner Raum angestellt zu werden. Die Zwillinge sind Schwestern geworden, Christina Krankenschwester, Rosa Ordensschwester – sie hatte letztes Jahr ewige Profess bei den armen Schulschwestern. Sie leitet dort den Kindergarten. Auch Franziska ist Krankenschwester, Gemeindeschwester in der Nähe von St. Gallen und ist grade dabei, sich um die Schweizer Staatsangehörigkeit zu bemühen. Mein ältester Sohn ist evangelischer Pfarrer in Karlsruhe. Er hat auch schon zwei Kinder.

Aber das ist ja gar nichts! Anneliese hat

schon einen Urenkel und in Kürze kommt das zweite Kind. Beide Elternteile sind Theologiestudenten. Die Mutter der Frau – das ist Mareiles Tochter – muß die Kinder groß ziehen. Anneliese ist quasi die Urmutter einer ganzen Theologendynastie; Kinder, Enkel, Schwiegersöhne, – alle sind Theologen!

Aber nun kommt noch etwas ganz anderes: ich muß hier einen Brief anhängen, den mir Katharinas Schwester geschickt hat. Es ist ein sehr trauriger Brief, — Ihr müßt ihn selber lesen!

Und damit für heute nur der Wunsch:
bleibt alle behütet!

Euer Klärchen

Sehr geehrte liebe Frau Klara,

Ihre herzlichen Zeilen erfreuten mich, und Sie sollen gleich Antwort darauf haben. Vielen Dank für Ihr treues Gedenken an Käthe. Aber leider bin ich nicht in der Lage, es an sie weiterzugeben. Ich habe mit ihr keinerlei Verbindung. Sie ist ja nun schon 14 Jahre in diese völlige Abgeschiedenheit gegangen. Sie hat mir in dieser Zeit kein einziges Mal geschrieben, obwohl sie zum Schreiben in der Lage ist. Ein Zeichen, daß sie noch immer sehr krank ist und mit vielen Personen, darunter auch mit mir irgendwelche fixen Vorstellungen verbindet; feindselige. Sie wissen wohl, daß sie jahrelang in einer Nervenklinik gewesen ist. Vor acht Jahren etwa entließ man sie. Sie hat irgendwo in Norddeutschland ihr medizinisches Labor wieder aufgemacht. Aber da ihr Zustand äußerst wechselnd ist (das alles hörte ich von einer gemeinsamen Freundin, die mit ihr Verbindung hält und sogar den Mut hatte, einmal einfach ganz unangemeldet bei ihr aufzutauchen. Aber das ist gefährlich, weil man nicht weiß, wie sie reagiert). Also – da ihr Zustand sehr wechselnd ist, kann sie eben auch nur wenig arbeiten. Sie schlägt sich also sehr mühselig durch, würde auch niemals das Geld für irgendwelche Reisekosten aufbringen können, wie zum Beispiel zu dem von Ihnen in Aussicht gestellten Klassentreffen in München im nächsten Jahr. Sie würde aber auch noch weniger irgendeine Unterstützung annehmen! So viel ist sicher.

Ich möchte Sie auch bitten, lieber nicht direkt an Käthe zu schreiben – schicken Sie Ihre Nachrichten an mich; ich gebe sie an die Freundin weiter. Es sind halt nur sehr wenige Menschen auf dieser Welt, mit denen meine arme Schwester eine Verbindung ertragen kann. Wenn Sie bei diesem Klassentreffen ein paar Bildchen machen würden – ich könnte mir denken, daß Käthe sich darüber freuen würde.

Das alles ist traurig – für uns alle. Am meisten aber für Käthe selbst. Sie hat sich in jungen Jahren sehr viel zugemutet und war doch ein sehr sensibler Mensch, der eben nicht alles aushielt.

Ich wünsche Ihnen und Ihrer Familie das
Allerbeste und bin mit freundlichen Grüßen

Ihre Ursula Taufert
Schwester von Katharina

Liebe alte Freundinnen,

Anneliese hat einen neuen Lebensabschnitt gemeldet; Hertha wird dies tun – sie werden in Kürze von Mexiko nach Kanada ziehen, wie ich gehört habe. In Mexiko wird das Leben immer schwieriger, und außerdem haben die Söhne in Kanada studiert und wollen dort auch bleiben.

Nun, auch wir melden einen neuen Lebensabschnitt an: mit der Pensionierung meines Mannes sind wir nach Hamburg zurückgekehrt. Das heißt, wir haben einen Fuß in der zweiten Heimat gelassen und haben mit den Athener Sachen ein gemietetes Häuschen auf Samos möbliert, wo wir jeden Herbst zwei Monate sein möchten. Es steht auf einem Felsen überm Meer und hat als einzigen Nachbarn ein halbverfallenes Kastell. Schöner kann's nicht sein, finden wir, und wir hoffen, es bewährt sich. – In Hamburg haben wir ja vor zehn Jahren noch ein Grundstück dazugekauft mit einer ähnlichen Holzbude, wie wir sie schon hatten, so daß wir nun genügend Raum haben für Kinder, für Gäste und für unsre Arbeiten, jeder in seinem Bereich. Mein Mann murkst an seiner Publikation im vorderen Haus und ich an meinem Gekritzel im hinteren.

Meine Mutter ist vor kurzem «drüben» gestorben. Man hatte sie trotz ihrer 85 Jahre aus ihrer Wohnung gesetzt, da das Haus unter städtischer Verwaltung stand. Sie kam in so einen gnadenlosen Häuserblock, wie man sie mitten in der Altstadt errichtet hat, und das hat sie nur ein halbes Jahr überlebt. Ich fahre aber trotzdem noch regelmäßig in die alte Heimat, denn es gibt dort noch sehr alte Freunde, die man nicht vergessen darf.

In Hamburg geht's uns gut. Wir haben einen schönen Lebenskreis, und es geschieht viel Interessantes auf kulturellem Gebiet. Mich stört nur nach wie vor die (jedenfalls für mein Gefühl) totale Landschaftslosigkeit, für die uns aber die samischen Monate voll entschädigen werden.

Erfolge unsrer Kinder kann ich nicht melden; deren Verheiratung auch nicht. Noch weniger Enkelkinder! Unsre drei haben zwar Lebensgefährten, wollen aber nicht heiraten. Und Kinder in diese böse Welt zu setzen, würden sie für ein Verbrechen halten.

Der Älteste hat mit wechselnden Dissertationsthemen (das erste an dem er scheiterte, war Mario Simmel) lange studiert. Er
war zum Schluß ein ganz gelehrtes Haus,
hat aber wegen der totalen Aussichtslosigkeit für Germanisten alles aufgegeben und
ist Kunsttischler geworden. Er ist außerdem
auf höchst dramatische Weise aus unsrer
Familie ausgetreten, da «Familie» ein «bürgerlicher Zwang» ist, und wir wissen nichts
mehr von ihm, nicht einmal seine Adresse.

Die Tochter hat ihr Lehrerexamen nicht
benützt, sondern ist in die Fabrik gegangen,
um «Erfahrungen» zu sammeln. Sie war
jahrelang leidenschaftliche Maoistin, bis
eine Einladung nach China sie davon geheilt
hat.

Sie hat dann noch eine schwierige Ausbildung als Elektronikerin hinter sich gebracht und scheint damit in eine Art von
Hafen gekommen zu sein. Der Jüngste hat
sich durch so manches durchstudiert mit
mehr oder weniger Eifer. Der größte Einsatz
galt, scheint mir, der Gestaltung der jeweiligen Wohnungen in Stuttgart und Heidelberg und dem Zusammenleben mit wechselnden Gefährtinnen, bis dann – meist

nach zwei Jahren – eine dramatische Scheidung erfolgte und die nächste Gefährtin auftrat.

Er hat ein Magister-Examen in Ethnologie gemacht (über ein Indianer-Thema) und versucht nun, über was Ceylonesisches eine Dissertation anzufertigen. Es scheint uns eine brotlose Kunst zu sein bei der jetzigen Akademikerschwemme, und wir sehen mit Sorge darauf.

Kurz und gut, man sieht: eine «gut bürgerliche Familie» sind wird nicht.

Unsre Kinder lassen sich Zeit; das halbe Leben vergeht mit «Ausbildung», «Umschulung» etc. Sie haben nicht begriffen, wie flüchtig «Zeit» an sich ist. Sie ist das kostbarste Gut, das es gibt. Ich glaube, wir – die O I a von 1932 – wir waren klüger. Wir haben es gewußt.

Lebt alle recht wohl, und seid von Herzen gegrüßt

Eure Eva

Nachwort

Mit dieser Eintragung, die nach der Pensionierung einen Ausblick gibt auf einen neuen, noch immer vielversprechenden Lebensabschnitt, wollen wir die Berichte abschließen. Im originalen Klassenbuch enden sie damit noch nicht, sondern reichen noch hinein in die achtziger Jahre. Neue Stimmen mischen sich so spät noch darunter, Stimmen ehemaliger Mitschülerinnen, die das Klassenbuch zum Lesen ausliehen und nun ihrerseits ihre Lebensläufe hinzufügten.

Was sonst noch berichtet werden konnte, ist nichts als die Wiederkehr des gleichen: die Geburt von Enkeln, zuweilen auch schon von Urenkeln. Es geht um mehr oder weniger folgenreiche Krankheiten. Und es geht um den Tod.

Die Schreiberinnen der vorliegenden Briefe haben einer geschlagenen Generation angehört. Geboren im Ersten Weltkrieg und aufgewachsen in den anschließenden Mangelzeiten, raubte ihnen der Zweite Weltkrieg zehn Jahre ihrer Jugend. So ist es nicht verwunderlich, daß ihre Themen andere sind, als dies heute der Fall sein würde. Es geht um scheinbar alltägliche Dinge in diesen Zeilen; um Dinge, die heute kaum erwähnenswert scheinen, damals aber den Kampf des Tages ausmachten. Die meisten der Schreiberinnen waren seit Ausbruch des Krieges ganz auf sich allein gestellt; sie durften sich vor keiner Entscheidung und vor keiner Art von Arbeit scheuen. Sie waren emanzipiert, ohne darüber zu reden. Die erste Generation junger Mädchen, für die es selbstverständlich war, daß man auch als Frau eine Berufsausbildung haben müßte und daß man auch, ohne verheiratet zu sein, als «alte Jungfer», wie man das damals nannte, ein erfülltes Leben führen konnte. Die erste übrigens auch, in der später von nahezu allen neben dem Haushalt noch etwas Berufliches getan wurde, was noch im Leben ihrer Mütter undenkbar gewesen war.

«Sex» war damals noch nicht in Mode. Im Gegenteil: Zunächst begannen alle ihr Leben jenseits der Schule mit Unabhängigkeitsbestrebungen und betonter «Männerfeindlichkeit», bis eine nach der andren sich eines Tages verliebte und ihre Meinung änderte. Aber nahezu alle – außer Ursel und Eva vielleicht, die zunächst nur taten, was ihnen Spaß machte – betonten immer wieder, daß sie «etwas Nützliches» tun möchten, etwas, was anderen Menschen hilfreich sein kann. Sie konnten nicht ahnen, daß sie nahezu zwei Jahrzehnte nichts anderes würden tun können als etwas «Nützliches», die Forderung des Tages, ja der Stunde. Man muß es ins Gedächtnis rufen: Es gab noch keins der heute im Haushalt selbstverständlichen Hilfsmittel; es ist mehrfach erwähnt worden, daß eben alles und alles selbst gemacht werden mußte, bis zu Nudeln, bis zum Keks. Es gab weder Wegwerfwindeln noch Babynahrung, und ich möchte in diesem Zusammenhang nur erinnern, daß die damals so viel benützte Wäscheruffel heute im «Museum für Arbeit» gezeigt wird. Diese Generation hat es nicht leicht gehabt, sie hat viel Fleiß und Tapferkeit gebraucht und ein fröhliches Herz.

Das Lesen dieses Briefgesprächs ähnelt ein wenig dem eines Lesedramas. Dieselben Personen treten immer wieder auf. Zwei rote Fäden ziehen sich hindurch: die Zeit und die Freundschaft. Und da die meisten von ihnen schon in jungen Jahren beträchtliche Verluste hatten hinnehmen müssen, ist das Ganze getragen von der Einsicht, die Ilse schon im Jahre 44 niederschrieb: «Eine heilsame Erfahrung – wie vergänglich alles ist, vor allem jeglicher Besitz, aber auch das Leben selbst! Das einzige, was uns bleibt, sind die menschlichen Beziehungen, und die müssen wir pflegen und erhalten. Sie allein sind unzerstörbar.»

Seit wir den Plan zur Veröffentlichung dieses Klassenbuchs faßten – seit dem Jahre 1984 also –, sind mehr als acht Jahre verstrichen. Von den fünfzehn Frauen, die dem Leser dieses Buches allmählich vertraut und lieb geworden sind, sind jetzt im Jahre 1993 noch sechs am Leben. Drei von ihnen haben das Glück, auch ihren Ehemann noch neben sich zu wissen: Erika in Oldenburg ist durch die Hölle einiger Krebsoperationen gegangen, hat sich aber immer wieder entschlossen erholt, in dem Bewußtsein, wie hilflos ihr behinderter Mann ohne sie sein würde. Die «Schönemanns» leben zufrieden in Vancouver und leiden nur unter dem traurigen Verdacht, daß sie vielleicht zu einem Europaflug den Mut nicht mehr haben werden. Und die «Isenthals» schließlich sitzen noch immer in ihrem Hamburger Holzhaus – er wie sie mit Schreiben beschäftigt.

Die verwitwete Anneliese in Kronach ist gesundheitlich etwas labil, aber nach wie vor nach vielen Seiten hin zutiefst interessiert und fest eingebunden in ihren kirchlichen Kreis.

Und das Klärchen in München führt noch immer mit vollem Einsatz die verschiedensten fremden Völkerschaften durch die bayrischen Sehenswürdigkeiten. – Nur Katharina Schnieder – die sechste, die noch am Leben ist – ist ein trauriger Pflegefall; nach mehreren Schlaganfällen völlig gelähmt, wird sie in einem Johanniterheim betreut.

Bis zum Jahr 1976, dem Jahr, mit dem unsere Berichte schließen, hatte es schon vier Todesfälle gegeben. Lotte und Jutta waren an Krebs gestorben. Die kleine Ärztin – das Herzchen – hatte aus einer Depression heraus ihrem Leben ein Ende gemacht. Und die reizende Apothekerin Käthchen hatte sich erhängt. Daß sie die Kraft fand, zunächst ihrem Söhnlein die Schlinge um den Hals zu legen, läßt auf die Tiefe ihrer Verzweiflung schließen. Dabei hätte sie mit ihrer Apothekenausbildung gut auf eigenen Füßen stehen können. Der Ehrbegriff, der sie umbrachte, war vermutlich von ihrem Vater, dem alten Seeoffizier, auf sie gekommen.

Seit dem Jahr 1976 nun sind noch weitere fünf Frauen aus dem Kreise ausgetreten, und wir wollen ihrer kurz gedenken.

Im Jahre 83 starb Ursula, die so lange Jahre in der Arztpraxis ihres Mannes mit voller Kraft gewirkt hatte. Ihr Herz machte nicht mehr mit. Sie gaben alles auf und gingen in ein Altenheim.

Aber auch diese völlige Entlastung hat ihr das Leben nicht retten können. Ihr Mann – noch durchaus voller Tatkraft – verließ das Heim nach ihrem Tode und ging mit Arztvertretungen in seinen Beruf zurück.

Ein Jahr später hat Pauline mit einer Überdosis an Tabletten ihrem Leben ein Ende gesetzt. Sie schrieb vorher ein Briefchen, sie führe in die Dolomiten zur Erholung. «Vielleicht hole ich mir dort meine alte Frische wieder, von der seit einigen Monaten nicht mehr viel da ist. Bis jetzt haben die Berge noch nie versagt.» Vielleicht hat sie – die leidenschaftliche Bergsteigerin – dort plötzlich ihr Alter gespürt und ist an dieser Einsicht zerbrochen.

Im Jahr 1989 ist Hilde von ihrem langen Leiden erlöst worden. Sie lebte ja schon geraume Zeit, durch Schlaganfälle stark reduziert, im Pflegeheim. Im selben Jahr ist auch Änne aus dem Leben gegangen. Nach einer Krebsoperation, deren Nutzlosigkeit ihr klar war, lebte sie ganz bewußt dem Tode zu; mit der Geduld der Frömmigkeit und großer Dankbarkeit für ein erfülltes Leben, in dem sie sehr viel mehr für andere dagewesen war als für sich selbst.

Die letzte, die fortging, ist Ilse gewesen. Sie starb vor einem Jahr nach einem Herzinfarkt.

Nicht lange zuvor hatten ihre Töchter das «Klassenbuch» in die Hand bekommen und begeistert erklärt, noch nie hätten sie so viel wie daraus über ihre Mutter erfahren.

Nur ein kleines Häuflein ist übriggeblieben von der Gruppe munterer Mädchen, die vor nun nahezu sechzig Jahren mit so lebendigen Plänen ins Leben hinausgezogen sind. Wie gut, daß dieses Buch noch für eine Weile von ihnen berichten wird.

Februar 93   Eva Jantzen

Merith Niehuss

Geschichten von Frauen –
Frauengeschichte

Im Jahr 1932, als unsere Briefschreiberinnen in Erfurt ihre Abiturprüfungen ablegten, war die Welt für sie noch in Ordnung. Sieben Jahre später, am Vorabend des Zweiten Weltkrieges, waren die meisten von ihnen verheiratet, hatten schon kleine Kinder zu versorgen. Als sie den Krieg überlebt hatten, der für jede von ihnen das Leben von Angehörigen gekostet hatte, fanden sie sich in einem geteilten Deutschland wieder; die Trennung ging durch alle Familien. Im Chaos des zerstörten Landes fanden die Familien sich nur mühsam wieder zusammen. Auch lebten die Frauen mit ihren Kindern jahrelang vom Ehemann getrennt. Der Wirtschaftsaufschwung setzte im Westen erst in der zweiten Hälfte der 1950er Jahre spürbar ein, und auch im Osten normalisierten sich die Verhältnisse erst jetzt. Die meisten bezogen nicht vor dem Ende der 1950er Jahre erstmals in ihrem Leben eine eigene Wohnung mit ihrer engeren Familie – da waren die Frauen 45 Jahre alt und ihre Kinder bereits Teenager.

Ich möchte im folgenden anhand dieser

Geschichten von Frauen ein wenig Frauengeschichte betreiben und dafür besonders auf jene Aspekte in ihren Briefen eingehen, die für die Zeit, in der diese Frauen sie schrieben, typisch waren, die Mentalitäten widerspiegeln, und auch auf jene Aspekte, die ein so anschauliches Bild der Sorgen von Frauen in der Kriegs- und Nachkriegszeit vermitteln.

1. Die Quelle

«Das Klassenbuch», so oder ähnlich schrieben einige der Frauen in ihren Eintragungen, «ist inzwischen ein zeitgeschichtliches Dokument geworden.» Das ist es zweifellos; der Quellengattung nach läßt es sich dabei am ehesten einem Briefwechsel zuordnen. Die Briefe wurden – dies gilt zumindest bis zur letzten Eintragung des Jahres 1949 – aus der Zeit heraus für Zeitgenossen geschrieben. Die erlebte Zeit ist dieselbe, Zeitspezifisches braucht nicht erklärt zu werden und wird erst für die Nachgeborenen erklärungsbedürftig. Oft stehen diese Eintragungen unter dem unmittelbaren Eindruck des Geschehens, etwa wenn Anneliese so bedrückend den Tod ihres Kindes mitteilt oder Eva schreibt, wie sie die Glassplitter der durch den Bombenhagel eingeschlagenen Fensterscheiben vom Krankenbett ihres bei einem Luftangriff schwerverletzten Vaters einsammelt. Andererseits gelingt es den Briefschreiberinnen auch, die neunjährige Lücke zu überbrücken zwischen 1949 und 1958, als das Klassenbuch verschollen war. Obwohl der Leser die Distanz spürt, mit der über die Ereignisse nach 1949 gesprochen wird, vermitteln die Briefe doch Betroffenheit und zeigen alle, wie sehr gerade jede einzelne von dieser Zeit beeinflußt wurde in ihrer Lebensführung, ja geradezu «Produkt» dieser Zeit geworden ist. Weil die Abstände zwischen den Eintragungen zwangsläufig größer wurden – zu schwierig war gerade der Transport von Deutschland-Ost nach Deutschland-West, da das Buch nur durch Vertrauenspersonen über die Grenze geschmuggelt werden konnte –, bestehen die Briefe nunmehr aus zweierlei Komponenten: Einmal wird resümierend der weitere Lebensweg der vergangenen Jahre geschildert, und des weiteren enthalten diese Eintragungen dann

Momentaufnahmen des Lebens der Briefschreiberinnen zum aktuellen Zeitpunkt.

Die Quellengattung eines Briefwechsels,
dem das Klassenbuch zuzuordnen ist, unter-
scheidet sich deutlich von der Memoirenlite-
ratur oder auch von Befragungen, wie sie die
«Oral History» vornimmt.

Memoiren wie auch Befragungen von Zeitgenossen zu vergangenen Epochen beleuch-
ten einen Zeitraum aus dem nachhinein; in
beiden Fällen hat dies den Nachteil, daß die
Vergangenheit sich uns nur vielfach gefiltert
darstellt. Vor allem bei Memoiren ist dies
ganz ungeschminkt der Fall: Fakten aus der
Vergangenheit, die die eigene Persönlichkeit
in negatives Licht rücken, werden häufig
übergangen, die eigene Rolle dadurch möglicherweise zu positiv dargestellt. Mentalitäten werden womöglich anders beschrieben,
als sie zum Zeitpunkt des Erlebens empfunden wurden. Auch andere bisher veröffent-
lichte «Klassenrundbriefe»[1] von Mädchen-

1 Vgl. als Quelle, die wesentlich aus der Erinnerung heraus
geschrieben wurde, den Rundbrief einer ehemaligen Mädchenklasse, bearbeitet von Lutz Niethammer: Bürgerliche
Wechseljahre – Zur Konjunktur erinnerter Gefühle einer
Klasse, in: ders. u. a. (Hrsg.): Bürgerliche Gesellschaft in

klassen ähnlicher Altersjahrgänge sind bislang alle erst nach dem Zweiten Weltkrieg begonnen worden, so daß die Zeit des Nationalsozialismus und die Kriegszeit – wenn überhaupt – nur aus der Retrospektive heraus geschildert worden ist. Hätte aber unsere Briefschreiberin Änne beispielsweise wieder die schwärmerischen Worte gefunden über ihre Zeit als Lagerführerin im Reichsarbeitsdienst, wenn sie, sagen wir, 1970 als Bürgerin der DDR ihre eigenen Memoiren geschrieben hätte? Wohl kaum. Ebenso läßt sich bezweifeln, daß sie, wenn man sie heute um ihre Vergangenheit befragt, Auskunft in der Weise gegeben hätte, wie sie aus ihren zeitgenössischen Briefen zu erschließen ist. Ein anderer großer Vorteil der Briefdokumente gegenüber Befragungen und Memoi-

Deutschland. Historische Einblicke, Fragen, Perspektiven, Frankfurt/M. 1990, S. 533–547; sowie neuerdings Charlotte Heinritz (Hrsg.): Der Klassenrundbrief. Geschrieben 1953–1989 von den Schülerinnen des Abschlußjahrgangs 1925 der Altstädter Höheren Mädchenschule in Dresden, Opladen 1991. Die Herausgeberin hebt hervor, daß der Band bereits teilweise mit dem Gedanken an eine Archivierung/Veröffentlichung von den Teilnehmerinnen geschrieben wurde (S. 25 ff.), und weist auf das bewußte Ausklammern der Zeit des Nationalsozialismus und die Einstellung der jungen Frauen hierzu hin (S. 31).

renliteratur ist, daß wir auch Auskunft erhalten über jene Klassenmitglieder, die nicht überlebt haben oder «spurlos verschwanden» wie Lotte, und über Käthchen, Herzchen und Pauline, die Suizid begingen. So unterschiedlich ihre Motive für den Freitod waren, erschließen sie sich mehr oder weniger deutlich durch eigene Briefe oder zeitgenössische Mitteilungen der Klassenkameradinnen. Andererseits soll aber auch nicht verschwiegen werden, daß diese Briefsammlung als Quellengattung auch Nachteile hat. Weder erfahren wir so detailreich ein Leben, wie es sich uns aus Memoiren erschließen könnte, noch können wir wie ein geschulter Interviewer bei den Befragungen nachfragen, nachhaken, Widersprüche aufdecken, das Gespräch auf bestimmte Themen lenken.[2] Die Briefsammlung, das Klassenbuch, ist ein historisches Dokument. Wie ein solches können wir es in seinen zeitlichen Rahmen einordnen und kritisch würdigen.

Die Abiturklasse von 1932 war eine reine

2 Vgl. als Beispiel hierzu Lutz Niethammer (Hrsg.): «Die Jahre weiß man nicht, wo man sie heute hinsetzen soll.» Faschismuserfahrungen im Ruhrgebiet, Bonn 1983

Mädchenklasse. So erfahren wir den Lebensweg von Frauen, lernen ihre Ehemänner und die Kinder aus der Sicht der Frauen kennen, ebenso wie die Zeit des Nationalsozialismus, den Krieg und die Phase des Aufbaus in Ost- und Westdeutschland. Es ist eine eher familiäre Sichtweise, aus der sich uns ihr Leben erschließt. Ihr eigener Beruf hat für die Abiturientinnen nur vor der Ehe Mitteilenswertes und nach dem Krieg dann nur für jene, die verwitwet sind und ihre Kinder nun selber durchbringen müssen, und für jene, die unverheiratet blieben, wie z. B. Herzchen, die allein lebte und ihr Berufsleben schilderte.

Aber wir erfahren Geschichte nicht nur als Frauengeschichte, sondern – dies als thematische Einengung und Gewinn zugleich – auch als Geschichte einer gebildeten Schicht. Obwohl, wie Eva Jantzen betont, in der Klasse keine sozialen Dünkel bestanden, trotz der unterschiedlichen Berufe der Väter, unterscheiden sich unsere Briefschreiberinnen von anderen Frauen doch dadurch, daß sie das Abitur absolvierten (auch die drei Briefschreiberinnen, die nicht bis zum Abitur in der Schule blieben, hatten immerhin das Gymnasium besucht). Ihre Väter waren Schuldirektoren, leitende Beamte, Großkaufleute, Offiziere und Pfarrer, ihre Ehemänner Pfarrer und Offiziere, Architekten, Chemiker, Ärzte und Professoren. Dies engt das Spektrum historischer Erfahrungen sicherlich ein. Auf der einen Seite erfahren wir nichts über die Arbeiterschaft, über die linke Widerstandsszene im Dritten Reich, wenig über das kleine Angestelltenmilieu des durch den Ersten Weltkrieg, die Inflation und auch noch durch die Weltwirtschaftskrise verarmten kleinen Mittelstandes. Nichts erfahren wir über jüdische Frauen, weil keine Jüdinnen in der Klasse waren, sowie wir auch nichts über die vielen hunderttausend Menschen erfahren, die von dem nationalsozialistischen Regime verfolgt wurden, die in diesen Jahren gequält und ermordet wurden.

Die Einstellung der einzelnen Briefschreiberinnen zum nationalsozialistischen Regime erschließt sich uns unmittelbar nur bei jenen Frauen, die ihre positive Einstellung offen zu Papier brachten. Jede Kritik am Regime hätte nach 1933 nicht mehr schriftlich fixiert werden dürfen, zumal in einem Brief-

Buch, zu dem viele Menschen Zugang hatten. Alle lebten aber mit dem Nationalsozialismus, und einige von ihnen, wie auch einige Väter, wie wir gesehen haben, fügten sich später gerne in das System ein. Der in dieser Hinsicht vielleicht besonders neugierige Leser wird neben diesem unverhohlenen Beifall auch Schweigen, skeptische Zurückhaltung und bestenfalls leise Kritik am System finden, ebenso wie ironische Kritik am DDR-System in der Nachkriegszeit, keinesfalls aber offenen Widerstand, wie er uns etwa in einer jüngeren Befragung weiblicher Gewerkschaftsmitglieder begegnet.[3] Von Gewinn ist die Einengung des Blickwinkels nicht nur, weil alle Briefschreiberinnen sich ausdrücken können und auch das adäquat zu Papier bringen, was sie sagen wollen, sondern auch deshalb, weil sie die Konzentration auf ein doch sehr einheitliches soziales Milieu ermöglicht. Angesichts der sehr verschiedenen Schicksale, die sich durch die Teilung Deutschlands noch verschärft dar-

3 Graupenschauer. Mündener Arbeiterfrauen erzählen aus ihrem Leben, hrsg. v. Carola Gottschalk / Heidrun Neukirchen, Neustadt a. Rbge. 1990

stellen, würde eine Ausweitung auf andere soziale Schichten bei nur 15 Frauen unweigerlich Verwirrung stiften.

2. Die Berufsausbildung 1932 bis 1939

Das Ende der Schulzeit unserer Abiturklasse O I A der Erfurter Königin-Luise-Schule fiel auch in das letzte Jahr der Weimarer Republik. Im ersten Drittel des zwanzigsten Jahrhunderts hatte sich die Schulausbildung für Mädchen sprunghaft verbessert, und im Verlauf der Weimarer Republik erwarben immer mehr junge Frauen die allgemeine Hochschulreife. Für die Mädchenbildung bedeutete die Machtübernahme der Nationalsozialisten einen erheblichen Rückschritt. Anstelle der Lyzeen trat 1937 obligatorisch die einheitliche Oberschule für Mädchen, die weniger naturwissenschaftliche Kenntnisse vermittelte, weniger Mathematik und weniger Fremdsprachen. Vor allem Latein, das ja Voraussetzung zum Studium nahezu aller geisteswissenschaftlichen Fächer sowie auch für das Studium der Jurisprudenz und der Medizin war und ist, wurde kaum noch angeboten.[4] Dafür entstand neben einem sprachlichen Zweig ein sogenannter hauswirtschaftlicher, mit dem die Mädchen nach der zwölften Klasse einen, im Volksmund «Puddingabitur» genannten, Schulabschluß absolvieren konnten, der ihnen dann aber nicht mehr die allgemeine Hochschulreife gewährte. Hinter dieser Schulreform steckte die ganz unverhohlen geäußerte Absicht des Regimes, Frauen künftig aus dem Erwerbsleben im allgemeinen und von den gehobenen beruflichen Positionen im besonderen fernzuhalten, sie vielmehr in ihrer «natürlichen Aufgabe», nämlich ihrer Rolle als Hausfrau und Mutter, zu bestärken und zu fördern.

Besonders die offensive Bevölkerungspolitik der Nationalsozialisten rückte die Ehefrau und Mutter ins Rampenlicht. Bereits seit Beginn des Jahrhunderts begannen Familien zunehmend, ihre Kinderzahl zu beschränken. Vor allem Familien mit vier und mehr Kindern wurden immer seltener; voll-

4 Vgl. zu den unterschiedlichen Lehrplänen für Jungen- und Mädchenschulen: Georg Tidel: Die Frau im Nationalsozialismus, Wien 1984, S. 46–53

ends nach dem Ersten Weltkrieg wurde die Zwei-Kinder-Familie geradezu zur Norm. Die Tendenz der Geburtenziffer war sinkend, in der Weltwirtschaftskrise 1929 bis 1932 versagten sich aus finanziellen Gründen noch einmal mehr Familien den Wunsch nach weiteren Kindern. Um diesen sinkenden Geburtenraten zu begegnen, baute das nationalsozialistische Regime allmählich eine familienorientierte Bevölkerungspolitik auf.[5] Dazu gehörten neben Negativmaßnahmen, wie einer Verschärfung des Abtreibungsverbotes und der Bekämpfung von Mitteln zur Geburtenkontrolle, auch familienfördernde Maßnahmen wie eine erhebliche Besserstellung von Familien im Einkommensteuerrecht, Kindergeld seit 1935 und vor allem die sogenannten Ehestandsdarlehen: Ehepaare konnten ein zinsloses Darlehen von bis zu 1000,– RM beantragen, wenn die Frau mit der Heirat ihre Er-

5 Vgl. zur Verbindung nationalsozialistischer Frauenpolitik mit der Rassenpolitik Gisela Bock: Antinatalism, maternity and paternity in National Socialist racism, in: dies./ Pat Thane (Hrsg.): Maternity and Gender Policies. Women and the Rise of the European Welfare States, 1880s–1950s, London and New York 1991, S. 233–255

werbstätigkeit aufgab. Mit dieser Maßnahme wollte das Regime einerseits erreichen, die Ehefrauen von der Erwerbstätigkeit abzuhalten. Die Summe von 1000,– RM stellte hierzu immerhin einen Anreiz dar, wenn man bedenkt, daß eine Facharbeiterin in der Textilindustrie 1936 etwas mehr als 20,– RM in der Woche (Tariflohn brutto) verdiente, eine Hilfsarbeiterin nur 15,– RM[6], eine gelernte Friseuse bis zu 40,– RM.[7] Zweitens sollte das Darlehen den Aufbau eines eigenen Hausstands ermöglichen und damit auch einen weitverbreiteten Hinderungsgrund für Heiraten mindern helfen, nämlich die zu geringen Ersparnisse. Dies war zumal in der Folge der Weltwirtschaftskrise, während derer bereits breite Schichten der Bevölkerung arbeitslos wurden und ihre Ersparnisse aufzehren mußten, sicherlich eine willkommene Hilfe. Zu diesem Zweck wurden die Darlehen in Form von Einkaufsgutscheinen[8] vergeben. Ein dritter Gedanke,

---

6 Dörte Winkler: Frauenarbeit im «Im Dritten Reich», Hamburg 1977, S. 202
7 Ebd. S. 73
8 Offiziell sollte auf diese Weise die Möbelindustrie mittels dieser Finanzspritze angekurbelt und in die Lage versetzt

der zur Einführung dieses Darlehens 1933 führte, war die angestrebte geburtenfördernde Wirkung. Das Geld sollte zur Heirat ermutigen und damit auch den Kinderwunsch der Paare fördern. Mit jedem in der Ehe geborenen Kind verminderte sich der zurückzuzahlende Betrag um ein Viertel, so daß das geliehene Geld mit vier Kindern «abgekindert» war.[9] Ob diese Art der Bevölkerungspolitik von Erfolg gekrönt war, bleibt allerdings dahingestellt. Der sprunghafte Anstieg der Zahl der Heiraten 1934 rührte wohl eher aus der überwundenen Wirtschaftskrise – viele zukünftige Paare hatten in den Jahren 1929 bis 1932 wegen der großen Arbeitslosigkeit ihre Heiratspläne vor sich hergeschoben; dies waren zudem die geburtenstarken Jahrgänge vor 1914. Das

werden, neue Arbeitskräfte einzustellen. Inoffiziell bezahlte die Möbelindustrie damit lediglich die Schulden ab, die sie während der Wirtschaftskrise beim Staat gemacht hatte. Claus Mühlfeld/Friedrich Schönweiss: Nationalsozialistische Familienpolitik. Familiensoziologische Analyse der nationalsozialistischen Familienpolitik, Stuttgart 1989, S. 204 ff.

9 Ute Frevert: Frauen-Geschichte zwischen bürgerlicher Verbesserung und neuer Weiblichkeit, Frankfurt a. M. 1986, S. 222

Ehestandsdarlehen wurde im Jahr 1935 nur von einem knappen Viertel und 1937 von knapp 30 % aller Eheschließenden in Anspruch genommen,[10] was möglicherweise auch mit den erbgesundheitlichen und sozialen Nachforschungen zusammenhing, die vor der Bewilligung des Kredits erfolgten.[11] Sicherlich haben es zumindest in den Jahren bis 1937 viele Paare nicht in Anspruch genommen, weil die Ehefrau ihre Berufstätigkeit nicht aufgeben wollte oder konnte.

Neben die finanziellen Anreize für Frauen, ihre Erwerbstätigkeit aufzugeben, setzten die Nationalsozialisten eine dezidiert frauenfeindliche Arbeitsmarktpolitik. Obwohl ein umfassendes Gesetz zur Einschränkung der Frauenerwerbstätigkeit nie in Kraft trat, ließ die nationalsozialistische Propaganda keine Möglichkeit ungenutzt, den Frauen ihre Arbeitsplätze so unattraktiv wie möglich zu machen: «Nicht im Beruf

10 Mühlfeld/Schönweiss, a.a.O, S. 289–292. Vgl. ausführlicher zu diesem Problem: Gisela Bock: Zwangssterilisation im Nationalsozialismus, Opladen 1986
11 Frevert, a.a.O., S. 227

kannst du glücklich sein, dein richtiger Wirkungskreis ist das Heim.»[12] Bloße Appelle hingegen bewirkten wenig, da über 80 % aller Arbeiterinnen aus wirtschaftlicher Notwendigkeit gezwungen waren, Geld zu verdienen. Zudem waren zum damaligen Zeitpunkt die meisten Frauen in typischen Frauenberufen tätig, wo sie ohne weiteres gar nicht durch Männer ersetzbar waren. Die Industrie zeigte nur geringe Bereitschaft, auf die eingearbeitete, billige weibliche Arbeitskraft zu verzichten. Als man dann etwa ab 1936 von Vollbeschäftigung in der Wirtschaft sprechen konnte, waren Industrie und Behörden ohnehin gezwungen, um weibliche Kräfte zu werben. So erfolgte dann, ganz entgegen nationalsozialistischen Vorstellungen, zwischen 1933 und 1938 eine Zunahme der weiblichen Erwerbstätigen in der Industrie um mehr als 50 %.[13] Dennoch waren eine Reihe arbeitspolitischer Maßnahmen von Bedeutung für die erwerbstätigen Frauen. So sollte etwa ein «gesundes Verhältnis» von Männer- und Frauenlöhnen geschaffen werden.[14] Dies bedeutete zunächst für die Frauen nur geringe Hoffnung auf eine adäquate Entlohnung, denn wie in vielen anderen Industriestaaten auch betrug der Durchschnittslohn von Frauen nur 75 % der Männerlöhne (1933). Diesen Forderungen der Reichsleitung standen allerdings die Aktivitäten der Deutschen Arbeitsfront[15] entgegen, die sich aus durchaus sachlichen Gründen[16] für eine Angleichung der Frauenlöhne an die Männerlöhne einsetzte.

14 Zitat aus einer Kabinettssitzung vom Juni 1933, zit. nach Winkler, a.a.O., S. 43

15 Nach der Zerschlagung der Gewerkschaften am 2. Mai 1933 übernahm auf Auftrag Hitlers die Deutsche Arbeitsfront DAF (deren Leiter Robert Ley wurde) die Vertretung der Arbeitnehmer. Das erklärte Ziel der DAF war es, die organisierte Arbeiterklasse vollständig zu entmachten. Vgl. zur Entwicklung: Timothy W. Mason: Sozialpolitik im Dritten Reich. Arbeiterklasse und Volksgemeinschaft, 2. Aufl. Oplanden 1978, S. 99–123

16 Die DAF argumentierte, daß erstens zu niedrige Frauenlöhne lediglich die Gewinne der Unternehmer erhöhten, daß sie zweitens nicht dem nationalsozialistischen Leistungsprinzip – «gleicher Lohn für gleiche Arbeit» – entsprächen und daß drittens die geringen Löhne meist auch mit körperlich anstrengender Arbeit verbunden seien und dadurch mit den indirekten Auswirkungen auf die zu gebärenden Kinder die «Volksgesundheit» gefährdeten. Vgl. Winkler, a.a.O., S. 74

Die 1936/37 einsetzende Vollbeschäftigung sorgte in vielen Fällen für eine Anhebung der Löhne, da Unternehmer nun durch bessere Entlohnung um weibliche Erwerbstätige warben. Im übrigen wurde 1937 dann auch die Gewährung von Ehestandsdarlehen nicht mehr von der Aufgabe der Erwerbstätigkeit seitens der Ehefrau abhängig gemacht. Die Inanspruchnahme der Darlehen stieg dann auch von 30 auf 40 Prozent der Eheschließenden 1938.

Auch die Kampagne gegen das Doppelverdienertum stieß in den Jahren ins Leere. Sie war bereits während der Wirtschaftskrise der Weimarer Zeit in die Welt gesetzt worden und fand damals bei den Nationalsozialisten fruchtbaren Boden. Übereifrige Arbeitsämter und Gemeinden gingen dann 1933 dazu über, eigene Maßnahmen zu treffen, um vor allem mitverdienende Ehefrauen, aber auch mitverdienende erwachsene Söhne und Töchter von Arbeitnehmern aus dem Arbeitsprozeß herauszuhalten. Jedoch entbehrten diese Willkürmaßnahmen jeder gesetzlichen Grundlage, die auch das nationalsozialistische Regime aus mehreren, ganz pragmatischen Gründen nicht gewähren konnte,[17], so daß die Regierung schon im Herbst 1933 den Kampf gegen das Doppelverdienertum aufgeben mußte.

Da also für die breite Masse der Arbeiterinnen und weiblichen Angestellten weder gesetzliche Regelungen möglich noch Beschränkungen der Wirtschaft bezüglich der Beschäftigung von Frauen opportun waren, blieben dem Regime auf der einen Seite noch die weiblichen Angestellten und Beamten im öffentlichen Dienst, die man reglementieren konnte, sowie lediglich propagandistische Maßnahmen für alle anderen erwerbstätigen Frauen, um sie von weiterer «unweiblicher» Erwerbstätigkeit fernzuhalten.

So war das Arbeitsministerium unter Seldte bestrebt, Frauen in solche Berufe überzuleiten, für die sie besonders geeignet

17 Gegen das Doppelverdienertum mit gesetzlichen Mitteln vorzugehen, hätte vor allem bedeutet, eine Einkommensgrenze festzulegen, über die hinaus ein Familieneinkommen nicht hätte gelangen dürfen, denn: «Will man einen Doppelverdienst erfassen, so muß man die Vorfrage klären, was als einfacher Verdienst anzusehen ist.» Denkschrift des Reichsarbeitsministers und des Reichswirtschaftsministers vom 20. November 1933 über «Das Doppelverdienertum und seine Regelung», Bundesarchiv Koblenz, B 149/627. Vgl. zu weiteren Gründen gegen gesetzliche Maßnahmen auch Winkler, a. a. O., S. 45 ff.

seien, insbesondere in den Beruf der Hausgehilfin. Die Reichsfrauenführerin Scholtz-Klink verlieh dieser Diskriminierung von Frauen weiteren Ausdruck, wenn sie die Meinung äußerte, ein Beruf sei einer Frau nur gemäß, wenn sie ihn «mit ihren besonderen weiblichen Kräften durchdringen» könne.[18] In diesem Zusammenhang ist auch die ganze allgemeine Förderung zu sehen, die der Vermittlung speziell weiblicher Fähigkeiten diente. So gab es statt der in der Weimarer Republik bestehenden Ehe- und Sexualberatungsstellen seit 1933 sogenannte Mütterberatungsstellen; der «Reichsmütterdienst» errichtete seit 1934 eine große Anzahl «Mütterschulen», in denen Frauen auf ihren Beruf als Hausfrau und Mutter vorbereitet wurden; ferner gab es überall vom «Deutschen Frauenwerk» organisierte Hauswirtschaftskurse, in denen

18 Zit. nach Winkler, a. a. O., S. 55. Vgl. auch das Interview, das Claudia Koonz mit Gertrud Scholtz-Klink Anfang der 1980er Jahre in Tübingen führte. In diesem Interview vertrat die ehemalige Reichsfrauenführerin mit Nachdruck auch nach 40 Jahren noch ihren damaligen Standpunkt. Claudia Koonz: Mütter im Vaterland. Frauen im Dritten Reich, Freiburg 1991, S. 37 – 63

hausfrauliche Fertigkeiten vermittelt wurden. 1938 existierten insgesamt 25 000 Beratungsstellen dieser Art, die von mehr als 10 Millionen Frauen besucht wurden.[19] Diese Vermittlung hauswirtschaftlicher Kenntnisse spielte auch schon bei unseren Abiturientinnen des Jahres 1932 eine Rolle. Hertha, Ursula und Hilde haben, bevor sie in die eigentliche Berufsausbildung eintreten konnten, solche hauswirtschaftlichen Kurse besucht. Es wurde gesellschaftlich sehr positiv bewertet, half, die Wartezeit sinnvoll zu überbrücken, und galt wohl auch für sie als praktische Vorbereitung für «später», zumal in ihren Elternhäusern häufig noch Dienstpersonal beschäftigt war und die Mädchen entsprechend wenig hauswirtschaftliche Kenntnisse besaßen. Vier unserer Abiturientinnen absolvierten gleich danach bzw. nach einem hauswirtschaftlichen Kursus eine Ausbildung in Berufen der Krankenpflege. Alle vier, Hilde, Änne, Katharina und Lotte, taten das unabhängig voneinander und an verschiedenen Orten Deutschlands in Dia-

19 Frevert, a. a. O., S. 126

konievereinen, also über Ausbildungsstätten der Evangelischen Kirche. Abgesehen davon, daß ihnen mit 21 Jahren das Leben als «halbes Nönnchen» nicht sonderlich zusagte, schienen auch die Arbeitsbedingungen dort nicht zum Verbleiben einzuladen. Vor allem Katharinas Bericht aus der Darmstädter Schwesternschule können wir entnehmen, daß die Arbeitstage weit länger waren als der tariflich (noch vor 1933) vereinbarte, von der Industrie allerdings auch nicht immer eingehaltene Achtstundentag. Alle vier jungen Frauen verließen sehr vorzeitig die erste Ausbildungsstätte, blieben aber der Berufswahl mehr oder weniger treu.

Gut ausgebildete Frauen, allen voran Akademikerinnen, waren Vorreiterinnen einer angestrebten Gleichberechtigung von Männern und Frauen bereits seit dem Kaiserreich. Mit der Revolution 1918/19 und dem Beginn der Weimarer Republik waren ihnen bedeutende Einbrüche auf diesem Gebiet gelungen: 1918 erhielten Frauen das aktive und passive Wahlrecht, 1920 saßen bereits 41 Frauen von 423 Abgeordneten in der Weimarer Nationalversammlung. Frauen wurden seit 1922 als Laienrichterinnen zugelassen und kurz darauf auch zu juristischen Staatsprüfungen.[20] Seit 1918 durften Frauen sich habilitieren, und zehn Jahre später gab es immerhin schon 44 Professorinnen. Zunächst wurde nach zähem Ringen noch die «Zölibatsklausel» für Beamtinnen aufgehoben, die besagte, daß Beamtinnen, sobald sie heirateten und das Familieneinkommen dauernd gesichert erschien, aus dem Dienst auszuscheiden hätten. Unter dem Druck der Massenarbeitslosigkeit 1932 wurde diese Klausel allerdings bereits zur Weimarer Zeit in einigen Ländern wieder eingeführt und, entsprechend der Ideologie des Regimes, natürlich von den Nationalsozialisten nicht aufgehoben. Die Nationalsozialisten nahmen den Frauen auch das passive Wahlrecht wieder. Ungeachtet der Tatsache, daß keine parlamentarischen Wahlen mehr stattfanden und diese Bestimmung also nicht mehr zum Tragen kam, stellte diese Beschränkung doch einen wesentlichen Angriff auf die staatsbürgerlichen Rechte der Hälfte der Be-

20 Erna Scheffler: Die Stellung der Frau in Familie und Gesellschaft im Wandel der Rechtsordnung seit 1918, Frankfurt a. M./Berlin 1970, S. 14

völkerung dar. Nach «Entscheid des Führers» wurden Frauen fortan auch nicht mehr zum Richteramt zugelassen, das ihnen erst 1922 zugebilligt worden war, und die wenigen Frauen, die solcherart Position innehatten, «versteckte man in der Verwaltung oder in der freiwilligen Gerichtsbarkeit»[21]. Als Beamtinnen gelangten Frauen fortan nicht mehr in gehobene Positionen und erhielten zudem geringere Gehälter als männliche Beamte mit denselben Tätigkeitsmerkmalen.[22] Da im Jahr 1933 lediglich 8,7 % der Beamten weiblichen Geschlechts waren, kann es sich ernsthaft kaum um eine Arbeitsbeschaffungsmaßnahme für Männer gehandelt haben – schließlich stand nur der geringste Teil der Beamtinnen zur Entlassung an; somit handelte es sich in erster Linie um eine diskriminierende Maßnahme des Regimes gegenüber Frauen in gehobenen beruflichen Positionen, die noch Unterstützung bei männlichen Akademikern fand, die von der Massenarbeitslosigkeit der Jahre vor 1933 besonders betroffen waren. Aus der Gruppe

21 Ebd. S. 16
22 Winkler, a. a. O., S. 50

der gut ausgebildeten Frauen, jener mit abgeschlossenem Studium, traf es hier vor allem Lehrerinnen. Seit jeher begegneten Männer in den entscheidenden Gremien der wachsenden Zahl von Volksschullehrerinnen mit großem Mißtrauen.[23] Und wenn sich auch hier in der Zeit des Nationalsozialismus die Meinung allmählich durchgesetzt hatte, daß zumindest unverheiratete Frauen sich für diesen Beruf durchaus eigneten, bedeutete dies keineswegs eine Anerkennung des Berufs der Gymnasiallehrerin. So wurden in großer Zahl Lehrerinnen von höheren Mädchenschulen an Volksschulen versetzt. Direktorinnen (auch von Volksschulen) wurden ihrer Ämter enthoben. Ebenso hatten juristische Assessorinnen, Referendarinnen und weibliche Lehramtsstudierende (zusammen 1935 fast 30 000 Frauen) keine Chance mehr, eine Anstellung als Anwältin oder als Gymnasiallehrerin zu bekommen. Frauen duldete man dagegen als Lehrerinnen in hauswirtschaftlichen Fächern und, wie erwähnt, als Volksschullehrerinnen, nur

23 Vgl. Ilse Gahlings/Ella Moering: Die Volksschullehrerin. Sozialgeschichte und Gegenwartslage, Heidelberg 1961

dürfe man sie, so Adolf Hitler, «nicht durch eine übertriebene Ausbildung, also gleichsam übertriebene Gehirnmassage, blödsinnig machen»[24]. Ähnlich wie Juristinnen und Gymnasiallehrerinnen standen auch Ärztinnen unter dem Druck, ihre Stellen für nachrückende Männer freizumachen. Drastisch eingeschränkt wurden alle Ausbildungsplätze für Assistenzärztinnen, so daß den Medizinstudentinnen nach abgeschlossenem Studium jegliche Facharztausbildung versagt wurde. Allenfalls Stellen, die von Männern gemieden wurden, in Altersheimen oder Anstalten für Geisteskranke, standen noch für weibliche Ärzte zur Verfügung. Auch die Zulassungsbewilligungen für Kassenärztinnen wurden erheblich eingeschränkt. In den Universitäten bestimmte bereits 1933 ein genereller «Numerus clausus», daß nur 10 Prozent der jährlich zugelassenen Studienanfänger Mädchen sein dürften. 1934 schlossen im Deutschen Reich etwa 10 000 Mädchen ihre Schulbildung mit

---

24 Zit. nach Henry Picker u. a. (Hg.): Hitlers Tischgespräche im Führerhauptquartier 1941–1942, Stuttgart 1963, S. 339.

dem Abitur ab. Lediglich 1500 von ihnen erhielten einen Studienplatz.[25]

Im Angesicht des Krieges besserten sich später die Studienbedingungen für Frauen vor allem im geisteswissenschaftlichen Bereich und in der Medizin – Ärztinnen wurden während des Krieges händeringend gesucht. Die Berufswahl unserer Abiturklasse fiel noch in die Wirtschaftskrise am Ende der Weimarer Zeit. Demnach war es noch nicht der nationalsozialistische Einfluß, der so viele unserer Abiturientinnen in die Krankenpflegeberufe trieb, sondern ein sehr traditionelles Berufsverhalten, das die nationalsozialistischen Ideologen später freilich für ihre Argumentation weidlich ausnutzten. Auch die Einflüsse der Wirtschaftskrise, die 1932 ihren Höhepunkt erreicht hatte, machten sich bemerkbar, indem vor allem eine durch die Krise bedingte erneute Benachteiligung von Frauen im Berufsleben wieder in das Bewußtsein auch unserer Abiturientinnen trat. Als Hertha von einem Sprachaufenthalt in England zurückkehrte, bezeich-

25 Renate Wiggershaus: Frauen unterm Nationalsozialismus, Wuppertal 1984, S. 54

nete sie die Berufsfrage resigniert als «trostlos» (einer Berufswahl wurde sie durch eine
Heirat dann bald enthoben), und auch Eva,
die mit dem Studium der Kunstgeschichte
gleich ein «Orchideenfach» wählte, war klar:
«Wir Mädchen kriegen doch mit allen Examina niemals eine Anstellung» (1932).

Die meisten Mädchen unserer Abiturklasse jedoch begannen mit Berufsausbil-
dungen, zu denen sie ein Abitur nicht benötigt hätten. Jutta wurde Bibliothekarin,
Pauline Buchhändlerin, Erika Gärtnerin,
Ursula besuchte eine Fotoschule. Käthchen
absolvierte 1934 ein Apothekerexamen, das
wohl am ehesten mit der heutigen Apothe-
kenhelferin gleichzusetzen ist. Sie allerdings
äußerte 1937 den Wunsch, Pharmazie zu studieren, zu einer Zeit also, als die Hemmnisse
für Frauenstudien bereits wieder abgebaut
wurden. Lediglich Herzchen, von deren Zeit
während des Nationalsozialismus wir nichts
erfahren, studierte Medizin in Jena. Sie blieb
unverheiratet und baute sich nach dem
Krieg aus eigenen Kräften und mit Mitteln
aus dem Lastenausgleich mühsam – wie wir
aus einem langen Brief erfahren – eine ärztliche Praxis auf.

3. Der Reichsarbeitsdienst und die Einstellung zum Nationalsozialismus

Es war vor allem der Arbeitskräftemangel in der Landwirtschaft, das Bild der offensichtlich überarbeiteten Bauersfrau, das die Nationalsozialisten vor Augen hatten, als sie 1935 den Reichsarbeitsdienst für Frauen unter 25 Jahren wiederbelebten. Erst 1938 aber wurde im Rahmen des Vierjahresplanes verstärkter Druck ausgeübt.

«Der weibliche Arbeitsdienst war eine der umfassendsten, bekanntesten, am konsequentesten rückwärts gewandten und ideologisch unbeweglichsten Einrichtungen nationalsozialistischer Frauenpolitik ...»[26] Dabei war der Arbeitsdienst und, damit eng verbunden, die Arbeitsdienstpflicht keine Erfindung des Nationalsozialismus, sondern wurde in Deutschland seit dem Ende des 19. Jahrhunderts auch von Frauenrechtlerinnen befürwortet und diskutiert. Diese Dienst-

26 Stefan Bajohr: Weiblicher Arbeitsdienst im «Dritten Reich». Ein Konflikt zwischen Ideologie und Ökonomie, in: Vierteljahrshefte für Zeitgeschichte 28/1980, S. 331–357, hier S. 331

verpflichtung wurde als Teilnahme von Frauen am Staatswesen betrachtet und als ein Schritt auf dem Weg zur Anerkennung der Frau als gleichwertige Staatsbürgerin mit dem angestrebten Recht, zur Wahl zu gehen.[27] Der in der Wirtschaftskrise eingerichtete freiwillige Arbeitsdienst sollte dagegen, sowohl für junge Männer wie für junge Frauen, Linderung der Auswirkungen der Massenarbeitslosigkeit bringen, indem er die freiweilligen Erwerbslosen zwischenzeitlich mit gemeinnützigen Tätigkeiten beschäftigte. Nach der Machtübernahme wurde dieser freiwillige Arbeitsdienst erst 1934 neu organisiert. Die Organisation unterstand wiederum Gertrud Scholtz-Klink, die allerdings diversen übergeordneten Stellen gegenüber weisungsgebunden war. Die (zu diesem Zeitpunkt noch überwiegend freiwilligen) Teilnehmerinnen wurden einheitlich 26 Wochen lang vor allem auf dem Land beschäftigt, um dem allgemeinen Hausgehilfinnenmangel und der Landflucht dort abzuhelfen. Lediglich angehende Stu-

27 So etwa Helene Lange und Gertrud Bäumer, zit. nach Bojahr, a.a.O., S. 333

dentinnen mußten diesen Arbeitsdienst als Pflichtleistung für ein halbes Jahr absolvieren, bevor sie sich immatrikulieren konnten. Unsere Abiturientinnen Eva und Herzchen begannen ihr Studium deutlich vor der Einführung der Arbeitsdienstpflicht; Eva entging dem Arbeitsdienst nach ihrer Promotion durch ihre Heirat und den Griechenlandaufenthalt. Käthchen dagegen schrieb 1937, sie müsse für ein halbes Jahr zum Arbeitsdienst: Sie hatte kurz zuvor ihr Apothekerexamen gemacht und wollte nun Pharmazie studieren.

Die Arbeitsmaiden arbeiteten täglich etwa sechs Stunden in landwirtschaftlichen Betrieben oder in Haushalten, kehrten dann nachmittags in die Lager zurück und erhielten dort politischen und weltanschaulichen Unterricht von ihren Lagerführerinnen. Sehr bezeichnend charakterisiert Änne, die 1938 in den Arbeitsdienst eintrat und ihn zu ihrem Beruf machte, in dem sie schließlich bis zur Stabsführerin aufstieg, den weltanschaulichen Unterricht, den sie dort erteilte. Sie erziehe 36 Arbeitsmaiden zu «Kameradschaft, Nationalsozialismus, Arbeit». Daneben dienten auch der Sport, die

Fahnenappelle, das Singen von Liedern der «Bewegung»[28] der Charakterbildung, ebenso wie das bewußt spartanische Äußere der Arbeitslager.

In den Berichten Ännes und Lottes über ihre Erfahrungen mit dem Reichsarbeitsdienst finden wir zwei völlig konträre Positionen, nicht nur zur Einrichtung des Arbeitsdienstes, sondern zur Einstellung zum Nationalsozialismus insgesamt. Änne, die aus der engen, weltabgewandten kirchlichen Welt mehr oder weniger hinausgeworfen wurde, lebte im Arbeitsdienst förmlich auf, entwickelte Führungsqualitäten und machte rasch Karriere. Es war dies eine der raren Karriereleitern für Frauen, die auch Akademikerinnen offenstand, die dem Geist des Nationalsozialismus voll entsprach. Ein wenig von dem Widerspruch, der zwischen dieser Karrieremöglichkeit und der Forderung der Nationalsozialisten, daß Frauen ihre Lebensaufgabe als Teilhaberin am Leben des Ehemannes und als Mütter vieler Kinder wahrzunehmen hätten, spricht aus den letzten Zeilen des Klassenbucheintrages aus

28 Ebd. S. 341

dem Jahr 1938 von Änne, wenn sie sich über die «ewig feuchten Kinderchen» der Mitschülerinnen mokiert und gleichzeitig hinzufügt, dies sei wohl wenigstens ein Mittel, den «drohenden Volkstod» zu bekämpfen. Daß allerdings beide Bemerkungen nicht so ernst gemeint waren, erkennt der Leser am saloppen «Heil Euch Hitler».

Ganz anders klingt der Bericht, den uns Lotte aus dem Arbeitslager übermittelt. Auch sie war dem strengen Diakonieleben entflohen und hatte sich eine Stelle in einem Jugendsanatorium für Fürsorgezöglinge gesucht und dort auch ihre berufliche Erfüllung gefunden. Sie lernte allerdings hier eine Gruppe jener Menschen kennen, die im Schatten des Tausendjährigen Reichs leben mußten. Sie wurde entlassen, weil der Staat kein Geld mehr auszugeben bereit war für die Betreuung Asozialer, Behinderter und Lernschwacher, deren trauriger Weg wie der vieler Tausender Behinderter im schlimmsten Fall in die Euthanasie führte. Die Zeit als Arbeitsmaid öffnete ihr zusätzlich die Augen für die Hohlheit nationalsozialistischer Phrasen.

Wiederum eine andere Einstellung finden

wir in Paulines Bericht wieder. Ihr eigener Suizid und der frühe Selbstmord des Bruders deuten an, daß in der Familie möglicherweise die Wurzeln zu dieser depressiven Lebenseinstellung lagen. Ihre Eltern starben früh, und sie hing nun mit allen Fasern ihres Lebens an ihrem Ehemann, der aktiver Offizier war. Als Führeranwärterin im Arbeitsdienst meldete sie sich nicht aus persönlicher Neigung. Als Einzelgängerin war ihr der ständige Kontakt mit vielen Menschen unangenehm. «Aber die Größe der Zeit half mir, mich in eine große Gemeinschaft einzuordnen.» Während sie ernsthafte Lebensinhalte in der nationalen Ideologie suchte und diese mit großen Worten charakterisierte, wie die «heldische Gesinnung» ihres Mannes, entsprach Änne viel mehr dem «neuen Frauentyp» des patenten Organisationstalentes.[29] Ihre Begeisterungsfähigkeit

29 Nori Möding: «Ich muß irgendwo organisiert sein – fragen Sie mich bloß nicht warum.» Überlegungen zu Sozialisationserfahrungen von Mädchen in NS-Organisationen, in: Lutz Niethammer/Alexander von Plato (Hrsg.): «Wir kriegen jetzt andere Zeiten.» Auf der Suche nach der Erfahrung des Volkes in nachfaschistischen Ländern, Bonn/Berlin 1985, S. 256–304, hier S. 257

erschließt sich dem Leser schon aus ihrem ersten Brief von 1932, in dem sie von einer Reise durch Deutschland berichtet und den sie mit «Euer Wandervogel a. D.» unterzeichnet. Sie heiratete einen Arzt, der ebenfalls dem NS-System durch seine Beamtentätigkeit verbunden war. Wie Ännes Ehemann war auch Erikas Mann nur Heimatsoldat, der ebenso wie Erikas Vater eine sehr typische nationalsozialistische Karriere vorzeigen konnte. Ihr Vater war Offizier im Ersten Weltkrieg gewesen und erlitt wie viele seinesgleichen das Schicksal der Arbeitslosigkeit, als durch den Versailler Friedensvertrag von 1919 das Heer auf 100 000 Mann reduziert werden mußte. Unter der Bedingung, daß er in die NSDAP einträte, erhielt er 1934/35 «die Chance, ein ganz großes Tier im Arbeitsdienst zu werden». Auch Erikas Mann war als gelernter Landwirt arbeitslos gewesen und hatte ebenfalls den Weg zur Karriere innerhalb des Reichsarbeitsdienstes gefunden.

Es ist verschiedentlich argumentiert worden, daß die Tätigkeit im BDM und im RAD gerade für die sonst eher allzu behüteten jungen Mädchen und Frauen eine gewisse

Selbständigkeit in ihr Leben brachte, die sie sonst nicht erreicht hätten.[30] Dies läßt sich für unsere Erfurter Abiturientinnen keineswegs bestätigen. Es ist erstaunlich, wie selbstverständlich in ihren frühen Briefen die große Mobilität erwähnt wird, der sie sich aussetzten, als sie ihre Berufsanfängerlehre oder ihr Studium begannen. Fast keine blieb am Heimatort oder in der unmittelbaren Nähe, keine scheute den Ortswechsel, das Unbekannte. Eigentlich alle vermitteln aus ihren ersten Briefen große Lebenstüchtigkeit.

4. Familiengründung und Zweiter Weltkrieg

So beherzt, wie dieser Schritt ins Leben bei allen erfolgte – besonders deutlich wird es bei der Auslandsreise von Hertha, auch bei Klärchen, die nach Italien ging, oder bei Katharina, die die Arbeitsbedingungen in dieser einsam gelegenen Anstalt für Geisteskranke schildert – wo sie als einziges Mäd-

30 Vgl. die Nachweise bei Nori Möding, a.a.O., S. 256f.

chen unter 1000 Männern bis nachts um 3 Uhr erbgesundheitliche Berichte anfertigte –, so beherzt dieser Schritt also erfolgte, so einig waren sich dann alle, den Beruf aufzugeben, als die Heirat anstand. Käthchen beispielsweise, die das halbe Jahr Arbeitsdienst abgeleistet hatte, um danach studieren zu können, lernte ihren späteren Mann kennen und gab ihre Studienpläne auf, um im Betrieb ihres Mannes mitzuarbeiten. Zur Hochzeitsvorbereitung ging sie nach Erfurt zurück und besuchte dort hauswirtschaftliche Kurse. Auch Ursula hatte ihre berufliche Laufbahn als Werbefotografin sorgfältig geplant, hatte nach Gesellenprüfung und einem Jahr in einer Meisterklasse in Berlin bereits eine Stelle. Als aber ihr zukünftiger Mann seine berufliche Zukunft in München plante, gab sie alles auf, zog noch vor der Hochzeit nach München und besuchte Kochkurse. In einem Brief, den sie während des Krieges schrieb, gab sie dieser Lebenseinstellung, die so sehr dem Geist dieser Zeit wie aber auch den Epochen zuvor verpflichtet war, lebhaften Ausdruck. «Hoffen wir», schrieb sie 1944, «daß die Zeiten wiederkommen, wo wir Teilhaberinnen der Arbeit unserer Männer sein dürfen und das Leben wieder einen richtigen Sinn bekommt.» Sie arbeitete nach dem Krieg als Sprechstundenhilfe und Assistentin in der Praxis ihres Mannes. Dem Zeitpunkt der Heirat entsprechend, verlebten viele von ihnen nur eine sehr kurze sorgenfreie Zeit vor Ausbruch des Krieges mit ihrem Ehemann. Ilse, Hilde und Käthchen schrieben, daß ihre Männer kurz nach der Hochzeit zum Kriegsdienst eingezogen wurden, und Paulines kurze Ehe bestand «nur aus Urlaubstagen». Ihr Mann fiel gleich zu Beginn des Krieges. Auch die Kinder unserer Abiturientinnen kamen oft erst nach dem Krieg zur Welt. Änne und Pauline, deren Männer starben, hatten beide nur ein Kind; die intakt gebliebenen Ehen (drei unserer Abiturientinnen blieben unverheiratet, zwei von ihnen ließen sich scheiden) waren aber überdurchschnittlich kinderreich, wie es sich häufig gerade in der Oberschicht fand: Ursula, Anneliese, Eva, Jutta und Hilde hatten drei Kinder, Hertha und Erika vier und Klärchen sogar sieben. Es ist allerdings auch bezeichnend, daß nur Erika und Jutta alle ihre Kinder im Krieg zur Welt brachten; Anneliese, die so früh heiratete, bekam auch ihr drittes Kind noch vor dem Krieg, und die anderen Frauen (von Klärchens sieben Kindern kennen wir die Geburtsdaten nicht) bekamen zumindest zwei ihrer drei oder vier Kinder erst nach dem Krieg und setzten sie somit in eine friedvollere Zukunft.

In den Klassenbucheintragungen während des Krieges wird nicht nur der Schrecken des Krieges für die Zivilbevölkerung anschaulich, die Angst um die Männer an der Front oder in Gefangenschaft, die Trauer um getötete Angehörige, sondern auch der Glaube und die Vorbereitung für einen Sieg Großdeutschlands, der in einigen wenigen Nebensätzen deutlich wird. Juttas Mann etwa, ein Chemiker im Obst- und Weinbau, ist 1943 mit dem Aufbau einer Forschungsanstalt im Elsaß beschäftigt (das nach 1918 Frankreich zugeschlagen worden war), und Ursula plante, mit der Familie in den Kaukasus zu gehen, wo ihr Mann eventuell eine ärztliche Praxis aufmachen könnte. Nichtsdestotrotz klingt aus den Briefen der Frauen am Ende des Krieges durchaus ein wenig Ironie, wenn sie über das «letzte Aufgebot» berichten, das ihr Dorf verteidigen sollte, als die alliierten Truppen bereits vor der Tür standen.

5. Überleben im Chaos
der Nachkriegszeit

Schon während des Ersten Weltkrieges hatte es beträchtliche Bevölkerungsbewegungen in Deutschland gegeben. Die zu Beginn des Krieges noch planvoll erfolgte Evakuierung von Teilen der Bevölkerung in den gefährdeten Gebieten an der Westfront – Hilde berichtet davon – war seit dem Beginn des gezielten Bombardements der Städte durch die Alliierten zu Wanderungsströmen angeschwollen. Auch unsere jungen Frauen verbrachten das Kriegsende zumeist irgendwo auf dem Land, «in unserem Thüringer-Wald-Dörfchen», wie Eva schrieb. Es gab von seiten der Nationalsozialisten allerdings keine gezielte Massenevakuierung. Wer konnte, zog nach Beendigung des Bombardements, nach der Kapitulation, in die Heimatorte zurück. Zwei Millionen Menschen blieben vorerst in ihrer provisorischen zweiten Heimat, weil die Wohnungen, die Häuser, die Städte, aus denen sie stammten, unbewohnbar geworden waren.

Millionen Menschen waren 1945 in

Deutschland «unterwegs».[31] Da waren einmal fast 10 Millionen Ausländer auf deutschem Boden, zumeist sogenannte «Displaced persons», fremde Arbeitskräfte, die für die Kriegswirtschaft nach Deutschland angeworben oder deportiert worden waren. Neun Zehntel von ihnen wurden im Verlauf des Jahres 1945 in ihre Heimatstaaten zurückgeführt.

Ebenfalls als Folge nationalsozialistischer Politik waren etwa 800 000 Deutsche aus dem Baltikum und Südosteuropa während des Zweiten Weltkrieges nach Deutschland umgesiedelt worden. Die meisten von ihnen wurden im Gebiet der späteren sowjetischen Besatzungszone bzw. im westlichen Polen und Böhmen angesiedelt, Teile von ihnen verbrachten den Krieg auch in Massenlagern. Im Rahmen der Fluchtbewegungen vor den herannahenden sowjetischen Truppen und später auch im Rahmen der Massenausweisungen der Deutschen aus den Ostge-

---

31 Deutschland-Jahrbuch 1949, hrsg. v. Klaus Mehnert und Heinrich Schulte, Essen 1949, S. 249; Christoph Kleßmann: Die doppelte Staatsgründung. Deutsche Geschichte 1945–1955, Bonn 1986, 4. Aufl., S. 39 f.

bieten setzten sich diese Menschen nun erneut in Bewegung in Richtung Westen. In diesen Zug von Ost nach West mündeten die Trecks der angestammten Bewohner der deutschen Ostgebiete auf ihrer Flucht vor den heranrückenden und rachenehmenden russischen Truppen gegen Ende des Krieges. Es war dies vermutlich die Hälfte der insgesamt 9,5 Millionen Deutsche zählenden Bevölkerung östlich von Oder und Neiße, die ihren Besitz aufgab und, um ihr Leben zu retten, Richtung Westen zog. Es folgte eine Welle von Menschen, die v. a. aus Ostbrandenburg, Ostpommern, Niederschlesien und Danzig vertrieben wurden, noch bevor die Potsdamer Beschlüsse vom Sommer 1945 Zwangsumsiedlungen rechtfertigten und regelten. Die Gruppe von etwa einer Viertel Million Menschen verließ ihre Ortschaften unter weit schlimmeren Verhältnissen als die späteren Vertriebenen; an ihnen entlud sich der ganze angestaute Haß derer, die unter dem nationalsozialistischen Regime so schwer zu leiden hatten. Aber auch die, die nach ihnen kamen und unter der «geregelten Vertreibung» zumeist in Deutschlands Westzonen zogen, verließen ihre Heimat unter massiver Gewaltanwendung und Brutalität. Die Hauptströme der Vertriebenen kamen in den Jahren 1946 und 1947 nach Deutschland. Die Volkszählung von 1946 wies insgesamt 6,5 Millionen Vertriebene aus ehemals deutschen Gebieten auf sowie weitere 3,6 Millionen Deutsche, die aus dem übrigen Osteuropa gekommen waren. Insgesamt war im Jahr 1946 in der sowjetischen Zone jeder 5. Einwohner zugewandert, in der amerikanischen jeder 6. und in der britischen Zone jeder 7. Einwohner.

Sie alle waren in den Jahren 1945 und 1946 «unterwegs» zwischen der Einweisung in Lager, der Zuweisung von Wohnraum, in der Regel auf dem Land, und der Suche nach Arbeitsplätzen, wiederum verbunden mit einer erneuten Suche nach Wohnraum. In dieser Zeit waren auch andere große Wanderungsströme auf der Suche nach Angehörigen: Mit der Kapitulation Deutschlands befanden sich im Mai 1945 etwa 12 Millionen deutsche Kriegsgefangene in alliierten Händen. Bereits im selben Jahr wurden die innerhalb Deutschlands befindlichen Kriegsgefangenenlager aufgelöst, und 1946 begann die Heimführung der deutschen Kriegsgefangenen auch aus dem Ausland. Im Frühjahr 1947 befanden sich noch 2,3 Millionen Kriegsgefangene in alliierten Händen, knapp 900 000 von ihnen in russischer Kriegsgefangenschaft. Zwischen 9 und 10 Millionen ehemaliger Soldaten kehrten danach in den ersten beiden Nachkriegsjahren zurück, im Jahr 1947 350 000 und 1948 noch einmal eine halbe Million, 1949 weitere 280 000;[32] große Teile von ihnen suchten ihre Angehörigen und Familien, die z. T. als Flüchtlinge oder Vertriebene längst nicht mehr in ihrer Heimat lebten oder – in den Westzonen – seit Jahren evakuiert waren. Vor allem Vertriebenenfamilien taten sich schwer, wieder zusammenzufinden. «Eine Gleichung mit zwei Unbekannten...»[33] nannte das Internationale Rote Kreuz die Aufgabe, die es zu lösen galt, wenn weder der heimkehrende Kriegsgefangene eine Adresse seiner Familie hatte, noch die vertriebene Familie irgendeine Vorstellung davon hatte,

32 Wirtschaft und Statistik 1. Jg. 1949/50, S. 385
33 Zit. nach Arthur L. Smith: Heimkehr aus dem 2. Weltkrieg. Die Entlassung der deutschen Kriegsgefangenen, Stuttgart 1985, S. 18

wo ihr Angehöriger in alliierte Kriegsgefangenschaft geraten war, um wenigstens einen Ausgangspunkt für die Suche nach ihm zu haben.

Diese Suche, sei es des einzelnen nach seiner Familie, sei es der ganzen Familie nach einer neuen Bleibe, geschah unter denkbar schlechten Voraussetzungen: Neben den Pferdewagen der Vertriebenenfamilien war die Eisenbahn das nahezu einzige Transportmittel, dessen Kapazitäten angesichts eines zerstörten Schienennetzes und des Vorrangs der Gütertransporte hoffnungslos überlastet waren. So zogen denn viele zu Fuß und mit Leiterwagen Hunderte von Kilometern durch das besetzte Deutschland.

Auch einige der jungen Frauen aus unserer Erfurter Abiturklasse waren unterwegs. Pauline etwa, die von der mühevollen fünftägigen Reise von Erfurt nach München berichtete, Jutta, die in Deutschland umherreiste, um ihren Mann zu suchen, und Eva, die zwischen Erfurt und Hamburg pendelte und so viele Male unter abenteuerlichen Umständen die Zonengrenze überqueren mußte. Nicht zu vergessen erreichten die Kriegsfolgen sogar Hertha in Mexiko, deren Familie ihren Besitz verlor und sich in der Hauptstadt eine neue Existenz aufbauen mußte.

Vorwiegend aber wegen des anhaltenden Zustromes Vertriebener aus dem Osten nahm die Bevölkerung im Gebiet der vier Besatzungsmächte von knapp 59 Millionen Einwohnern 1939 auf 64 Millionen 1946 zu. Diese Zunahme erfolgte trotz der Kriegsverluste von 5,3 Millionen Toten, trotz der Vertreibung von Ausländern und der Vertreibung und Ermordung von deutschen Juden und anderen KZ-Opfern in einer Größenordnung von weiteren 700 000 Menschen und trotz einer Verkleinerung der Fläche zwischen 1937 und 1945 um fast ¼.[34] Zwischen 1946 und 1950 nahm die Bevölkerung aufgrund der zurückkehrenden Kriegsgefangenen und der weiteren Zuwanderung Vertriebener und aufgrund der natürlichen Bevölkerungsbewegung (der Geburtenüber-

34 Die beiden letzten Angaben sind allerdings auf das gesamte Reichsgebiet von 1939 bezogen. Adelheid zu Castell: Die demographischen Konsequenzen des 1. und 2. Weltkriegs für das Deutsche Reich, die Deutsche Demokratische Republik und die Bundesrepublik Deutschland, in: W. Dlugoborski: 2. Weltkrieg und sozialer Wandel. Achsenmächte und besetzte Länder, Göttingen 1981, S. 117–137, hier S. 119.

schuß machte allerdings weniger als 20 % aus) in den Westzonen weiterhin von fast 46 Millionen Menschen auf knapp 50 Millionen zu. Im Gebiet der späteren DDR erfolgte zwischen 1946 und 1950 demgegenüber eine Stagnation der Bevölkerung bei 18,4 Millionen und danach eine konstante Abnahme, die sich zum einen wegen der anhaltenden Abwanderung und Flucht v. a. junger Familien, wie einiger unserer jungen Frauen mit ihren Kindern, und junger Männer in die Westzonen ergab, und zum zweiten auf der negativen natürlichen Bevölkerungsbewegung beruhte, die sich aus der sehr ungünstigen zahlenmäßigen Relation zwischen Männern und Frauen ergab.

Die vielen Millionen im Krieg gefallenen Männer, meist im heiratsfähigen Alter, verursachten einen demographischen «Männermangel» in den Nachkriegsjahren. In Thüringen, dem Heimatland unserer Abiturientinnen, entfielen 1946 auf 1000 Männer 1329 Frauen.[35] Am ungünstigsten war die Relation in der Altersgruppe der 25–30jäh-

---

35 Volks- und Berufszählung vom 29. Oktober 1946 in den vier Besatzungszonen und Groß-Berlin, hrsg. v. Ausschuß

rigen Männer und Frauen. In den Westzonen fielen 1946 1675 Frauen auf 1000 Männer jeweils dieser Altersgruppe.[36] In der Alterskohorte der 30–35jährigen, also der Gruppe unserer ehemaligen Abiturientinnen, betrug die Relation immer noch 1592 Frauen auf 1000 Männer. Jede zehnte Frau der Altersgruppe unserer Schülerinnen war verwitwet.[37] Obwohl die Heimkehr der Kriegsgefangenen in den Folgejahren das Mißverhältnis beträchtlich milderte, verringerten sich die Heiratschancen für Frauen ganz erheblich. Somit kann gerade Ilses Fall, die sich nach einer schiefgegangenen ersten Ehe, aus der ihre erste Tochter stammte, scheiden ließ und schließlich einen sehr viel jüngeren Mann heiratete, als besonderer Ausnahmefall gelten. Sehr viel typischer für die Nachkriegszeit verlief das Leben in dieser Hinsicht für die beiden Witwen unserer Abiturklasse, die

der Deutschen Statistiker für die Volks- und Berufszählung 1946, I. Textteil, Berlin/München 1946 u. 1949
36 Statistische Berichte, hrsg. v. Statistischen Amt des Vereinigten Wirtschaftsgebietes, Arb. Nr. VIII/8/1 vom 25. November 1949, S. 6
37 Statistik der Bundesrepublik Deutschland, Bd. 35, Volkszählung 1950. H. 9, S. 41/42

beide mit ihrer Tochter weiterhin alleine lebten, ebenso wie auch die drei Frauen, die vor dem Krieg nicht geheiratet hatten und auch jetzt keine Partner fanden. Gerade in letzterem Fall ist es wohl müßig, darüber zu spekulieren, wo Ursache und Wirkung einer nicht stattgefundenen Familiengründung liegen, doch scheint es mir bezeichnend, daß gerade in dem Kreis der allein gelassenen Frauen jene zu finden sind, die unter Depressionen schwer zu leiden hatten. Auch Käthchens Suizid ist letztlich wieder Ausdruck einer erneut gescheiterten Beziehung, die sie nicht überwinden konnte. Gerade diese so unglücklich verlaufenen Schicksale, die unter unseren 15 Frauen hier einen sehr großen Prozentsatz trafen, machen einmal mehr die Bedeutung einer intakten Familie in diesen harten Zeiten des Krieges und der Nachkriegszeit deutlich.

Während die Ernährungskrise der Nachkriegsjahre in den Briefen der Frauen nur wenig anklingt, legen diese doch andererseits beredtes Zeugnis ab von der Wohnungsnot in den Jahren zwischen 1945 und dem Ende der 1950er Jahre. In den vier Besatzungszonen lagen zusammengenommen mehr als 400 Millionen m^3 Trümmerschutt. In der Nacht vom 13. auf den 14. Februar 1945 erfolgte der größte Bombenangriff des Zweiten Weltkrieges auf die Stadt Dresden, dem Änne und Pauline nur knapp entkamen; im März wurde die Stadt durch einen weiteren Großangriff endgültig dem Erdboden gleichgemacht.[38] Der meiste Wohnraum war in den Großstädten zerstört worden, von den Besatzungszonen hatte es die britische Zone mit dem Ruhrgebiet am härtesten getroffen, und die sowjetisch besetzte Zone kam relativ noch am besten weg. Allein in Berlin, das vor dem Krieg über 1,5 Millionen Wohnungen verfügte, waren durch den Krieg 470 000 Wohnungen total zerstört und weitere 700 000 z. T. schwer beschädigt.[39] An den Wiederaufbau der Städte war zunächst kaum zu denken. Es fehlten Baumaterialien, Facharbeiter und vor allem Transportkapazitäten. Allenfalls auf dem Land gab es Bautätigkeit, die in Eigenregie erfolgte und mit der Hilfe der Nachbarn.

38 Axel Rodenberger: Der Tod von Dresden. Ein Bericht über das Sterben einer Stadt, Dortmund 1952
39 Deutschland-Jahrbuch, 1949, a.a.O., S. 289, 291

Wenn in den Städten neu gebaut wurde, so waren es meist die Alliierten, die die menschlichen wie materiellen Ressourcen hierfür aufbrauchten. Obwohl sie prozentual nicht besonders viel Wohnraum beschlagnahmten,[40] registrierte die Bevölkerung den Bezug der raren intakten Wohnungen und Häuser mit Ingrimm, wie in unseren Briefen etwa Ursula. Allein 15 000 Wohnungen wurden in München von der amerikanischen Besatzungsmacht beschlagnahmt.[41] In Berlin arbeiteten bis zu 40 Prozent der Bauwirtschaft für die sowjetische Besatzungsmacht.[42] Aber auch den Besatzungsmächten gelang es nicht, die bestehenden Engpässe zu umgehen. Am Beispiel Hamburgs, wo bereits

---

40 In München beispielsweise 0,9 % der Wohnungen vom Gesamtbestand vor der Zerstörung. Vgl. Leo Krause, Münchner Geschoßsiedlungen der 50er Jahre, München 1991, S. 19

41 «15 000 meist unzerstörte Wohnräume guter Qualität.» München nach dem 2. Weltkrieg. Ein amtlicher Bericht des Wiederaufbaureferats der bayerischen Landeshauptstadt München, München 1948, S. 6

42 Klaus von Beyme: Vier Jahrzehnte Wiederaufbau in der Bundesrepublik Deutschland, in: Aus Politik und Zeitgeschichte, Beilage zur Wochenzeitung Das Parlament, B 6–7, 1989, S. 33–39, hier S. 33

1946 die Bauarbeiten zu einer von den Briten geplanten großangelegten Hochhaussiedlung für Unteroffiziere und Offiziere mit ihren Familien begonnen wurden, ist diese Mangelwirtschaft detailliert beschrieben worden.[43]

Kernstück lokaler Wohnungsbaupolitik blieb somit die Wohnraumbewirtschaftung[44] und das Errichten von Barackenlagern. Zuzugsgenehmigungen in die Großstädte erhielten lediglich die ausgebombten Altbürger dieser Städte; Flüchtlinge und andere Siedlungswillige bekamen eine solche nur in Ausnahmefällen. Dies wird auch an den Berichten von Hilde deutlich, die ihrem Mann mit drei Kindern nach Oldenburg folgte und dort ohne Zuzugsgenehmigung keine Wohnung bekam. Sie schilderte das Leben in den Flüchtlingslagern sehr anschaulich.

Bunker und Kasernen, sofern letztere nicht von den Besatzungsmächten benötigt

---

43 Axel Schildt: Die Grindelhochhäuser. Sozialgeschichte der ersten deutschen Wohnhochhausanlage Hamburg-Grindelberg 1945–1956, Hamburg 1988, S. 47
44 Eine Zwangsbewirtschaftung von Wohnraum setzte erst per Gesetz im Jahr 1950 ein.

wurden, dienten ebenfalls in der Regel als Unterkünfte für Flüchtlinge und Ausgebombte. Die Vorteile dieser Gebäude als Notunterkünfte gegenüber den Wellblechnissenhütten waren die bessere Beheizbarkeit und das Vorhandensein von Waschgelegenheiten und Toiletten unter demselben Dach. Ein Nachteil vor allem der ehemaligen Kasernen war die Größe der Räume: Pferdedecken wurden den Familien von der Kasernenverwaltung zur Verfügung gestellt, um sich ein wenig gegenüber den Mitbewohnern abzuschirmen. «Lange, kahle Gänge. In den Zimmern die ekelhafte Graue-Decken-Atmosphäre – von den Pferdedecken, die den einzelnen ‹Haushalten› die trennenden Wände ersetzen müssen. Bis zu elf Familien in einem Raum.»[45] Angesichts dieser elenden Unterkunftsaussichten verwundert es nicht, wenn viele Familien oder Restfamilien in ihren sogar stark beschädigten Wohnungen verblieben. Selbst wenn nur ein Zimmer noch notdürftig bewohnbar war, wenn Wasser und Abwasseranlagen zerstört waren, so

45 Vgl. die Schilderungen bei Angela Rozumek: Vergessene Menschen, Freiburg 1957, S. 8

lebte man doch privater als in den Massen-quartieren.[46]

So wird es verständlich, daß Pauline sich mit der Familie ihrer Schwester in der desolaten Münchner Wohnung relativ wohl fühlte. Man lebte als Familie in den eigenen vier Wänden und hatte damit vielen Millionen Menschen vieles voraus. Unter dieser mangelnden Privatheit und den ständigen Streitereien der zwangsweise zusammenge-pferchten Mitbewohner litten dann auch Eva und Erika sieben Jahre lang, bis die Familien in eigene Wohnungen ziehen konnten. Die erste eigene Wohnung war für unsere Familien in fast jedem Fall ein bedeutender Zuwachs an Lebensqualität; dies galt ganz besonders für die Frauen, die alle kleine Kinder zu versorgen hatten, die die meiste Zeit in diesen Notunterkünften und überbelegten Wohnungen verbringen mußten, während die Ehemänner häufig bereits wieder einer mehr oder weniger normalen Erwerbstätig-

---

46 Dies wird häufig von Zeitgenossen so berichtet. Vgl. z. B. Hilde Thurnwald: Gegenwartsprobleme Berliner Familien. Eine soziologische Untersuchung an 498 Familien, Berlin 1948, S. 39; sowie: Deutschland-Jahrbuch 1949, a. a. O., S. 290

keit nachgingen, die sie tagsüber von diesen Wohnungen fernhielt. An den Frauen hing dann auch die in der unmittelbaren Nachkriegszeit bis etwa 1948/49 so schwierige Versorgungsfrage.

So berichtet eine Zeitzeugin aus Berlin: «Lange Fahrten mit der S-Bahn und daran anschließende Fußmärsche sind für zahlreiche Frauen aus dem Stadtinnern notwendig, um mehrmals in der Woche Brennholz aus den umliegenden Wäldern herzuschleppen. Man sieht Scharen schwerbepackter Frauen (und Männer und Jugendliche) täglich in den Abteilen der S-Bahn und weiß, daß derartige Expeditionen einen halben oder ganzen Vormittag kosten. Hinzu kommt das oft stundenlange Warten der Frauen auf den Ämtern, um dort Ausweise, Bezugsscheine, Atteste, Erlaubnisscheine zu erlangen. Unzählige dringliche Beschaffungen für Gesunde und Kranke sind an derartige Scheine gebunden und erfordern Fahrten und lange Wartezeiten.»[47]

Die Einkommensituation der Haushalte läßt sich in großen Zügen so umreißen, daß

47 Hilde Thurnwald, a.a.O., S. 36

Löhne und Gehälter etwa vom Niveau des Facharbeiters aufwärts in der Regel ausreichten, um die Nahrungsmittelzuteilungen der Lebensmittelkarten zu bezahlen, die Miete, Gas und Licht, das zugeteilte Holz bzw. die Kohle und einige kleinere laufende Ausgaben zu bestreiten. Aber die Lebensmittelzuteilungen reichten nicht aus, und ein Zukauf erforderte praktisch einen zweiten Verdiener pro Familie oder sehr gute Beziehungen (zum Beispiel zu Angehörigen der Besatzungsmächte) oder große Spareinlagen. «Mein Mann hat 90 Pfennig Stundenlohn gekriegt, und ein Brot hat auf dem Schwarzmarkt 90 Mark gekostet.»[48] Wer unterhalb der genannten Einkommenskategorien lag, hatte einen schweren Stand: Rentner, Arbeitslose, Teilzeitarbeiter (Kriegsversehrte!), aber auch ehemalige Parteigenossen, die nur in gering bezahlte Hilfsarbeiterstellen vermittelt wurden.[49]

Den Nationalsozialismus und den Militarismus in Deutschland zu vernichten war

48 Sibylle Meyer/Eva Schulze: Von Liebe sprach damals keiner, München 1985, S. 119
49 Ausführlicher hierzu: Thurnwald, a.a.O., S. 64

eines der wenigen vollständig gemeinsamen Ziele der alliierten Mächte. Die politische Säuberungsaktion, die diesen Zweck verfolgen sollte und als «Entnazifizierung» umschrieben wurde, sollte die NSDAP und die ihr angeschlossenen Organisationen vernichten, die nationalsozialistischen Gesetze abschaffen, Kriegsverbrecher und jene Personen, die an Verbrechen gegen die Menschlichkeit schuldig geworden waren, aburteilen sowie all jene verhaften und internieren, die in führenden oder einflußreichen Positionen des Regimes fungiert hatten. Auch gehörte hierzu die «Entfernung» aller mehr als nominellen Parteimitglieder aus den öffentlichen Ämtern und leitenden Funktionen des Nachkriegsdeutschlands.[50] Vor allem in den ersten beiden Nachkriegsjahren rollte die Verhaftungswelle. In der SBZ wurde die Zahl der Verhaftungen mit nachfolgenden Aburteilungen auf 45000 Personen geschätzt. Als im März 1948 die Entnazifizie-

50 Volker Dotterweich: Die «Entnazifizierung», in: Josef Becker / Theo Stammen / Peter Waldmann (Hrsg.): Vorgeschichte der Bundesrepublik Deutschland. Zwischen Kapitulation und Grundgesetz, München 1979, S. 123–161, hier S. 124

rung in der sowjetischen Besatzungszone offiziell für beendet erklärt wurde, waren etwa 520 000 ehemalige Mitglieder der NSDAP aus ihren Positionen entlassen worden.[51] Damit hatte die russische Militärregierung im wesentlichen die nationalsozialistische Elite und die «nicht anpassungsfähige» Führungsschicht ausgeschaltet. NSDAP-Mitglieder wurden aus der Verwaltung, der Justiz und aus dem Erziehungswesen entfernt.

Von den Westmächten praktizierten die Amerikaner in ihrer Zone die langwierigste und wohl relativ gründlichste Entnazifizierungspolitik. Vor allem im öffentlichen Dienst wurde eine Vielzahl von Entlassungen vorgenommen. Den Beamten des öffentlichen Dienstes ebnete erst im Jahr 1951 ein Ausführungsgesetz zu Art. 131 des GG[52] den

51 Helga A. Welsh: «Antifaschistisch-demokratische Umwälzung» und politische Säuberung in der sowjetischen Besatzungszone Deutschlands, in: Klaus-Dietmar Henke/Hans Woller (Hrsg.): Politische Säuberung in Europa. Die Abrechnung mit Faschismus und Kollaboration nach dem Zweiten Weltkrieg, München 1991, S. 84–107, hier S. 95
52 Vgl. den genauen Text bei Justus Fürstenau: Entnazifizierung. Ein Kapitel deutscher Nachkriegsgeschichte, Neuwied/Berlin 1969, S. 216f.

Weg zur normalen Wiederaufnahme der Berufstätigkeit. Dies erwähnte Erika in ihrem Brief, deren Familie wegen der politischen Belastung ihres Mannes so lange mit sehr wenig Geld auskommen mußte; sogar die Pension, die dem Ehemann aus Tätigkeiten vor dem Krieg zustand, war offenbar höher als sein Einkommen Anfang der 1950er Jahre. Allein in Bayern verloren von 18 000 Volksschullehrern über die Hälfte ihre Stellung. Spruchkammern klassifizierten die Angeklagten in fünf Kategorien: Gruppe I waren Hauptschuldige, Gruppe II Belastete, über sie wurde mit Gefängnisstrafen verfügt bzw. drohte sogar die Einweisung in Zwangsarbeitslager zwischen zwei und zehn Jahren. Gruppe III Minderbelastete und Gruppe IV Mitläufer drohte der Vermögens- oder Pensionsverlust, der Ausschluß aus öffentlichen Ämtern, das Berufsverbot, Wahlrechtsbeschränkungen oder Bußgelder zugunsten der Opfer des Nationalsozialismus. Gruppe V waren Entlastete. Wenn auch die Briten und Franzosen diese Kategorien übernahmen, so kam es in diesen beiden Zonen zu weitaus weniger Urteilen als in der amerikanischen Zone. Von insgesamt

3,6 Millionen vor Spruchkammern in den Westzonen untersuchten Fällen wurden 1167 als Hauptschuldige eingestuft, 23 000 als Belastete, 150 000 als Minderbelastete, über eine Million als Mitläufer und 1,2 Millionen als Entlastete.[53]

Diese umfassend angelegte Politik der Entnazifizierung artete zu einem «Mammutunternehmen» aus, «bei dem politische Durchschlagskraft und bürokratischer Aufwand zunehmend in ein erschütterndes Mißverhältnis gerieten.»[54] Die Verordnungen des «Befreiungsgesetzes» bestimmten zunächst, daß u. a. sämtliche Parteimitglieder, die vor dem 1. Mai 1937 der NSDAP beigetreten waren, als «belastet» einzustufen waren und erst durch Spruchkammerverfahren «entnazifiziert» werden konnten. Dies war auch gemeint, als Erika klagte, ihr Mann sei «ewig nicht entnazifiziert» worden. Solange ein Spruchkammerentscheid nicht erfolgte, durften die Betroffenen nur in «gewöhn-

53 Ebd. S. 147
54 Klaus-Dietmar Henke: Die Trennung vom Nationalsozialismus. Selbstzerstörung, politische Säuberung, «Entnazifizierung», Strafverfolgung, in: ders./Hans Woller, a. a. O., S. 21–83, hier S. 33

licher Arbeit» berufstätig sein. Aus dem Versuch heraus, unbillige Härten möglichst zu vermeiden, wurden in der Regel die Bagatellfälle, die Akten der kleinen Leute, zuerst von den Spruchkammern verhandelt. Die große Masse der zu bearbeitenden Fälle führte nahezu zum Kollaps des Spruchkammersystems; dies war u. a. ein Grund dafür, daß die Alliierten Anfang 1948 das gesamte Verfahren so gut wie einstellten. Dies wiederum hatte zur Folge, daß eine große Anzahl Hauptbelasteter, also die schweren Fälle, nicht mehr zum richterlichen Entscheid gelangten, während ein großer Teil der kleinen Mitläufer abgeurteilt worden war. Aus heutiger Sicht stellt sich der gesamte Versuch der «Entnazifizierung» daher als ein weitgehend «ergebnisloses Verfahren» dar.[55]

55 Ebd. S. 40.

6. Leben im geteilten Deutschland

In der Historiographie wurde in letzter Zeit des öfteren die Frage gestellt, warum die Frauen gerade unserer Abiturklassengeneration nach dem Krieg im rasch wieder auflebenden Wohlstand der 1950er und 1960er Jahre von ihrem neugewonnenen Selbstbewußtsein nicht mehr Gebrauch gemacht haben.[56] Sie haben während des Krieges nicht nur durch ihren Einsatz in der Rüstungsindustrie und als Krankenpflegerinnen unmittelbar zum Geschehen beigetragen, sondern sie haben in der Regel die größeren Leistungen vollbracht, indem sie das Überleben ihrer Restfamilien «organisiert» haben, was vor allem dann in der Nachkriegszeit bis zur Währungsreform, wie in manchen Eintragungen unserer Briefschreiberinnen recht anschaulich geschildert wird, zu besonderer Bedeutung gelangte, als der eigentliche Geldwert des Verdienstes des Ehemannes

---

56 Vgl. diese Fragen und die Diskussion explizit bei Annette Kuhn im Vorwort der Herausgeberin, in: dies. (Hrsg.): Frauen in der deutschen Nachkriegszeit, Bd. 1 (Doris Schubert: Frauenarbeit 1945–1949. Quellen und Materialien), Düsseldorf 1984, S. 13–21

noch nicht viel wert war. Doch liegt in diesen Berichten unserer Frauen auch bereits ein Teil der Antwort auf diese Frage. Fast alle unsere verheirateten Frauen, und nur auf diese bezieht sich die Frage, waren in ihren Tätigkeiten ausschließlich familienbezogen. Sie hatten allesamt die Verantwortung für ihre Kinder zu tragen, teils auch noch die für ihre Eltern, und all ihr Handeln war in diesen Notzeiten zwischen 1943, als die Bombenangriffe auf die Städte begannen, und dem Zeitpunkt irgendwann in den 1950er Jahren, als sie mit einer eigenen Wohnung allmählich wieder zum normalen Alltag zurückkehren konnten, eindeutig auf die engste Familie konzentriert und damit im wesentlichen auch auf den engeren Raum des Haushalts beschränkt. Als das Geld nach der Währungsreform 1948 in den Westzonen wieder etwas wert war, arbeiteten sie teilweise mit, «um die Haushaltskasse aufzubessern», wie in Evas Fall; als Journalistin, solange es sich mit der Betreuung der Kinder vereinbaren ließ, in Ilses Fall und als «Arztfrau» in der Praxis ihres Mannes in Ursulas Fall. Typisch für ihre Generation ist, daß sowohl Ilse wie Eva, die beide als freie Schriftstellerin bzw. Journalistin einen Beruf gefunden hatten, der ihren Interessen weitestgehend entsprach und der ihnen Freude machte, beide aus Rücksicht auf die Versorgung der noch kleinen Kinder ihre Tätigkeit nicht zu einer Vollzeitbeschäftigung machten. Genau wie die Unterstützung ihres Mannes in der ärztlichen Praxis als «Mithelfende» oder der Zusatzverdienst von Jutta mit der Vermietung von Zimmern an Studenten, war ihre Berufstätigkeit zumeist mit der Betreuung und Erziehung der Kinder vereinbar. So kam es, daß, obwohl – wie Eva Jantzen es in ihrer Einleitung betont – alle Klassenkameradinnen eigentlich ihr Leben lang arbeiteten und «werkelten», längst nicht alle in den Genuß einer eigenen Rente gekommen sind. Dies gilt auch für Anneliese, die als evangelische Pfarrersfrau wie selbstverständlich ihre Aufgaben für die schwindende[57] Kirchengemeinde im Deutschen

57 Die DDR umfaßte das eigentliche Mutterland des Protestantismus. Wegen der dezidiert kirchenfeindlichen Propaganda des Regimes schwand die Mitgliederzahl in der Evangelischen Kirche von 80 % der Einwohner 1950 auf weniger als 30 % 1988. Vgl. Reinhard Henkys: Die Evangelische Kirche in der DDR, in: Werner Weidenfeld/

Reich und später in der DDR wahrnahm und dies genauso selbstverständlich ohne Bezahlung tat.

Entsprechend ihrer Schichtzugehörigkeit legen alle Familien großen Wert auf die Ausbildung der Kinder. Fast alle Kinder, von deren Leben wir durch die Briefe erfahren, können studieren; bezeichnend ist die Trauer bei Erika, als sie mitteilt, daß sie ihren Sohn aus finanziellen Gründen nicht studieren lassen konnte, und auch ihre Freude, als sie schrieb, daß die Ausbildung der Tochter als Arzthelferin gesichert sei. Ebenso wird die Situation auf der anderen Seite der Mauer geschildert. Annelieses Sohn durfte aus Gründen der staatlichen Quotierung nicht studieren und mußte einen Lehrberuf ergreifen, was für ihn offenbar ausschlaggebend für eine Flucht in den Westen war. Den mittelbaren Einfluß der DDR-Politik spürt man auch bei Schilderungen über Ilses beide Töchter. Bereits in den späten 50er Jahren hat die Regierung die Erwerbstätigkeit von Frauen und auch von

Hartmut Zimmermann (Hrsg.): Deutschland-Handbuch. Eine doppelte Bilanz 1949–1989, Bonn 1989

Müttern stark gefördert, um dem eklatanten Arbeitskräftemangel zu begegnen, der neben den unmittelbaren Kriegseinwirkungen auch wesentlich durch die Ströme von meist jungen männlichen Flüchtlingen in den Westen entstanden war. Das Konzept der sozialistischen Familie, wie es 1965 formuliert wurde, drückt das dann so aus: «Eine gute Mutter aber ist heute eine arbeitende Mutter, die gleichberechtigt und gleich qualifiziert neben dem Vater steht.»[58]

Die Frauenfördermaßnahmen in der DDR waren zweifellos im Vergleich zu westlichen Maßnahmen beeindruckend. Kindergarten- und vor allem Krippenplätze wurden in ausreichender Zahl geschaffen und den Müttern eine Vielzahl von Erleichterungen geboten, wenn es darum ging, das Großziehen von Kindern mit dem Arbeitsplatz vereinbaren zu müssen. Dies förderte auch die Zahl unehelicher Kinder und die Zahl der Scheidungen, da die Betreuung der Kinder bei gleichzeitiger Berufstätigkeit der Frau nebeneinander möglich wurde. Auch dies wird

58 Zit. nach Christoph Kleßmann, Zwei Staaten, eine Nation. Deutsche Geschichte 1955–1970, Bonn 1988. S. 411

aus den Briefen der im Osten verbliebenen Frauen deutlich.

Mehrere Anläufe, ein Klassentreffen zu organisieren, scheiterten an den starren Visa-Bestimmungen der DDR, die es selbst Anneliese nicht ermöglichten, die mit 60 Jahren aus der DDR ausgewandert war, auf der Fahrt zum Besuch ihrer Tochter im Osten in ihrer Heimatstadt Erfurt haltzumachen. Mit 75 Jahren erleben die Frauen die Wiedervereinigung Deutschlands; damit war für einen Teil von ihnen ein zweites Kapitel des Lebens in einem totalitären Regime beendet.

rororo **Bestseller** aus dem Belletristik- und Sachbuch-programm auch **großer Druckschrift.**

Rita Mae Brown /
Sneaky Pie Brown
Mord in Monticello Ein Fall
für Mrs. Murphy. Roman
(rororo Großdruck 33148)

Friedrich Christian Delius
Die Birnen von Ribbeck
Erzählung
(rororo Großdruck 33132)

Friedrich Dönhoff /
Jasper Barenberg
Ich war bestimmt kein Held *Die
Lebensgeschichte von
Tönnies Hellmann,
Hafenarbeiter in Hamburg*
(rororo Großdruck 33151)

Elke Heidenreich
Kolonien der Liebe
Erzählungen
(rororo Großdruck 33119)

Martha Grimes
**Inspektor Jury besucht alte
Damen** *Roman*
(rororo Großdruck 33125)

Peter Lauster
Die Liebe *Psychologie eines
Phänomens*
(rororo Großdruck 33104)

Harper Lee
Wer die Nachtigall stört...
Roman
(rororo Großdruck 33140)

Rosamunde Pilcher
Ende eines Sommers *Roman*
(rororo Großdruck 33134)
Wilder Thymian *Roman*
(rororo Großdruck 33150)
Sommer am Meer *Roman*
(rororo Großdruck 33102)

Elizabeth Marshall Thomas

Das geheime
Leben
der Hunde

Oliver Sacks
**Der Mann, der seine Frau mit
einem Hut verwechselte**
(rororo Großdruck 33121)

Carola Stern
Der Text meines Herzens
*Das Leben der
Rahel Varnhagen*
(rororo Großdruck 33136)
**"Ich möchte mir Flügel
wünschen"** *Das Leben der
Dorothea Schlegel*
(rororo Großdruck 33123)

Elizabeth Marshall Thomas
Das geheime Leben der Hunde
(rororo Großdruck 33147)

Ein Gesamtverzeichnis der
Reihe *rororo Großdruck*
sowie aller lieferbaren Titel
der *Rowohlt Verlage* finden
Sie in der **Rowohlt Revue**.
Vierteljährlich neu. Kosten-
los in Ihrer Buchhandlung.
Rowohlt im Internet:
www.rowohlt.de